"十四五"国家重点出版物出版规划项目

中国水电移民安置实践与管理创新丛书

沅江流域卷

主　编　刘　昊

副主编　魏　鹏　刘文胜　李金平　刘　慧

·北京·

内 容 提 要

本书为《中国水电移民安置实践与管理创新丛书》分卷之一，回顾了沅江流域水电移民安置规划与实施、安置政策、管理模式等发展历程，从尊重历史的角度，总结和提炼了沅江流域各阶段的水电移民安置实践、管理经验和创新成果，展现了沅江流域水电移民安置取得的良好实施效果，并对新形势下流域移民安置工作前景进行了展望，具有较强的理论性和实践性。

本书可为从事水电工程建设征地移民安置工作相关人员提供借鉴，也可作为大专院校相关专业师生的参考书。

图书在版编目（CIP）数据

中国水电移民安置实践与管理创新丛书. 沅江流域卷 / 刘昊主编. -- 北京 : 中国水利水电出版社, 2025. 1.
ISBN 978-7-5226-3187-5

Ⅰ．D632.4

中国国家版本馆CIP数据核字第2025WU8523号

书　　名	中国水电移民安置实践与管理创新丛书 **沅江流域卷** YUAN JIANG LIUYU JUAN
作　　者	主　编　刘昊 副主编　魏　鹏　刘文胜　李金平　刘　慧
出版发行	中国水利水电出版社 （北京市海淀区玉渊潭南路1号D座　100038） 网址：www.waterpub.com.cn E-mail：sales@mwr.gov.cn 电话：（010）68545888（营销中心）
经　　售	北京科水图书销售有限公司 电话：（010）68545874、63202643 全国各地新华书店和相关出版物销售网点
排　　版	中国水利水电出版社微机排版中心
印　　刷	北京印匠彩色印刷有限公司
规　　格	184mm×260mm　16开本　15印张　365千字
版　　次	2025年1月第1版　2025年1月第1次印刷
印　　数	0001—1000册
定　　价	**128.00**元

凡购买我社图书，如有缺页、倒页、脱页的，本社营销中心负责调换

版权所有·侵权必究

《中国水电移民安置实践与管理创新丛书》
编 委 会

主　　编　郭万侦

副 主 编　李湘峰　尹忠武　黄　谨　朱兆才　辛乾龙　刘　昊　杨　洲

顾　　问　龚和平　潘尚兴　王春云　钟广宇　向伟益　王祝安　李红远

编写人员

水电水利规划设计总院：
吴立恒　刘文胜

中国电建集团西北勘测设计研究院有限公司：
王雪双　杨丽洁　邓俊峰　丁世杰

中国电建集团中南勘测设计研究院有限公司：
魏　鹏　段小芳　何治德　孙向宇　刘　慧

中国电建集团成都勘测设计研究院有限公司：
何生兵　邹　正　徐开寿　余　波

中国电建集团昆明勘测设计研究院有限公司：
唐良霁　杨海青　韩江江

中国电建集团贵阳勘测设计研究院有限公司：
倪　剑　周现富　吴旭鹏

长江设计集团有限公司：
李文军　杨荣华　冯秋生

中国长江三峡集团公司移民工作局：
姚英平　张国平

黄河上游水电开发有限责任公司：
李建青

五凌电力有限公司：
赵迪华　徐恒建

国能大渡河流域水电开发有限公司：
熊　强

华能澜沧江水电股份有限公司：
鲜恩伟　张国栋

贵州乌江水电开发有限责任公司：
吉智勇

《沅江流域卷》编委会

主　　编	刘　昊
副 主 编	魏　鹏　刘文胜　李金平　刘　慧
顾　　问	王　奎　钟广宇　郭万侦　李湘峰　吴立恒
	李旭亚　赵迪华　徐恒建　叶正飞　李玉春
	杨　平　倪　剑　袁侃夫　王雪平　李新军
	龚佑军　刘运萌　陈　超　杨启煜　杨丽洁
	韩益民
编写人员	第1章　何治德　刘　慧　王　顿　刘敬文
	第2章　刘　慧　何治德　冯丕杰　郑延辉
	第3章　刘　慧　温若橙　王　顿　刘敬文
	第4章　何治德　李玉春　杨　平　冯丕杰
	第5章　刘　慧　温若橙　何治德　孙万里
	第6章　李金平　刘　慧　何治德　刘敬文
	第7章　魏　鹏　李金平　陈　涛　刘　慧
编写单位	中国电建集团中南勘测设计研究院有限公司
	五凌电力有限公司
	水电水利规划设计总院

丛书序一

水电不仅可以生产大量绿色低碳电量，而且具有灵活的调节作用和储能能力。目前我国电力系统大规模高比例的新能源发展，对水电提出了新的发展要求，也为水电提供了新的发展机遇，水电将为电力系统安全稳定运行和新能源电力消纳贡献不可替代的力量，未来可发展空间仍然巨大。移民安置是水电开发的重要组成部分。自中华人民共和国成立以来，我国水电开发取得了举世瞩目的成就，同时也产生了大规模的移民。为了妥善安置水电移民，党和国家制定了一系列方针政策，保障了移民群众的合法权益，有力推动了我国水电事业发展。伴随着我国经济社会和水电事业的发展，移民安置也经历了从无到有，从摸索中起步，在实践中发展，到如今政策成体系、规划成系列、管理有规章。水电移民在实践中创新，在创新中发展。这些实践创新和管理的经验是我国水电事业的宝贵财富，值得认真研究总结。

水电水利规划设计总院组织全国主要水电设计单位、流域开发业主单位联合编撰的《中国水电移民安置实践与管理创新丛书》，通过大量的数据收集、案例整理、分析总结等工作，全面分析回顾了我国水电移民安置总体情况和演进历程，梳理解析了国家和水电大省的移民安置政策，总结了我国水电移民安置实践经验、移民安置各阶段工作管理和创新情况及安置效果，并结合新时期党中央、国务院的新政策、新精神，对未来水电工程移民安置管理与创新的前景进行了展望。书中包含的大量中国水电移民数据资料、典型案例、大事记和主要人物是我国水电移民安置领域第一手的宝贵资料，具有非常重要的历史价值和借鉴意义。未来，随着我国水电开发的进一步深化，以及步入国际市场，需要业界不断总结、实践、创新，做好移民安置工作，分享移民安置工作新思路和新经验，努力传播我国水电移民工作理念，促进中国水电管理技术和管理经验走向世界。

中国工程院院士

2024 年 6 月

丛书序二

水电是国民经济的重要能源基础设施，也是主要的电力品种。水电开发在我国能源发展战略中具有极其重要的地位。水电事业自中华人民共和国成立后特别是改革开放以来，取得了长足发展，规划设计、开发建设、设备制造、技术创新和运行管理等成就举世瞩目，水电装机容量2004年突破1亿kW大关，跃居世界第一并持续增长。截至2021年年底，水电总装机容量已达3.9亿kW，年发电量1.34万亿kW·h，水电成为推进能源绿色低碳转型、实施可再生能源替代行动的重要力量。中国水电改革创新发展的伟大实践，铸造了雄厚的科技和管理综合实力。中国水电已成为名副其实的中国创造和国之重器，并成为"一带一路"建设的亮丽名片。

水电工程拦河筑坝、蓄水发电不可避免要征（占）用土地，产生移民。移民安置是水电建设必须面对并需要妥善解决的问题，也是推进水电有序开发的关键内容。经统计全国180座大型水电工程、506座中型水电工程的移民人数，总计约732万人。老水电工程的水库移民遗留问题，经多年扶持并结合扶贫攻坚，已基本解决；新建水电工程执行当期政策移民也已得到妥善安置。中国水电移民安置工作经历了政策法规从无到有、管理机构职能不断加强、配套政策不断完善、监管机制不断健全、移民安置不断规范、后期扶持不断强化的发展历程，为促进地方社会经济发展和移民脱贫致富，乃至加快全面建成小康社会进程作出了重要贡献。可以说，中国已经较好地解决了水电工程的移民问题，并积累了丰富经验。总结我国水电建设的先进技术、原创成果和管理经验，移民安置工作一马当先。

自2016年起，水电水利规划设计总院组织中国电建集团西北、中南、成都、昆明、贵阳等勘测设计研究院有限公司，长江设计集团有限公司，以及黄河上游水电开发有限责任公司、五凌电力有限公司、国能大渡河流域水电开发有限公司、华能澜沧江水电股份有限公司、贵州乌江水电开发有限责任公司、中国长江三峡集团公司移民工作局等单位，组建编写委员会，多次组织召开集中办公会，全力推进《中国水电移民安置实践与管理创新丛书》编纂工作。在编纂过程中，水电水利规划设计总院组织对全国水电工程移民数据、大事件、主要任务进行了收集整理和复核，对移民安置总体情况进行了梳理；以重要标志性文件和重大政策时间节点为划分依据，将移民安置演进历程分为移民安置滥觞期、移民安置探索期、移民安置发展期、移民安置完善期四个时期，对各个时期的移民规划设计、移民安置政策、移民工作管理模式进行了回顾，结合典型案例详细阐述了移民安置实施效果，总结了不同时期的移民安置实践经验和理论创新，并对移民行业发展的可持续、走出去及最新技术的应用等进行了展望。该丛书可以说是当前中国水电移民安置领域的扛鼎之作，包含了很多第一手的珍贵历史资料和移民大事件经历者、见证者的口述整理资料，对水电移民领域相关的政府部门和企事业单位人员、相关专业大专院校师生以及所有关注水电移民的读者来说，都会是一套值得借鉴参考的好书。

水电水利规划设计总院原院长

2024 年 6 月

丛书前言

能源是经济社会发展的基础和动力源泉。实现碳达峰碳中和战略目标，能源电力领域绿色低碳发展是关键核心，大力发展可再生能源是重要举措。水电在可再生能源发展中具有不可或缺的重要地位，是能源转型发展的重要支撑。随着我国能源转型、低碳高质量发展进程的逐步推进，水电除了其自身具有的可再生能源发电的传统意义之外，其优秀的调节能力将与新能源形成有效的整体，通过电网给用户带来真正低碳、经济、可靠的电能。

我国是世界上水能资源丰富的国家，我国的水电发展经历了由小到大、由弱到强的历程。中华人民共和国成立后特别是改革开放以来，随着经济社会发展的需要，国家加快了水电工程建设的步伐，一些重大工程相继建成，水电建设迅猛发展，技术日新月异。从2004年起，我国水电装机容量已居世界第一，我国已从水电弱国发展成为世界水电大国和水电强国，未来还将继续进一步重视和加快水电工程的投入和建设。水电在我国实现碳达峰碳中和战略目标、构建新型电力系统的实施路径上占据重要地位，能够为大力发展新能源保驾护航。《国务院关于印发2030年前碳达峰行动方案的通知》（国发〔2021〕23号）指出"因地制宜开发水电。积极推进水电基地建设，推动金沙江上游、澜沧江上游、雅砻江中游、黄河上游等已纳入规划、符合生态环保要求的水电项目开工建设，推进雅鲁藏布江下游水电开发""'十四五'、'十五五'期间分别新增水电装机容量4000万千瓦左右，西南地区以水电为主的可再生能源体系基本建立。"水电作为优质清洁的可再生能源，将在国家能源安全战略中占据重要的地位。

和其他基础设施建设一样，水电工程的建设不可避免地会涉及征收土地、复建基础设施和搬迁移民。为了蓄洪补枯、蓄水蓄能，需要在河流上修筑大坝，抬高坝上游的水位，形成水库。通常，坝越高、库容越大，淹没面积越大，征地移民数量越多。由于农村移民失去了赖以生存的耕地等生产资料，需要进行安置，并对失去的土地等资源进行合理补偿，使被征地农民得以恢复其生活水平。征地移民安置是水电工程建设的重要组成部分，安置效果直接关系到工程建设的顺利推进、效益发挥及至社会稳定。协调好水电工程建设规模，妥善安置因水电开发而产生的移民，是我国水电开发中的关键问题之一。伴随着中国水电开发建设历程，移民安置工作与时俱进、日新月异，总结我国水电建设的先进技术、原创成果和管理经验，水库移民安置工作一马当先。

当前，党中央提出的"一带一路"倡议是我国在新的历史条件下实行全方位对外开放的重大举措，是推行互利共赢的重要平台，推进"一带一路"建设将开创我国对外开放的新格局。中国水电在扩大国内市场的同时，也在积极走向国际市场。据统计，目前我国已与80多个国家建立了水电规划、建设和投资的长期合作关系，占有国际水电市场50%以上的份额，我国已逐步成为引领和推动世界水电发展的主要力量。中国水电正在完成从"融入"到"引领"的历史性转变，并将在落实"一带一路"倡议中发挥积极的、不可替代的作用。"引领"世界水电发展，亟须加强我国水电技术和管理的国际化研究，助力中国水电走出去。

基于上述契机及形势要求，总结我国水电移民安置实践与管理工作的先进经验及成果，打造立足水电移民安置科技前沿、传播水电移民安置高端知识、反映水电移民安置科技实力和管理理念的精品力作，为开发建设和谐水电提供技术支撑和保障。自2016年起，水电水利规划设计总院组织全国主要水电设计单位、流域水电开发业主单位启动开展《中国水电移民安置实践与管理创新丛书》编纂工作；2017—2019年，完成调研、资料收集和初稿编纂工作；2020—2022年，虽受疫情影响，但通过视频会议、编写组内部整理、人物访谈等方式完善初稿内容，对案例、大事件、政策文件等清单内容做了进一步的修改和完善；2023年，完成最终稿。

《中国水电移民安置实践与管理创新丛书》（简称《移民丛书》）包括综合卷，以及我国目前水电建设开发程度较高的黄河流域、乌江流域、沅江流域、大渡河流域、澜沧江流域、长江干流及金沙江下游流域等6个流域分卷。《移民丛书》总结了我国及典型流域水电资源概况和水电开发、建设及规划情况，收集了截至2022年7月30日全国已投产发电的686座大中型水电站移民安置相关资料，归纳了自中华人民共和国成立以来的移民安置工作总体情况和演进历程；梳理了不同时期移民补偿政策、安置政策、管理政策，总结了不同时期开发建设管理、实施管理、设计咨询管理、监督评估管理制度及其特点；评价了社会效益、经济效益、移民利益保障、生活水平恢复等移民安置实施效果；概括了规划设计、安置实施、管理模式等实践创新经验；从研究探索新形势下的水电移民工作管理机制、开展移民安置政策深化研究、完善全生命周期技术标准体系、推动移民专业信息平台建设与运用工作、加强行业和国际交流合作、拓展未来市场等方面进行了展望。《移民丛书》还从主要政策、主要大事件、主要人物、主要案例方面全面梳理了自中华人民共和国成立以来对水电移民安置工作有重大影响和具有史料价值的事件并列出清单。《移民丛书》对于总结我国水电移民安置实践经验、移民安置各阶段工作管理及创新情况，传播我国水电移民工作理念，促进中国水电移民管理技术走向世界，具有重要意义。

《移民丛书》主编单位为水电水利规划设计总院，参编单位包括中国电建集团西北、中南、成都、昆明、贵阳等勘测设计研究院有限公司，以及长江设计集团有限公司、中国长江三峡集团公司移民工作局、黄河上游水电开发有限责任公司、五凌电力有限公司、国能大渡河流域水电开发有限公司、华能澜沧江水电股份有限公司、贵州乌江水电开发有限责任公司等单位，各单位均安排了熟悉移民工作、经验丰富的技术带头人和专业技术骨干力量组成编写组。

《移民丛书》是对中国水电工程建设征地移民安置工作的总结和思考，具有原创性、科学性、权威性、指导性和实用性，可作为从事水电工程建设征地移民安置规划设计、综合监理、独立评估工作的工程技术人员和科研技术人员，地方政府工作人员、项目业主、从事移民安置工作的管理人员，相关专业大专院校师生以及社会热心人士的工作指导用书和科普丛书。在丛书编纂过程中，编写组各成员单位大力支持，齐心协力，高质量、高要求、高水平地完成了丛书编纂工作，在此谨向上述各相关单位表示诚挚的敬意和由衷的感谢！

丛书编委会

2024 年 6 月

前 言

　　沅江，又称沅水，长江流域洞庭湖支流，流经贵州省、湖南省，流域则跨贵州、重庆、湖南、湖北四省（直辖市），属洞庭湖湘水、资水、沅水、澧水四水中的第二大水系。在中国各大流域中，沅江干流（含清水江）规划的 14 个梯级水电站工程建设跨越时间长（从 20 世纪 80 年代至今），建设征地涉及汉族、苗族、侗族等区域，沿线地域的社会、经济、文化等区位因素差异显著，移民规模庞大，受资源环境承载能力等因素的影响，移民安置难度大，在移民安置实践与管理创新方面，积累了先进经验，得到了很好的实践、应用与推广，对国家很多移民安置新政策、新规范的出台起到了很好的促进和推动作用。

　　新中国成立后特别是改革开放以来，中国水电建设迅猛发展，技术日新月异，已从水电弱国，发展成为世界水电大国和水电强国，"中国水电"正在完成从"融入"到"引领"的历史性转身。基于此契机，《中国水电移民安置实践与管理创新丛书》力图总结提炼中国水电移民安置的先进技术、原创成果和管理经验，打造立足水电移民技术前沿、传播水电移民高端知识、反映水电移民安置技术实力和管理理念的精品力作，为开发建设和谐水电提供技术支撑和保障。《中国水电移民安置实践与管理创新丛书 沅江流域卷》是《中国水电移民安置实践与管理创新丛书》的重要组成部分，本书共分 7 章，介绍了沅江流域水能开发情况和经济社会发展状况，详细阐述了沅江干流（含清水江）梯级五强溪水电站、三板溪水电站、托口水电站和白市水电站等典型案例的移民安置规划及实施成果，分析研究了沅江流域移民政策演变的过程及特点，从开发建设管理、实施管理、设计咨询管理、监督评估管理等方面分析了不同时期的移民安置管理情况及特点，从社会效益、财务效益、移民利益保障、生产生活水平恢复等方面研究了沅江流域移民安置的实施效果，从规划设计、安置实施、管理程序等多方面对沅江流域水电工程移民安置工作进行了实践和创新总结，最后从进一步完善国家相关政策建议、实现移民安置与区域协调发展、解决移民再就业、化解移民群众相关诉求及未来移民工作管理体制设想等方面进行了工作展望。本书主要水电站及库区社会经济、移民政策等基础数据截至 2018 年年底。

本书主编单位为中国电建集团中南勘测设计研究院有限公司，参编单位为五凌电力有限公司和水电水利规划设计总院。湖南省水利水电勘测设计研究总院提供了有关资料。在本书编写过程中，得到了编委会成员单位及湖南省库区移民事务中心（原湖南省水库移民开发管理局）、贵州省生态移民局、湖南省水利水电勘测设计研究总院等单位的大力支持和帮助，在此谨向上述各相关单位表示诚挚的敬意和由衷的感谢！

为展现水电水利工程建设成就及移民安置效果，本书部分图片由水电工程相关协作参考单位提供，在此一并致谢，如有疑义，请联系本书编委会。

由于移民安置工作涉及多个单位和部门，工作纷繁复杂，资料时间间隔较长，现阶段成果可能还存在一些不足，望批评指正。

作者

2024 年 6 月

目 录

丛书序一
丛书序二
丛书前言
前言

第1章　流域水能开发与经济社会发展 ·········· 1
  1.1　流域水力资源分布 ·········· 2
  1.2　沅江流域水能开发建设 ·········· 5
  1.3　经济社会发展概况 ·········· 10

第2章　移民安置规划与实施 ·········· 15
  2.1　移民安置总体情况及工作历程 ·········· 16
  2.2　不同时期移民安置规划与实施 ·········· 47
  2.3　移民安置规划工作特点 ·········· 93

第3章　移民安置政策 ·········· 107
  3.1　移民安置政策发展历程 ·········· 108
  3.2　移民安置政策解读 ·········· 115

第4章　移民管理模式 ·········· 133
  4.1　五强溪阶段 ·········· 134
  4.2　三板溪阶段 ·········· 140
  4.3　托口、白市阶段 ·········· 149

第5章　移民实施效果 ·········· 173
  5.1　沅江梯级水电站建设对流域社会经济发展的促进作用 ·········· 174
  5.2　移民安置实施效果 ·········· 177

第6章　移民安置实践与创新 ·········· 191
  6.1　五强溪阶段 ·········· 192
  6.2　三板溪阶段 ·········· 195
  6.3　托口、白市阶段 ·········· 201

第 7 章　启示与展望	205
7.1　启示	206
7.2　展望	207
参考文献	209
附录	211
附录 A　主要案例清单	212
附录 B　主要政策文件清单	215
附录 C　重大事项清单	221

第1章
流域水能开发与经济社会发展

1.1 流域水力资源分布

1.1.1 沅江流域概述

沅江，又称沅水，长江流域洞庭湖支流，流经贵州省和湖南省，是湖南省的第二大河流，干流全长1033km（其中湖南省境内568km），流域面积89163km²，多年平均年径流量393.3亿m³，落差1462m，河口多年平均流量2170m³/s，属洞庭湖湘水、资水、沅水、澧水四水中的第二大水系。沅江流域则跨贵州、重庆、湖南、湖北四省（直辖市），流域面积大于3000km²以上的支流有7条，分别为渠水、㵲水、巫水、溆水、辰水、武水和酉水，沅江流域干流及主要支流基本情况见表1.1-1。

根据全国水力资源普查成果，沅江水系水能总蕴藏量794万kW，其中：湖南省538万kW，占水能总蕴藏量的68%；贵州省204万kW，重庆市27万kW，湖北省25万kW。可开发的水力资源总容量为594万kW，平均年发电量276.1亿kW·h；其中湖南省460万kW，占全流域的77%，年发电量207亿kW·h；贵州省110万kW，年发电量58亿kW·h；可能开发的水力资源中，60%在沅江干流，40%在其支流。沅江干、支流可开发的水力资源又占洞庭湖水系的48%。

表1.1-1　　　　　　　沅江流域干流及主要支流基本情况表

支流名称		流域面积/km²	干流总长/km	天然落差/m	理论水能蕴藏量/MW
沅江干流		—	568	187	2117
沅江支流	渠水	6772	285	158	103.5
	㵲水	10334	444	136	113
	巫水	4205	244	1503	359.9
	溆水	3290	143	540	144.6
	辰水	7536	289	85	75.17
	武水	3574	150	671	120.71
	酉水	18530	477	239	593

注：沅江干流总长、天然落差为湖南省境内数值。

1.1.2 沅江干流

沅江干流分两段，贵州省境内为清水江河段，进入湖南省境内与渠水交汇后称为沅江。

清水江是沅江主源，发源于贵州省都匀市苗岭山脉斗篷山北麓谷江乡西北中寨，东北流至谷江转东南流，至都匀市区折南流，至小围寨镇折东南流，经马寨电站、营盘电站，转东北流，经明英电站和团鱼浪电站，进入麻江县、丹寨县边界，经麻江县富江电站、龙里电站，汇羊昌河，至下司镇折东北流，进入凯里市境内，经清新电站、凯里市区，在岔河口（又称螃蟹上三汊河口）重安江汇入，始称清水江。经旁海镇，进入黄平县、台江县、施秉县边界，至台江县施洞镇转东南流，纳小江河（巴拉河）至南哨河口折东北流，经革东镇，进入剑河县境内，经剑河县城柳川镇、南寨乡，至南加镇进入锦屏县境内，至河口乡纳乌下江折东北，经平略镇，至县城三江镇纳亮江，地茅坪镇，进入天柱县境，经坌处镇、远口镇、白市镇、瓮洞镇以东的白毛寨峦山入湖南省怀化市。清水江在贵州省内河长 452.2km，流域面积 17157km²，峦山出省境段多年平均流量 355m³/s，总落差 1275m，平均比降 3.97‰。其流域面积在 1000km² 以上的主要支流有重安江、巴拉河、巫密河、六洞河、亮江。

至湖南省境，从会同县漠滨乡的金子村入怀化市，再东流经芷江侗族自治县至洪江市（原黔阳县）托口镇与渠水汇合。

沅江自湖南省西南流经洪江市沅河镇原神场，折向东南流经洪江市至黔城镇与舞阳河（潕阳河、舞阳河、舞水、潕水）相汇，流量大增。向东南流 23km 至洪江，巫水自南来注入。继而转北至檀木洲纳公溪，经安江、怀化铜湾、辰溪黄溪口至溆浦县大江口纳溆水。而后折西北流抵辰溪县城，辰水自西南注入。又北流经浦市至泸溪县纳武水，后东流入沅陵县境，转北流至沅陵县城纳酉水，又折向东北行，于沅陵柳林汊乡界首出怀化地区，经桃源县、常德市注入洞庭湖，常德市德山为沅江河口。沅江段干流流经洪江市、中方县、溆浦县、辰溪县、泸溪县、沅陵县、桃源县（境内流程 146km）和常德市区等县（市）。

沅江至麻伊洑入常德市境，经桃源，在河洑入鼎城、常德市城区，至德山入洞庭湖。流经常德市境内 104km，流域面积 5609.92km²。

德山以下习称沅江尾闾，沅江流经汉寿县新兴嘴分为三支。北支为主流，经梅家切分流东下；南支自白合庵分流，名南晓河，至太极垸折向北流，横穿新开的中支，绕金石废垸，至牛鼻滩与北支汇合；中支系 1970 年废弃金石、太极垸（又名大泛洲、小泛洲）后，由人工开挖的宽 60～120m、长 6200m 的泄洪引河，从新兴嘴以下直出安彭家、三支在安彭家合流后，经苏家吉、接港、周文庙，于坡头注入目平湖，长 60km。

沅江流域内除粮食作物外，盛产油桐、油茶、药材等。干支流上游山岭重叠，森林茂密，林业发达，年采伐量约百万立方米，主要矿产有煤、磷、铁、锌、铜、锰等。

沅江干流自三汊河口至常德，沿岸多崇山峻岭和高原，坡度大，河道平均坡降为 0.254‰，峡谷多，滩险多，水流湍急。

沅江自河源到黔城为上游。上游为云贵高原地区，多高山，海拔 1000m 左右，河道切割高山，形成很多高峰深谷，平原少，只都匀附近及锦屏至黔城间有一些小型盆地，上游河道平均坡降为 1.07‰。黔城至沅陵为中游，河长 248km。中游为丘陵地区，海拔 400m 以上的地段占全流域的 70%；海拔 200m 以下的地段占全流域的 1.9%。丘陵中间有长短不一的峡谷。黔城至洪江间，黄狮洞至铜湾之间的峡谷有几十千米。河谷平原只有溆浦平原、支流酉水的秀山平原和潕水下游芷江平原较大，河道坡降较平缓，为 0.278‰。沅陵以下称下游，河长 223km。沅陵附近，山势大部低落，多为丘陵和平地，无较大的支流汇入。但在北溶至麻伊伏间为峡谷，五强溪坝址即选在此地段。桃源以下，则为冲积平原，河道平均坡降为 0.185‰。

1.1.3 沅江支流

沅江支流众多，呈羽状分布，流域面积 2000km² 以上的支流有渠水、潕水、巫水、溆水、辰水、武水、酉水及二级支流花垣河和猛洞河 9 条。流域面积 3000km² 以上的支流 7 条：左岸的潕水、辰水、武水和酉水；右岸的渠水、巫水和溆水，其中潕水和酉水的流域面积均大于 10000km²，酉水是沅江最大的支流。支流总流域面积 54241km²，占沅江流域总面积的 61%。

1.1.3.1 渠水

渠水又名渠江，渠水流经通道、靖县、会同、黔阳等县，全长 285km，流域面积 6772km²，河流坡降 0.919‰，河面宽一般为 120~170m。

1.1.3.2 潕水

潕水古称无水，又称舞水，源出贵州省福泉县罗柳塘，至黔城镇注入沅江。潕水为沅江较长支流之一，全长 444km，流域面积 10334km²，仅次于酉水。

1.1.3.3 巫水

巫水即洪江，古称雄溪或熊溪，又名运水、竹舟江，发源于城步苗族自治县东巫山西南麓，经洪江市东注入沅江。巫水流经城步、绥宁、会同、洪江 4 县（市），全长 244km，流域面积 4205km²，河流坡降 1.81‰，河面宽一般为 60~90m。

1.1.3.4 溆水

溆水是溆浦县内最大的河流，古称序水，也称双龙江，其上游称二都河，有二源：一出溆浦县架枧田，一出梁山，至祖下坪两源相合，横贯溆浦县，至大江口注入沅江。溆水全长 143km，流域面积 3290km²，河流坡降 0.191‰。

1.1.3.5 辰水

辰水，又名锦水、锦江、麻阳河，源出贵州省铜仁市漾头，至辰溪县城对河小路口注入沅江。辰水流经贵州省铜仁市及湖南省的麻阳县、辰溪县。辰水全长 289km，流域面积 7536km²。

1.1.3.6 武水

武水，上游称峒河（河溪以上干流称峒河，河溪以下干流称武水），发源于花垣县雅酉镇坡脚村老人山，于泸溪县武溪镇汇入沅江，河流总长 150km，干流平均坡降 1.95‰，流域面积 3574km²，于河溪纳入沱江后称武水。

1.1.3.7 酉水

酉水又称更始河，为沅江最大支流。有南北二源：北源又称北河，为主流，源出湖北省宣恩县西源山；南源通称秀山河，源出贵州省松桃县山羊溪，流至石堤与北源汇合，水量始增。酉水流域为土家族和苗族聚居地区，自源地流经宣恩（湖北省）、龙山（湖南省）、来凤（湖北省）、酉阳（四川省）、秀山（四川省），至高桥入湖南省保靖县境，再经永顺、古丈、沅陵等县，全长 477km，流域面积 18530km²。

1.1.3.8 其他支流

其他支流还包括白洋河（又名黄石河）、大伏溪、洞庭溪（又名池蓬溪、郑水江）、公溪河（又名寨头溪，古称贡溪河）、深溪、怡溪（夷水）。

1.2 沅江流域水能开发建设

1.2.1 沅江流域规划情况

沅江流域规划工作始于20世纪50年代，各级有关部门、设计、科研单位为开发治理沅江开展了大量工作，积累了丰富的基础资料和勘测设计科研成果，为沅江的开发建设奠定了坚实的基础。

中国电建集团中南勘测设计研究院有限公司（原中国水电顾问集团中南勘测设计研究院，以下简称"中南院"）于1986年4月编制完成了《清水江河流规划报告》，1989年通过了能源部、水利部水利水电规划设计总院组织的审查，并经贵州省人民政府批准；1989年3月中南院编制完成了《沅水河流规划报告》，1990年10月通过了由湖南省计划经济委员会同原水利水电规划设计总院共同主持的审查，并经湖南省人民政府批准。

根据沅江流域早期规划，沅江干流水能利用方案的总体格局是：在上游和下游峡谷河段分别建设骨干工程，作为"龙头"水库和关键性综合利用枢纽，在中游低山丘陵河段按15个梯级开发，自上而下有革东（8万kW）、三板溪（100万kW）、挂治（7.6万kW）、远口（14.2万kW）、白市（10.2万kW）、托口（30万kW）、江市（9.2万kW）、洪江（22.5万kW）、安江（12.8万kW）、铜湾（18万kW）、清水塘（9.75万kW）、大洑潭（15.6万kW）、渔潭（6万kW）、五强溪（120万kW）、凌津滩（27万kW）等水电站。其中上游革东、三板溪、挂治、远口、白市5个水电站位于贵州省境内，其余10个水电站位于湖南省境内。从装机规模看，三板溪、托口、五强溪和凌津滩4座水电站为大型水电站，其余为中型水电站；从水库特性和调节性能来看，三板溪为干流梯级中唯一具有多年调节性能的龙头水库，五强溪为干流关键性大型水利水电枢纽工程，具有季调节性能，其余则为中、低水头日调节或周调节水电站。

主要支流酉水拟按湾塘、塘口、石堤、碗米坡、凤滩、高滩6个梯级开发，总装机容量179.6万kW，其中石堤水电站位于重庆市境内，塘口水电站位于湖北省境内，其余水电站均位于湖南省境内。凤滩、湾塘和高滩为已建水电站，装机容量48.6万kW。

干流上游的三板溪水电站和中游8个梯级水电站（托口、江市、洪江、安江、铜湾、清水塘、大伏溪、渔潭）以及支流酉水上的碗米坡水电站总装机容量248万kW，年发电量87亿kW·h，总库容100多亿m^3，总防洪库容50亿m^3，水电站规模适度，移民人数较少，交通方便，技术经济条件较优越，是沅江水电开发的理想河段。

2002年，受五凌电力有限公司（原湖南五凌水电开发有限责任公司，以下简称"五凌公司"）的委托，中南院开展了沅江规划的复核工作，于2003年6月编制完成《沅水干流规划复核报告》，同年7月通过了由水电水利规划设计总院会同湖南、贵州两省计划经济委员会共同主持的审查。调整后的沅江干流梯级开发方案为13级，从上至下依次为：革东（正常蓄水位505.00m）、三板溪（正常蓄水位475.00m）、挂治（正常蓄水位322.00m）、白市（正常蓄水位300.00m）、托口（正常蓄水位250.00m）、洪江（正常蓄水位190.00m）、安江（正常蓄水位165.00m）、铜湾（正常蓄水位152.50m）、清水塘

（正常蓄水位139.00m）、大洑潭（正常蓄水位129.00m）、渔潭（正常蓄水位115.00m）、五强溪（正常蓄水位108.00m）、凌津滩（正常蓄水位51.00m），其中三板溪水库为沅江干流的"龙头"水库，具有多年调节性能，五强溪水库为沅江中下游的控制性骨干工程，为季调节水库。

2008年11月，湖南省桃源县人民政府致函，委托中南院编制沅江凌津滩水电站至桃源河段的水能梯级开发补充规划报告。2009年1月，中南院编制完成《沅水凌津滩—桃源河段补充规划报告》。2009年4月，湖南省水利厅在长沙市主持召开《沅水凌津滩—桃源河段补充规划报告》审查会。2009年6月，湖南省人民政府以"湘政函〔2009〕111号"文批复《沅水凌津滩—桃源河段补充规划报告》，同意沅水凌津滩—桃源河段增加一级水电开发梯级桃源水电站，开发任务以发电为主，兼顾航运、旅游等综合利用。

沅江干流最终批准的梯级开发方案为革东+三板溪+挂治+白市+托口+洪江+安江+铜湾+清水塘+大洑潭+渔潭+五强溪+凌津滩+桃源，共14级水电站。截至2016年，三板溪、挂治、白市、托口、洪江、安江、铜湾、清水塘、大洑潭、五强溪、凌津滩、桃源等水电站已经建成，革东、渔潭水电站尚未开发建设。沅江干流梯级水电站开发示意图见图1.2-1。

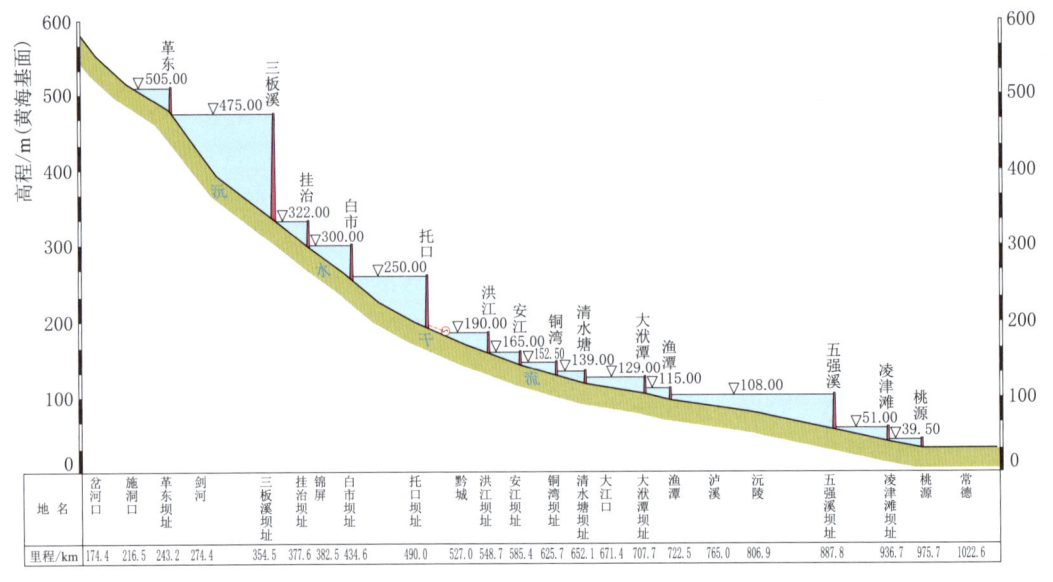

图1.2-1 沅江干流梯级水电站开发示意图

1.2.2 沅江干流梯级水电站开发建设情况

沅江干流共规划14个梯级水电站（贵州省4个、湖南省10个），14个梯级水电站规划总装机容量507.3万kW。截至2016年，三板溪、挂治、白市、托口、洪江、安江、铜湾、清水塘、大洑潭、五强溪、凌津滩、桃源等水电站已经建成，革东、渔潭水电站尚未开发建设。

已建12个梯级水电站总装机容量489.3万kW，年发电量170.9亿kW·h，总库容110.06亿m³，建设征地移民补偿总投资191.5亿元。各项目基本情况见表1.2-1。

第1章　流域水能开发与经济社会发展

表1.2-1　沅江（含清水江）干流各梯级水电工程基本情况

序号	电站名称	设计单位	项目归属	装机容量/万kW	项目所在省	工程状况	开工时间	建成（蓄水）时间	正常蓄水位/m	年发电量/(亿kW·h)	总库容/亿m³	工程总投资/亿元	移民投资/亿元
	合　计			507.3						170.901	110.06		191.55
1	革东	中南院	五凌电力有限公司	8	贵州	未建							
2	三板溪	中南院	五凌电力有限公司	100	贵州	已建	2002年7月	2006年1月	475.00	24.28	40.94	73	35
3	挂治	中南院	五凌电力有限公司	15	贵州	已建	2004年2月	2007年6月	322.00	4.021	0.59	9.3	1.23
4	白市	中南院	五凌电力有限公司	42	贵州	已建	2005年1月	2013年2月	300.00	12.36	6.87	69.9	40.7
5	托口	中南院	五凌电力有限公司	83	湖南	已建	2005年	2014年2月	250.00	21.31	13.84	111.9	63.0
6	洪江	中南院	五凌电力有限公司	22.5	湖南	已建	1998年3月	2002年12月	190.00	9.7	3.2	19.99	3.1
7	安江	湖南省水利水电勘测设计研究总院	广水安江水电开发有限公司	14	湖南	已建	2010年1月	2012年1月	165.00	5.62	0.77	15.81	4.45
8	铜湾	湖南省水利水电勘测设计研究总院	湖南省湘投资水利水电开发有限公司	18	湖南	已建	2004年12月	2007年12月	152.50	7.11	2.11		6.85
9	清水塘	湖南省水利水电勘测设计研究总院	湖南清水塘水电开发有限责任公司	12.8	湖南	已建	2006年7月	2008年9月	139.00	5.07	2.63		2.7
10	大洑潭	湖南省水利水电勘测设计研究总院	辰溪大洑潭公司	20	湖南	已建	2004年12月	2007年1月	129.00	8.06	1.45		6.24
11	渔潭			10	湖南	未建							
12	五强溪	中南院	五凌电力有限公司	120	湖南	已建	1986年4月	1994年11月	108.00	53.7	29.9		22.59
13	凌津滩	中南院	五凌电力有限公司	24	湖南	已建	1994年11月	1998年	51.00	11.74	6.48		1.91
14	桃源	中南院	桃源开发有限公司	18	湖南	已建	2010年	2013年	39.50	7.93	1.28		3.78

1.2.2.1　革东水电站

革东水电站为沅江干流规划第1级水电站，规划装机容量8万kW，目前尚未建设。

1.2.2.2　三板溪水电站

三板溪水电站位于沅江干流上游河段的清水江中下游，坝址位于贵州省黔东南苗族侗族自治州锦屏县平略镇境内。水库正常蓄水位475.00m，相应库容37.48亿m^3，水电站装机容量1000MW，多年平均年发电量24.28亿kW·h。该水电站是沅江干流梯级水电站中唯一具有多年调节性能的龙头水电站，可为下游提供较大的补偿库容。开发的主要任务是以发电为主，兼有防洪、航运、养殖、旅游等综合利用效益。

2001年11月，三板溪水电站进场公路正式动工，标志着三板溪工程进入实质性建设阶段。2003年9月大江截流，2006年1月下闸蓄水，2007年5月首台机组发电，2007年10月4台机组全部安装完毕。

1.2.2.3　挂治水电站

挂治水电站位于沅江干流上游河段的清水江中下游，地处贵州省黔东南苗族侗族自治州锦屏县境内，上距三板溪水电站约18km，下距锦屏县城约7km。水库正常蓄水位322.00m，相应库容4184万m^3，水电站装机容量150MW，多年平均年发电量4.021亿kW·h，是三板溪水电站的反调节水电站。

2005年1月16日，挂治水电站枢纽工程建设主体工程开工建设，2007年6月15日下闸蓄水；2007年9月，水库移民安置通过了验收，同月挂治水电站3台机组全部发电。

1.2.2.4　白市水电站

白市水电站位于沅江干流上游河段的清水江中下游，地处贵州省黔东南苗族侗族自治州（以下简称"黔东南州"）天柱县境内，下距天柱县白市镇2.5km，是清水江梯级规划中的第4座梯级水电站。该水电站以发电为主，兼有航运、水产养殖等综合利用效益，水库正常蓄水位300.00m，调节库容1.72亿m^3，具有季调节性能，水电站装机容量420MW，多年平均年发电量12.36亿kW·h。

白市水电站于2005年1月开工建设；2013年2月下闸初期蓄水，初期蓄水位291.00m；2013年4月正式并网发电；2015年2月实现正常蓄水位蓄水。

1.2.2.5　托口水电站

托口水电站坝址位于沅江上游、湖南省洪江市托口镇下游3.5km处，是沅江干流的第5个梯级水电站。该水电站开发任务以发电为主，兼顾防洪、航运等其他综合利用效益，水库正常蓄水位250.00m，调节库容6.15亿m^3，具有年调节性能，水电站装机容量830MW，多年平均年发电量21.31亿kW·h。

托口水电站于2006年4月开工建设，2014年2月下闸初期蓄水，初期蓄水位233.00m。2016年12月，蓄水至正常蓄水位250.00m。

1.2.2.6　洪江水电站

洪江水电站位于沅江干流上游，地处洪江市雄溪镇上游4.5km处，是沅江流域的第6个梯级水电站。该水电站以发电为主，兼有灌溉、航运等综合效益。水库正常蓄水位190.00m，调节库容7500万m^3，水电站装机容量225MW，多年平均年发电量9.7亿kW·h。

洪江水电站于 1998 年 3 月正式开工建设，2002 年 12 月下闸蓄水，2003 年 2 月首台机组发电，2003 年年底全部机组投产发电。

1.2.2.7 安江水电站

安江水电站位于湖南省怀化市洪江市境内，该水电站开发任务以发电为主，兼顾航运等综合利用效益。水库正常蓄水位 165.00m，总库容 0.77 亿 m^3，水电站装机容量 140MW，多年平均年发电量 5.62 亿 kW·h。

安江水电站于 2010 年 10 月开工，2012 年 10 月建成。

1.2.2.8 铜湾水电站

铜湾水电站位于湖南省怀化市中方县境内，该水电站开发任务以发电为主，兼顾航运等综合利用效益。水库正常蓄水位 152.50m，总库容 2.11 亿 m^3，水电站装机容量 180MW，多年平均年发电量 7.11 亿 kW·h。

铜湾水电站于 2004 年 12 月开工，2007 年 12 月建成。

1.2.2.9 清水塘水电站

清水塘水电站位于湖南省怀化市辰溪县境内，该水电站开发任务以发电为主，兼顾航运等综合利用效益。水库正常蓄水位 139.00m，总库容 2.63 亿 m^3，水电站装机容量 128MW，多年平均年发电量 5.07 亿 kW·h。

清水塘水电站于 2006 年 7 月开工，2008 年 9 月建成。

1.2.2.10 大洑潭水电站

大洑潭水电站位于湖南省怀化市辰溪县境内，该水电站开发任务以发电为主，兼顾航运等综合利用效益。水库正常蓄水位 129.00m，总库容 1.45 亿 m^3，水电站装机容量 200MW，多年平均年发电量 8.06 亿 kW·h。

大洑潭水电站于 2004 年 12 月开工，2007 年 10 月建成。

1.2.2.11 渔潭水电站

渔潭水电站为沅江干流规划第 11 级水电站，位于湖南省怀化市辰溪县与湘西土家族苗族自治州（以下简称"湘西州"）泸溪县交界处，规划装机容量 100MW，目前尚未建设。

1.2.2.12 五强溪水电站

五强溪水电站位于湖南省沅陵县境内的沅江干流上，坝址位于杨五庙，上距沅陵县城 73km。水库正常蓄水位 108.00m，总库容 29.9 亿 m^3，调节库容 20.2 亿 m^3，水电站装机容量 1200MW，多年平均年发电量 53.7 亿 kW·h。五强溪水电站建成后汛期将预留防洪库容 13.6 亿 m^3，使下游尾闾防洪地区的防洪标准由 5 年一遇提高到 20 年一遇。

五强溪水电站于 1986 年 4 月开工，1994 年 11 月下闸蓄水。

1.2.2.13 凌津滩水电站

凌津滩水电站位于湖南省常德市桃源县境内，下距桃源县城 40km，上距五强溪水电站 47.5km。该水电站是一座以发电为主，兼有航运效益的中型水电站，是五强溪水电站的反调节水库。水库正常蓄水位 51.00m，总库容 6.48 亿 m^3，水电站装机容量 240MW，保证出力 60.6MW，多年平均年发电量 11.74 亿 kW·h。

凌津滩水电站于 1994 年 11 月正式开工，1998 年下闸蓄水。

1.2.2.14 桃源水电站

桃源水电站位于湖南省常德市桃源县城附近的沅江干流上，是沅江干流最末一个水电开发梯级。该水电站开发任务以发电为主，兼顾航运、旅游等综合利用效益。水库正常蓄水位39.50m。相应库容1.28亿m^3，水电站装机容量180MW，多年平均年发电量7.93亿kW·h。

桃源水电站于2010年11月正式开工，2013年7月下闸蓄水。

1.3 经济社会发展概况

1.3.1 沅江流经地区概况

沅江流经湖南、贵州、湖北、重庆4省（直辖市）9个地区60个区县。其中干流流经市（州、县）如下。

贵州省境内：黔南布依族苗族自治州贵定县、都匀市；黔东南州麻江县、丹寨县、凯里市、黄平县、施秉县、镇远县、岑巩县、剑河县、台江县、雷山县、黎平县、锦屏县、天柱县。

湖南省境内：怀化市会同县、芷江县、洪江市、中方县、溆浦县、辰溪县，湘西州泸溪县、沅陵县，常德市、桃源县、汉寿县。

支流流经市（州、县）如下：

酉水主要流经宣恩县、龙山县、来凤县、酉阳县、秀山县、保靖县、永顺县、古丈县、沅陵县。

沱江主要流经凤凰县、松桃县、泸溪县、吉首市。

辰水主要流经松桃县、江口县、铜仁市、麻阳县、辰溪县。

㵲水主要流经施秉县、镇远县、玉屏县、新晃县、芷江县、怀化市、中方县、洪江市。

流域内水力、森林、矿产、野生生物、旅游资源丰富，所属4省（直辖市）地区基本上都是中国中西部边远山区，下游常德地区工农业发展较快，怀化、凯里和都匀等市有一定的工业基础，但经济总体水平较低，以农业为主。

1.3.2 干流流经各市（州、县）经济社会发展概况

1.3.2.1 都匀市

都匀，简称"匀"，贵州省南部政治、经济、文化中心，西南地区出海重要交通枢纽，黔中经济区五大主要城市中心之一，黔南布依族苗族自治州首府。

都匀市总面积2274km^2，总人口为49万人（2015年），有布依族、苗族、水族、瑶族等33个少数民族，以布依族为主的少数民族占总人口的67.08%。市辖1个省级经济开发区、5个办事处、4个镇、1个乡。城市建成区总面积为46km^2（2014年），市区人口35万人（含流动人口）。都匀市2018年地区生产总值2368325万元，比上年增长9.4%。其中，第一产业增加值181827万元，增长6.9%；第二产业增加值824289万元，增长

6.8%；第三产业增加值 1362209 万元，增长 11.3%。

1.3.2.2 黔东南州

黔东南州位于贵州省东南部，下辖 16 个县市，首府凯里市。全州辖 1 个市（凯里）和麻江、丹寨、黄平、施秉、镇远、岑巩、三穗、天柱、锦屏、黎平、从江、榕江、雷山、台江、剑河 15 个县，凯里 1 个国家级经济开发区，炉碧、金钟、洛贯、黔东、台江、三穗、岑巩、锦屏、黎平 9 个省级经济开发区。有 7 个街道办事处，94 个镇，110 个乡（其中 17 个民族乡）。截至 2018 年，黔东南州户籍人口 481.2 万人，年末常住人口 353.8 万人，有苗族、侗族、汉族、布依族、水族、瑶族、壮族、土家族等 33 个民族，常住人口中少数民族人口占 80.30%，其中苗族人口占 42.5%，侗族人口占 29.5%。

黔东南州总面积 3.0337 万 km^2，东西相距 220km，南北跨度 240km。地势西高东低，自西部向北、东、南三面倾斜，海拔最高 2178.8m，最低 137m，历来有"九山半水半分田"之说。境内地形沟壑纵横，山峦延绵，重崖叠峰，原始生态保存完好，境内有雷公山、云台山、佛顶山等原始森林，原始植被保护区与自然保护区共 29 个，其中雷公山自然保护区为国家级自然保护区。

黔东南州地处云贵高原向湘桂丘陵盆地过渡地带，根据地层岩石和地质外营力作用，境内可划分为岩溶地貌区和剥蚀、侵蚀地貌区。镇远至凯里一线之西北属岩溶地貌区，常见的地貌形态有峰丛、峰林、石林、溶洞、溶洼、天生桥、暗河等。镇远至凯里一线之东南属剥蚀、侵蚀地貌区，主要由碎屑岩组成，山体大、切割深，常形成脊状山。州境总体地势是北、西、南三面高而东部低。中部雷公山和南部月亮山为中山地带，西部和西北部为丘陵状低中山区，东部和东南部为低中山、低山、丘陵、盆地。境内大部分地区海拔 500~1000m。最高点为雷公山主峰黄羊山，海拔 2178.8m，最低点为黎平县地坪乡井郎村水口河出省处，海拔 137m。

2018 年，黔东南州生产总值 1036.62 亿元，比上年增长 7.9%。其中，第一产业增加值 211.31 亿元，增长 6.8%；第二产业增加值 231.59 亿元，增长 7.0%；第三产业增加值 593.72 亿元，增长 8.7%。第一、第二、第三产业增加值占地区生产总值的比重分别为 20.4%、22.3% 和 57.3%。第一、第二、第三产业对经济增长的贡献率分别为 15.8%、23.8% 和 60.4%。人均地区生产总值 29358 元，增长 7.4%。黔东南州财税收入 125.58 亿元，比上年下降 9.8%。财政总收入 115.48 亿元，比上年下降 11.4%。其中，一般公共预算收入 66.38 亿元，下降 23.3%。一般公共预算支出 403.78 亿元，增长 0.6%。

1. 剑河县

剑河县位于贵州省东部，黔东南州中部，与台江、三穗、施秉、天柱、锦屏、黎平、榕江、雷山、镇远 9 个县毗邻。全县面积 $2176km^2$，辖 5 个乡 7 个镇 309 个村（居民委员会），总人口 25.5 万人，其中以苗族、侗族为主的少数民族人口占总人口的 96%。

剑河县是贵州省最大的水库移民县，2007 年 4 月，因三板溪水电站建设影响县城实现整体搬迁，通过精心打造，一座"极具苗侗特色的山水园林城市"初具规模。

2. 锦屏县

锦屏县，黔东南州辖县。锦屏县土地总面积 $1596km^2$，下辖 15 个乡（镇），205 个行政村，4个社区委员会，1个居民委员会，1483个村民小组，总人口22.7万人（2012年）。锦屏县有"杉木之乡"的美称。

锦屏县是个多民族杂居的县，以侗族、苗族、汉族为主，人口占全县总人口的99.45%（2007年），其中侗族占49.37%，苗族占37.57%，汉族占12.51%。

锦屏县主要受三板溪、挂治、白市3个水电站建设的影响。

3. 天柱县

天柱县位于黔东湘西结合部，因城郊"石柱擎天"胜景得名。全县总面积2201km², 辖11个镇3个街道2个乡128个行政村（居民委员会、社区），总人口42.3万人（2018年），以侗族、苗族为主的少数民族人口占总人口的98.3%，是贵州省少数民族比例最多的县之一。天柱县矿产资源富集，主要矿产资源有重晶石、黄金、煤、铁矿等10余种。天柱县获誉"中国重晶石之乡"。

天柱县主要受托口、白市水电站的影响。

1.3.2.3 铜仁市

铜仁市，贵州省辖地级市，有"中国西部名城"之称，位于贵州省东北部，武陵山区腹地，东邻湖南省怀化市，北与重庆市接壤，是连接中南地区与西南边陲的纽带，享有"黔东门户"之美誉。

全市辖碧江区、万山区、江口县、石阡县、思南县、德江县、松桃苗族自治县、玉屏侗族自治县、印江土家族苗族自治县、沿河土家族自治县、大龙开发区、铜仁高新技术产业开发区，面积1.8万km²。截至2018年年底，铜仁市户籍人口443.86万人，常住人口316.88万人，聚居着土家族、汉族、苗族、侗族、仡佬族等29个民族，少数民族人口占铜仁市总人口的70.45%。

铜仁市2018年地区生产总值1066.52亿元，按可比价格计算，同比增长9.6%，其中：第一产业实现增加值242.51亿元，增长6.9%；第二产业实现增加值301.55亿元，增长7.1%；第三产业实现增加值522.46亿元，增长12.3%。人均地区生产总值33720元（以常住人口计算），净增2919元，按可比价计算，同比增长9.1%。

铜仁市是社会稳定风险评估发源地，是首批国家智慧城市试点市，是武陵山片区区域发展与脱贫攻坚示范区，是民族团结进步示范区。

1.3.2.4 怀化市

怀化，别称鹤城，古称五溪，湖南省辖地级市之一，自古以来就有"黔滇门户""全楚咽喉"之称，是中国中东部地区通往大西南的"桥头堡"。宋代以"怀柔归化"之意设怀化砦，怀化之名由此得来。

怀化市位于湖南省西部偏南，常住人口497.96万人（2018年），总面积27564km², 是湖南省面积最大的地级市。全市辖鹤城区1个市辖区，中方县、沅陵县、辰溪县、溆浦县、会同县5个县，麻阳苗族自治县、新晃侗族自治县、芷江侗族自治县、靖州苗族侗族自治县、通道侗族自治县5个自治县，代管洪江市1个县级市和洪江管理区1个县级管理区。怀化是"多民族文化村"，少数民族占总人口的40%。长期以来，侗族、苗族、瑶族、土家族等50个少数民族在这里繁衍生息，创造了浓郁多彩的民俗文化。

怀化市生态环境优良，地处湘中丘陵向云贵高原的过渡地带，全市森林覆盖率达到

68.7%，是全国 9 大生态良好区域之一，被誉为一座"会呼吸的城市"。怀化市是生态环境部正式命名的湖南省首个市级"国家生态示范区"。

截至 2018 年，全市年末户籍总户数 174.78 万户，总人口 523.52 万人。年末常住总人口 497.96 万人，其中城镇人口 237.78 万人，农村人口 260.18 万人，城镇化率 47.75%。

1. 洪江市

洪江市是湖南省沅江流域水电站梯级开发项目重点（县）市，怀化市移民大（县）市。洪江市位于湖南省西南部，沅江上游，云贵高原东部边缘的雪峰山区，东接溆浦县、洞口县，南邻绥宁县、会同县，西界芷江侗族自治县，北依怀化市。

洪江市交通区位优势明显，距西南五省（市）周边中心城市——怀化 35km，距芷江机场 40 余千米，枝柳铁路、320 国道、209 国道、沪昆高速公路、包茂高速公路穿境而过，各旅游景区均有便利的交通直达。

洪江市是杂交水稻的发源地、中国冰糖橙之乡。托口水电站、洪江水电站、安江水电站均位于洪江市境内。

2. 沅陵县

沅陵县辖 13 个乡 8 个镇，有汉族、苗族、土家族、回族、白族等 25 个民族，2018 年年末常住人口 61.6 万人。水电、矿产、林农产品加工是沅陵三大支柱工业，境内水能蕴藏量居湖南省第一，是全国十大水能基地之一；黄金年产量居湖南省首位，铅、锌、锑、钨、铜、磷、煤等矿产储量丰富；是湖南省十大林业强县之一。茶叶、水产、板栗、竹木是沅陵四大特色农业。

全国"八五"重点工程——五强溪水电站建在沅陵县境内，有 10 万人需移民搬迁，占全县总人口的 1/6。

1.3.2.5 湘西州

湘西州位于湖南省西北部，地处湖南、湖北、贵州、重庆 4 省（直辖市）交界处。1952 年 8 月成立湘西土家族苗族自治区，1955 年改为湘西苗族自治州，1957 年 9 月成立湘西土家族苗族自治州。现辖龙山、永顺、保靖、花垣、凤凰、泸溪、古丈 7 个县和吉首 1 个市，全州共有 90 个乡、68 个镇、7 个街道办事处，1970 个村委会、180 个社区（居民委员会），面积 1.55 万 km^2，是典型的"老、少、边、山、库、穷"地区，是国家西部大开发、武陵山片区区域发展与脱贫攻坚先行先试地区，是湖南省唯一的少数民族自治州、省湘西地区开发重点地区和脱贫攻坚主战场。

2018 年年末全州常住人口 264.95 万人，其中城镇人口 123.3 万人，农村人口 141.65 万人，城镇化率 46.54%。

1.3.2.6 常德市

常德，古称武陵，别名柳城，是湖南省辖市，湖南省省域副中心城市，环洞庭湖生态经济圈核心城市之一，也是长株潭"3+5"城市群之一，位于湖南省北部，江南洞庭湖西侧，武陵山下，史称"川黔咽喉，云贵门户"，是一座拥有两千年历史的文化名城，是国家公路运输枢纽城市、湘西北铁路枢纽城市。

常德先后荣获"全国文明城市、中国优秀旅游城市、国家卫生城市、国家园林城市、中国首届魅力城市、国际花园城市、全国交通管理模范城市、国家环境保护模范城市、中华诗词之市"等称号。

常德市共辖9个县级行政区，包括2个市辖区、1个县级市、6个县，分别是武陵区、鼎城区、津市市、安乡县、汉寿县、桃源县、临澧县、石门县、澧县。另设柳叶湖旅游度假区、西湖管理区、西洞庭管理区、桃花源旅游管理区5个管理区，以及国家级经济技术开发区：常德经济技术开发区，总面积18190km²。

截至2018年年底，常住人口582.7万人，其中城镇人口309.7万人，农村人口273万人。年末户籍总人口为605.3万人，除汉族以外，还有蒙古族、回族、藏族、维吾尔族、苗族、彝族、壮族、布依族、朝鲜族、满族、侗族、瑶族、白族、土家族、哈尼族、傣族、佤族、黎族、畲族、高山族、水族、景颇族、土族、仫佬族、锡伯族、普米族、俄罗斯族、鄂伦春族、毛南族、仡佬族等45个少数民族。

第 2 章
移民安置规划与实施

2.1 移民安置总体情况及工作历程

2.1.1 移民安置总体情况

2.1.1.1 流域移民安置总体特点

1. 淹没损失大，移民补偿投资占项目总投资比重较大

沅江干流已建12个水电站，这些水电工程在防洪、发电以及综合利用等方面发挥了巨大的效益，对沅江流域经济社会可持续发展起到了重要的支撑和保障作用，同时，工程建设也不可避免地淹没了大量土地和房屋。据初步统计，12个已建水电站共计搬迁安置移民29.3万人，生产安置移民13.4万人；淹没影响房屋面积26931万 m^2，耕地、园地、林地25.9万亩（耕地118099亩，园地18923亩，林地122172亩）；淹没影响县城5个（其中局部淹没2个），集镇42个（其中局部淹没4个）；淹没影响公路608km，10kV及以上电力线路1710.9km，企事业单位417家。

沅江流域水电项目移民补偿投资占项目总投资比重较大，部分项目移民补偿投资超过枢纽投资，如白市水电站项目静态总投资60亿元，其中移民投资41亿元，占项目总投资的68%；托口水电站项目静态总投资115亿元，其中移民投资60亿元，占项目总投资的52%。

2. 淹没影响区域分布不均

沅江干流水电工程淹没影响区域分布不均，下游水电站淹没损失大于中上游水电站淹没损失。

沅江干流已建水电站12个，其中下游五强溪、凌津滩2个水电站淹没影响搬迁移民近15万人，占干流流域总体搬迁移民的51.1%；2个水电站淹没耕地5.1万亩，占干流流域淹没耕地总面积的48.5%。

从地域上看，常德市、湘西州淹没损失大于其他市县淹没损失。

3. 不同时期淹没移民分布不均

沅江干流水电建设时间跨度长，20世纪90年代初以前移民人数最多，20世纪90年代初至21世纪初移民人数次之，21世纪初以后的移民人数较少。

已建12个水电站中，从最早开工的五强溪水电站（1986年年初）到最迟开工的桃源水电站（2010年年底），时间跨度达25年，而涉及移民较多的主要是早期建设的水电站，其中最早建设的五强溪水电站移民14.5万人，占流域总体搬迁移民的50%。21世纪初开工建设的三板溪（2002年开工）、白市（2005年开工）、托口（2005年开工）3个水电站搬迁移民总人口12.8万人，占流域总体搬迁移民的43.8%。

4. 建设征地影响移民多样

沅江跨湖南、贵州2省，涉及地区既有经济相对落后的民族地区，也有经济相对发达

的地区；既有山地，也有丘陵平原地区，地区民族、经济、社会情况多样。

沅江干流水电站淹没影响涉及贵州省黔东南州，湖南省怀化市、常德市，三地社会、经济发展存在较大差异。其中贵州省黔东南州、湖南省怀化市属民族地区，经济欠发达；湖南省常德市是湖南省省域副中心城市，环洞庭湖生态经济圈核心城市之一，也是长株潭"3+5"城市群之一，经济相对发达。

（1）黔东南州地处贵州、湖南、广西3省（自治区）结合部，素有"贵州东大门"之称，是云贵川通往湖南、两广的主要通道。现辖1个市15个县和10个省级经济开发区，有苗族、侗族、汉族等33个民族，少数民族人口占全州总人口的79.3%，其中苗族人口占42.2%，侗族人口占29.7%，是全国苗族、侗族人口最集中的地区，是全国30个少数民族自治州中少数民族人口最多、少数民族比例较高的自治州。2018年，黔东南州生产总值1036.62亿元。

（2）怀化市位于湖南省西部偏南，截至2018年年底常住人口461.2万人，总面积27564km^2，是湖南省面积最大的地级市。全市辖鹤城区1个市辖区，中方县、沅陵县、辰溪县、溆浦县、会同县5个县，麻阳苗族自治县、新晃侗族自治县、芷江侗族自治县、靖州苗族侗族自治县、通道侗族自治县5个自治县，代管洪江市1个县级市和洪江管理区1个县级管理区。怀化是"多民族文化村"，少数民族占总人口的40%。长期以来，侗族、苗族、瑶族、土家族等50个少数民族在这里繁衍生息，创造了浓郁多彩的民俗文化。怀化市2018年地区生产总值1513.27亿元。

（3）常德市辖武陵区、鼎城区、安乡县、汉寿县、桃源县、临澧县、石门县、澧县，共6县2区，以及代管津市市1个县级市。常德市是湖南省省辖市，湖南省省域副中心城市，环洞庭湖生态经济圈核心城市之一，也是长株潭"3+5"城市群之一。常德市综合实力位居湖南省前列，地区生产总值常年排湖南省第3位，财政收入常年排在湖南省第6位。2018年，全市实现地区生产总值3394.2亿元。

5. 淹没影响涉及城（集）镇多

沅江干流12个已建水电站，淹没影响县城5个，集镇达42个；沅江流域29.3万搬迁移民中，城（集）镇安置移民达7.6万人，占搬迁移民的26.0%。相对其他流域水电工程，沅江流域淹没影响城（集）镇数量多。

6. 搬迁安置方案中分散安置移民占比较大

移民搬迁安置在农村安置、集中安置、外迁安置等方式的基础上根据国家城镇化政策等国家及省级政策逐步增加了后靠分散安置、进集镇安置、防护垫高安置等多种方式。

经统计，沅江流域29.3万搬迁移民中，农村分散安置移民达11.0万人，占搬迁总人口的37.4%；农村集中安置人口2.2万人，占搬迁总人口的7.6%，城集镇安置移民7.6万人，占搬迁移民的26.0%。分散安置是移民的主要搬迁安置方式。

因沅江流域水电站均建设在《水利水电工程水库淹没处理设计规范》（SD 130—84）之后，移民专业项目复建及配套基础设施规划均强调"三原"（原规模、原标准或者恢复原功能）原则，但随着国家经济社会发展及对各方对移民权益的日益重视，后期水电工程部分专业项目规划突破了"三原"原则，如托口水电站库周交通工程等。

7. 生产安置逐步形成了长期实物补偿安置方式

沅江干流水电站淹没影响大，移民安置区环境容量普遍偏紧，因此，移民生产安置均采取了多种移民安置方式，既有有土安置，也有无土安置，且逐步从早期的有土安置（大农业安置）为主、其他安置方式为辅过渡到长期实物补偿安置为主、有土安置为辅。

2005年，托口水电站可行性研究阶段，国家和部分地方现行的有关政策，大中型水利水电工程移民安置还是以有土安置为主导的开发性移民指导思想。但托口库区情况较为特殊，虽然外迁容量基本上能满足安置要求，但托口库区移民普遍不愿意外迁，在这种情况下，根据托口库区实际情况，中南院与地方政府各部门经过多次沟通和探讨，首次在沅江流域提出了有土安置与实物补偿相结合的安置方案。

由于移民不愿意外迁，而库区后靠安置耕地资源十分紧张，无法解决移民的基本口粮问题。考虑到库区剩余资源中园地相对较多，且经济价值相对较高，该方案主要以耕地、园地安置为主，结合部分水田实物补偿，多渠道多途径安置移民，移民全部后靠安置。

采用有土安置与实物补偿相结合的方式，全库区利用剩余资源或新开垦耕地、部分水田进行长期实物补偿，可以后靠安置15420人。该方案需复垦水田365.0亩，开发水田86.4亩，抬田160.0亩，调整果园1769.3亩，开发果园3831.1亩，低产果园改造2803.3亩，开发楠竹3653.2亩，网箱养鱼317口，口粮田补偿9207.6亩，共安置14870人，第二、第三产业或投亲靠友安置550人。每年口粮田需要实物补偿的粮食为575.5万kg。

（1）洪江市安置情况：洪江市生产安置人口8419人，全部后靠安置，共需复垦水田365.0亩，抬田33.2亩，调整果园1580.2亩，开发果园3037.9亩，低产果园改造2803.3亩，开发楠竹3633.7亩，网箱养鱼286口，口粮田补偿6049.0亩，共安置7957人。第二、第三产业或投亲靠友安置462人。洪江市每年需要进行实物补偿的粮食为378.1万kg。

（2）会同县安置情况：会同县生产安置人口5811人，全部后靠安置，共需开发水田86.4亩，抬田116.0亩，调整果园33.3亩，开发果园308.5亩，开发楠竹19.5亩，网箱养鱼31口，口粮田补偿2630.5亩，共安置5802人。第二、第三产业或投亲靠友安置9人。会同县每年需要进行实物补偿的粮食为164.4万kg。

（3）芷江县安置情况：芷江县生产安置人口1190人，全部后靠安置，共需抬田10.8亩，调整果园155.8亩，开发果园484.7亩，口粮田补偿528.1亩，共安置1111人。第二、第三产业或投亲靠友安置79人。芷江县每年需要进行实物补偿的粮食为33.0万kg。

2006年，根据有土安置与实物补偿相结合安置方案成果编制的可行性研究阶段托口水电站建设征地移民安置报告通过水电水利规划设计总院审查，并以水电规库〔2006〕22号《关于印发湖南沅水托口水电站可行性研究阶段建设征地和移民安置规划设计审查意见》的函出具了审查意见。托口水电站成为沅江流域第一个规划采用长效实物补偿方案的水电站。

2006年，托口水电站上游三板溪水电站库区所在的黔东南州人民政府请求贵州省人民政府同意对三板溪库区施行长效实物补偿，贵州省人民政府办公厅于2007年以《省人民政府办公厅关于对三板溪水电站移民补偿有关问题的复函》（黔府办函〔2007〕11号）

同意三板溪水电站实施长效实物补偿方案，标志着沅江流域正式开始实施长效补偿安置方案。

2.1.1.2 干流14个水电站移民安置情况

1. 革东水电站

沅江干流规划第1级水电站，规划装机容量80MW，目前尚未建设。

2. 三板溪水电站

三板溪水电站涉及黔东南州的剑河、锦屏和黎平3个县，共19个乡（镇）、125个村、491个村民小组。

三板溪水电站移民合计搬迁52237人。其中水电站建设征地移民搬迁48189人，农村分散安置19722人，集镇安置11304人（迁建集镇6个），县城安置17163人；滑坡塌岸7期搬迁4048人，其中分散安置3891人，集中安置157人。三板溪水电站生产安置总人口为13565人，规划长期实物补偿安置1290人，一次性补偿安置7869人，自谋职业安置712人，村组内调剂安置3694人。规划迁建剑河县城1座、集镇7个。改建等级公路164.7km（二级公路320国道改线6.1km；四级公路已完成改线158.6km）；简易公路已完成20km。42家工业企业，剑河县城的19家商业企业，剑河县卫生部门的5家医疗单位按迁建方式测算处理费用。

三板溪水电站建设征地移民安置补偿费用总概算约35亿元（含滑坡塌岸影响移民搬迁处理费用）。

3. 挂治水电站

挂治水电站建设征地总面积为3.97km^2，其中水库淹没影响区3.39km^2，枢纽工程建设区2.27km^2。

挂治水电站建设征地搬迁人口2835人，生产安置人口1218人。建设征地涉及各类房屋面积12万m^2；涉及各类土地面积3803亩，其中耕地907亩，园地19亩，林地1006亩；淹没影响涉及人行道23.3km，10kV以上电力线路3.4km，通信及广播电视线路光缆17.8km，电缆3.5km；小型水电站1座，水文站1处；小型企业74家，个体商业户69户。

至规划水平年（库区、枢纽工程建设区为2006年12月），挂治水电站建设征地区生产安置人口为1218人，长期补偿水田面积324亩，安置移民464人，一次性补偿耕地面积577亩，安置移民742人，自谋职业补偿水田7亩，安置移民12人。至规划水平年，建设征地搬迁安置人口为2835人，房屋12万m^2，其中分散安置2443人，集中安置392人。滑坡塌岸搬迁231人为分散安置。

共计复建人行道路16.5km，码头11处，渡口8对；复建光缆20km，电缆7.8km；复建10kV电力线路4.3km；复建3条排水工程；按一次性补偿处理小型企业74家。

挂治水电站建设征地移民安置补偿总费用为1.23亿元（含滑坡塌岸影响移民搬迁处理费用）。

4. 白市水电站

白市水电站装机容量42万kW，库区移民却有3.2万人之多，移民相对数量和绝对数量均较大。库区为苗族、侗族聚居区，少数民族比例达85%以上。库区淹没涉及湖南、贵州两省，移民补偿标准存在差异，移民攀比心理突出，动员搬迁难度大；风俗习惯差异大，土地"世袭"现象突出，土地权属纠纷错综复杂；项目期间经历了国家移民、土地、税收等宏观政策大幅调整，移民实施规划报告编制工作历时3年，数易其稿。库区土地资源有限，移民生产安置创新性地采用长期补偿，移民对长期补偿存在疑虑，落实难度大。淹没处理专业项目多，项目涉及公路、桥梁、教育、电力、电信、联通、移动、广播电视、林业、环保、卫生等各个行业。白市水电站库区概貌及贵州茅坪镇库区一角见图2.1-1和图2.1-2。

图 2.1-1 白市水电站库区概貌

图 2.1-2 白市水电站贵州茅坪镇库区一角

根据白市水电移民安置规划成果，白市水电站建设征地涉及贵州、湖南两省的3个县、9个乡（镇）、60个村（居民委员会）324个村民小组。建设征地移民搬迁安置总人口32877人，生产安置总人口20171人；建设征地涉及各类房屋面积132万 m²；涉及各类土地面积49365亩，其中耕地12396亩，园地1033亩，林地9877亩；局部淹没县城1

座，淹没集镇3个；淹没影响涉及公路81.8km、10kV以上电力线路121.5km、通信及广播电视线路308.6km；涉及企事业单位31家、小水电站5处1548kW。

白市水电站搬迁安置总人口为32877人，规划农村集中安置1434人（集中安置点4个），农村分散安置20027人，集镇安置8294人（迁建集镇3个），县城防护垫高安置3122人。农村分散安置为移民的主要搬迁安置方式。

白市水电站贵州库区以土安置的环境容量不足，由于移民不愿意外迁安置，经黔东南州人民政府与五凌公司协商，同意白市水电站农村移民生产安置方式由可行性研究报告阶段确定的"以土地为依托、大农业安置为主"改变为"长期补偿结合多种方式安置"，长期补偿面积为建设征地征占用的耕地面积。

白市水电站生产安置总人口为20171人，规划长期实物补偿（逐年货币补偿）安置16060人，调整、开发土地安置217人，复合安置3067人，第二、第三产业安置456人，投亲靠友安置371人。长期实物补偿（逐年货币补偿）安置是主要的生产安置方式。

库区规划新建防护工程3处，包括锦屏县城防护工程，锦屏潘寨村防护工程，天柱三门塘防护工程；规划处理经营单位31家；复建等级公路8条段59.0km，公路桥梁22座3214.5m；复（新）建汽车便道及机耕道63条段143.0km，复（新）建大道桥梁15座1197.7m，复（新）建人行便道103条段138.1km；复（新）建人行便桥64座3006m，复（新）建渡口52对、渡船51只，生活码头136处，砂石码头89处，客货码头4处，生产用船7只；迁建35kV变电站1座，复建35kV电力线路7.91km，复（新）建10kV电力线路134.9km，搬迁或新建变压器95台4981kVA，迁建固定通信线路158.5km、移动通信线路56.0km，迁建通信机房5处，通信基站2处；迁建或补偿广播电视线路63.13km。

根据审定的调整概算成果，白市水电站建设征地移民安置补偿费用概算总投资为40.7亿元。

5. 托口水电站

托口水电站建设征地涉及湖南、贵州两省的4个县、9个乡（镇）、69个村（居民委员会）、440个村民小组。建设征地移民搬迁安置总人口43304人，生产安置总人口22681人。建设征地涉及各类房屋面积185万m²；涉及各类土地面积81227亩，其中耕地15018亩，园地12791亩，林地12313亩；淹没影响集镇8个；淹没影响涉及公路38.2km，涉及10kV及以上电力线路320.1km，通信及广播电视线路752.3km；涉及企事业单位51家、小水电站8处47041kW。

规划水平年搬迁安置总人口43304人，规划后靠集中安置5597人（集中安置点32个），规划后靠分散安置16951人，进集镇安置18778人（迁建集镇8个），投亲靠友安置1978人。

托口水电站规划水平年生产安置总人口22681人，通过长期实物补偿安置4337人，有土安置结合长期实物补偿安置18150人，通过自谋职业结合实物补偿安置194人。

规划防护工程1处，即白市老街防护工程。复建等级公路11条段37.68km，恢复大中桥梁11座1621.91m；恢复等外公路79条段284.01km，恢复等外公路桥梁24座

2519.29m；恢复人行便道 53 条段 82.3km；恢复人行便道桥 30 座 2133.0m；恢复生活码头 283 处，渡口 60 对，渡船 57 处；补偿 110kV 电力线路 9.98km，复建 35kV 电力线路 22.6km，补偿 35kV 电力线路 5.0km，复建 10kV 电力线路 279.3km，搬迁变压器 57 台 3180kVA，新建变压器 27 台 1715kVA，复建 35kV 出线间隔 1 个，10kV 出线间隔 2 个，搬迁 10kV 开闭所 1 个，复建托口 35kV 变电站；复建和补偿固定电信线路 315.7km，复建中国移动通信线路 26.3km，复建中国联通线路 26.9km，复建和补偿广播电视线路 339.5km；纳入企事业单位处理范围的单位共计 211 家。

根据实施阶段规划设计成果，托口水电站建设征地移民安置补偿费用概算总投资为 63.0 亿元。托口水电站初期蓄水后库区概貌见图 2.1-3。

图 2.1-3　托口水电站初期蓄水后库区概貌

6. 洪江水电站

洪江水电站建设征地涉及湖南省洪江市、中方县、会同县 3 个县（市）。根据洪江水电站技术施工报告，洪江水电站淹没影响总人口为 11177 人（至 2004 年），其中规划搬迁 9818 人，工程防护 1359 人；淹没影响耕地 5878 亩，通过工程防护 963 亩。淹没影响涉及集镇 4 个，涉及公路 5.11km，涉及 10kV 以上电力线路 26.25km，通信及广播电视线路 44.2km；涉及企事业单位 46 家。洪江水电站黔城镇库区一角见图 2.1-4。

搬迁安置根据库区现有条件，以集中与分散相结合的办法安置移民，居民点的建设与生产开发同时进行，注意两者的配套，移民生活区域与生产区域距离控制在 2km 以内。洪江水电站规划水平年搬迁安置总人口 9818 人，规划后靠集中安置 5276 人，后靠分散安置 3898 人，进集镇安置 644 人。

洪江水电站生产安置重点放在粮食和水果生产方面，而在开发方式方面，则挖潜改造和重新开发同时并举，安置的一些主要措施如下：

（1）粮食生产。粮食不仅是满足移民生活的基本物质条件，而且是库区社会稳定与否的重要因素之一。因此，必须充分利用库区的有利条件，采取一切措施，尽可能恢复库区

图 2.1-4 洪江水电站黔城镇库区一角

的粮食生产，提高移民的粮食自给能力，包括通过山地、宅基地开田，受淹水田抬高等方法获得水田。

(2) 蔬菜生产。库区的气候与土壤非常适宜蔬菜的生产，而且在库区的一些地方，如洪江市江市镇小溪村，就有生产蔬菜外销到广东等地的传统。洪江市市址确定在黔城镇后，此处的人口规模在较短的时期内会迅速增长，致使蔬菜等副食品供应趋于紧张，规划在黔城一带发展蔬菜生产，既可安置移民，又可为新洪江市提供蔬菜来源。

(3) 水果和干果生产。洪江水库地处中亚热带季风湿润区，光温充足，据位于库区中心地带的黔城镇的气候资料，常年平均气温为17℃，年降水量 1374mm，年日照时数 1262～1420h，无霜期 297d，是水果特别是柑橘类水果适宜生长的地区，洪江水电站建成后水库对气候的调节作用，将更有利于水果的生长。库区人民历来有种植水果和干果的习惯，各个不同的地方都形成了自己独特的品种，并拥有丰富的种植和管理经验。实施规划时根据因地制宜的原则，重点发展了一些当地已经有较好种植与管理经验的水果生产，全库区计划新发展柑橘类水果 1187.2 亩，改造老橘园 1314 亩，种植杨梅 152.6 亩、板栗 253.4 亩、葡萄 110.6 亩。

(4) 楠竹生产。洪江水库库区的雄溪镇、土溪乡及黔城镇的部分地区，楠竹资源丰富，特别是在坝前段，许多村组的楠竹人均面积在 6 亩以上，当地群众十分喜爱楠竹，楠竹最大的特点是不需要太多的人工管理，且价值较高，应移民群众的要求，新开发楠竹 294 亩，楠竹低产改造 1185 亩。

(5) 渔业生产。洪江水电站建成后，水库面积将达 $23km^2$，渔业生产前景广阔，但由于大库养鱼管理不便，捕捞困难，实施规划未将大库养鱼作为移民安置的项目，只在条件较好的地区适当发展网箱养鱼和库汊养鱼。计划发展网箱养鱼 355 个，发展库汊养鱼 130 亩。

(6) 第二、第三产业安置。库区一些乡（镇）土地资源偏紧，通过大农业安置移民有一定难度，规划通过第二、第三产业安置部分移民。库区的红岩乡，随着乡政府驻地的搬迁，将形成一个新的集镇，而且，淹没前的红岩乡集镇上已经有一些从事第二、第三产业的农业人口，新集镇发展的空间较大，可安排一些移民从事商业、服务业；库区岩垅乡从现有资源条件及未来发展趋势来看，水上运输业和砖瓦窑生产将有发展潜力，可规划部分移民从事这些产业。随着新洪江市的形成，黔城镇一带的耕地资源将更趋紧张，但其他产业随着城市的逐步形成，会有很大的市场，也可规划部分移民从事第二、第三产业。经规划，整个库区计划安排335人从事第二、第三产业。

洪江水电站生产安置总人口3612人，规划大农业安置3277人，第二、第三产业安置335人。

洪江水电站规划新建防护工程7处，其中农田防护工程5处，集镇防护工程2处。复建等级公路总长6.42km，其中，大、中、小桥15座共长793.63m；恢复大车道20.95km、机耕道0.6km。农村库周交通恢复或新修乡村大道25.3km，乡村大道桥21座共690m；修建人行便道31.9km，人行便桥41座1039m，其中铁索吊桥7座345m；修建渡口33对，添置渡船33只；修建生活码头104处；规划恢复110kV电力线路3.15km，35kV电力线路1.06km，10kV电力线路48.58km；恢复邮电通信线路总长度为19.16km。

洪江水电站建设征地移民安置补偿总费用为3.1亿元。

7. 安江水电站

水库淹没影响区涉及洪江市安江、硖洲、太平、沙湾和洪江区常青、桂花园、横岩、河滨办事处等8个乡（镇、街道办）、33个村（居民委员会），淹没影响集镇1个（太平集镇），城镇1个（洪江区城关镇）。防护前，淹没影响人口150户444人，房屋1.4万m^2；淹没土地6733亩，其中，耕地4094亩，园地657亩，林地781亩；淹没影响专业项目包括简易公路1.85km，机耕道10.24km，10kV线路2.02km。

采取工程防护后，淹没影响人口53户156人，房屋8135m^2；淹没土地5358亩，其中，耕地2779亩，园地604亩，林地773亩；淹没影响专项工程与防护前相同。

枢纽工程建设区建设征地影响人口5户16人，房屋637m^2，永久征地884亩。

至规划水平年（库区为2013年、枢纽工程建设区为2010年），安江水电站建设征地区生产安置人口6139人，其中长效补偿3414人，新开果园安置1109人，果园品改安置1217人，网箱养鱼安置131人，第二、第三产业安置268人。搬迁安置人口为175人，规划全部后靠分散安置。

规划护岸17处7679m，农田防护4片，防护97户288人。

规划复建简易公路0.96km，复建机耕道3.29km，原地抬高1.41km，改道2.44km，补偿3.38km；规划复建10kV线路3.02km。

根据审定的《安江水电站工程建设征地移民安置规划设计调整报告》，安江水电站建设征地移民安置补偿总投资为4.84亿元。

8. 铜湾水电站

水库淹没影响区防护后涉及辰溪和中方县共4个乡（镇）37个村（居民委员会）的184个村民小组，淹没影响人口1510户6234人，房屋17.9万m^2；淹没土地10763亩，其中，耕地4792亩，园地534亩，林地2277亩；淹没影响专项工程四级公路4.9km，简易公路14.61km，机耕道8.61km。

至规划水平年,铜湾水电站生产安置移民8034人,其中调剂耕地安置3090人,开垦耕地安置102人,大棚蔬菜安置266人,新开果园安置437人,果园品改安置1340人,精养鱼池安置478人,第二、第三产业安置15人,实物补偿安置2306人。搬迁安置移民7002人,其中,迁建集镇2处安置1224人,后靠分散安置3272人,集中安置2506人,防护安置47户263人。

防护工程4处,均为库岸防护。

复建等级公路6.44km,简易公路16.18km;恢复改建10kV电力线路21.05km。

根据审定的《铜湾水电站建设征地移民安置补充规划报告》,铜湾水电站建设征地移民安置补偿总投资为6.85亿元。

9. 清水塘水电站

水库淹没影响区防护后涉及辰溪县和中方县共4个乡(镇)37个村(居民委员会)的184个村民小组,淹没影响人口409人,房屋2.5万m^2;淹没土地3201亩,其中,耕地1976亩,园地170亩,林地474亩;淹没影响专项工程公路8.22km,其中简易公路1.29km,机耕道6.93km,10kV电力线路1.71km,企事业单位砂场21处,砖瓦窑1处,造船厂1处,个体工商户71家。

至规划水平年,清水塘水电站建设征地区生产安置总人口2446人。其中,调剂耕地1011亩安置1679人,果园品改442亩安置442人,第二、第三产业安置325人;搬迁安置总人口321人,其中,集中安置293人,后靠分散安置18人。

防护工程9处,其中抬填工程5处,库岸防护工程4段1518.8m。

复建公路桥4座,机耕桥7座。

根据审定的《清水塘水电站建设征地移民安置规划设计调整报告》,清水塘水电站建设征地移民安置补偿总投资为2.6亿元。

10. 大洑潭水电站

大洑潭水电站淹没影响涉及湖南省怀化市辰溪、溆浦2个县9个乡(镇)56个村(居民委员会),防护后,淹没影响人口840户3938人,房屋12.9万m^2;淹没土地11213亩,其中,耕地3692亩,园地1284亩,林地219亩;淹没影响公路30.6km,县道5.6km,简易公路12.77km,机耕道12.18km,10kV电力线路20.6km,淹没影响企业9处和集镇1个。

至规划水平年(库区为2013年、枢纽工程建设区为2010年),生产安置人口9531人,其中,本组内调剂耕地1134亩安置2017人,出本组调剂耕地268.36亩安置483人,新开垦改造耕地1103亩安置2206人,果园品改1749亩安置1749人,水产养殖精养鱼池904亩安置904人,网箱养鱼272口安置136人,近迁有土安置258人,第二、第三产业安置1125人。搬迁安置总人口4349人,其中,集镇规划安置人口2000人,农村搬迁安置人口2349人。农村搬迁安置人口中,规划农村后靠分散安置252户1081人,集中安置点15处安置277户1010人,近迁集中安置点1处安置68户258人。

规划防护工程20处,复建四级公路5.6km,新建简易公路6.7km,中型货运码头1个,改建10kV电力线路10.24km,复建通信有线线路21.62km。

根据审定的《大洑潭水电站工程建设征地移民安置规划设计调整报告》,大洑潭水电站建设征地移民安置补偿总投资为 6.2 亿元。

11. 渔潭水电站

渔潭水电站沅江干流规划第 11 级电站，位于湖南省怀化市辰溪县与湘西州泸溪县交界处，规划装机容量 10 万 kW，目前尚未建设。

12. 五强溪水电站

五强溪水电站建设征地涉及湖南省 3 个县 24 个乡（镇）136 个村，淹没影响总人口为 145532 人，淹没房屋面积 393 万 m^2，淹没耕地 50962 亩，园地 915 亩，林地 8793 亩。淹没沅陵县城和泸溪县城及 15 个乡（镇）。淹没影响涉及公路 200km，10kV 以上电力线路 1007km，通信及广播电视线路 1198km；涉及企事业单位 136 家，小水电站 11 座 1344kW。

规划水平年农村生产安置人口 56704 人，搬迁安置人口 145532 人。

规划生产安置方案为：种植业开发 109291 亩安置 32820 人，养殖业安置 5527 人，乡村企业安置 8254 人，带资进厂及其他安置 10103 人。

规划搬迁安置方案为：农村搬迁人口 62023 人中，规划集中安置点 28 个安置 5753 人，分散安置 34583 人，进集镇安置 17439 人，外迁安置 4248 人。迁建沅陵、泸溪 2 座县城，沅陵县城远期规划人口规模 6 万人，近期规划人口规模 4 万人；泸溪县城远期规划人口规模 2.5 万人，近期规划人口规模 1.5 万人。武溪镇后靠安置移民 4250 人，其中，城郊农村居民集中安置 4169 人，分散安置 411 人。迁建集镇 15 个，人口规模 18512 人。

复建等级公路 164.83km，乡村简易公路 292.4km，人行道 549km，邮电通信 1270km；复建小水电站 2 座 8830kW，恢复电力线路 1698km。

至 1997 年，五强溪水电站建设征地移民安置补偿投资为 22.59 亿元。

13. 凌津滩水电站

凌津滩水电站建设征地涉及湖南桃源、沅陵 2 个县 7 个乡（镇）36 个村，淹没影响总人口为 2211 人，其中农业人口 1567 人，非农业人口 644 人；淹没房屋面积 10.5 万 m^2，淹没耕地 6359 亩，园地 45 亩，林地 227 亩。淹没影响涉及公路 13.39km，10kV 以上电力线路 11km，通信及广播电视线路 40.8km；涉及企事业单位 5 家，小水电站 3 座 3710kW。

规划水平年农村生产安置人口 4753 人，搬迁安置人口 4060 人。

规划生产安置方案为：粮食生产为主安置 1931 人（调剂耕地 2615 亩安置 1742 人，农田防护 230 亩安置 189 人），果、茶开发 3009 亩安置 1455 人，林业开发 2500 亩安置 125 人，楠竹开发 5180 亩安置 539 人，水产养殖开发 1124 亩安置 456 人，其他项目安置 247 人。

规划搬迁安置方案为：后靠集中安置 782 人，分散安置 3278 人。新建集中安置点 3 个。

库岸防护 5 处 2682m，五强溪集镇开发区防护 435 人。复建公路 35.72km；恢复小水电站 2 座，补偿小水电站 1 座；改建 110kV 电力线路 2.5km，10kV 线路 13.6km，迁建变压器 8 台；改建邮电线路 57.5km，广播电视线路 25.5km。

至 1998 年，凌津滩水电站建设征地移民安置补偿投资为 1.91 亿元。

14. 桃源水电站

桃源水电站建设征地总面积为 31.14km²。建设征地总搬迁人口 73 人，生产安置人口 1380 人；建设征地涉及各类房屋面积 1.0 万 m²；建设征地涉及耕地 2386 亩，园地 31 亩，林地 1627 亩；淹没影响涉及公路 0.46km，10kV 以上电力线路 1.67km，通信及广播电视线路 1.88km；小型水电站 1 座 800kW，涵洞 112 座。

至规划水平年（库区为 2013 年、枢纽工程建设区为 2010 年），桃源水电站通过调剂耕地、配套生产开发和第二、第三产业共生产安置移民 1380 人。搬迁安置人口为 73 人，规划全部后靠分散安置。

共计复建三级公路 0.679km、四级公路桥 1 座、机耕道 2.68km（含机耕桥）、人行道桥 16 座（182.5m）和码头 6 处，补偿处理码头 40 处，新建人渡码头 4 处，新购渡船 2 艘，新建生活码头 15 处。重建泵站 7 座 1752kW，扩建泵站 2 座 2975kW，改造泵站 9 座 1628kW，迁移泵站 27 座 540kW，防护处理泵站 4 座 74kW，拆除补偿泵站 1 座，其他方式处理泵站 2 座 170kW；重建涵闸 9 处，增设涵闸 1 处，封堵涵闸 5 处，改造涵闸 5 处；新建涵洞 50 道；补偿处理小水电站 1 座（沙鱼洞水电站）；新建渠道 4.95km。复建电力设施有 10kV 架空输电线路 2.06km、低压电力线路 5.4km，其中施工区低压线路 3.0km，搬迁变压器 1 台（容量为 S11-50kVA）。复建通信线路 2.3km、广播电视线路 0.31km。桃源水电站防护农田 4 片，共 1990.2 亩。库岸防护共 15.36km，耕地浸没防治 40.2 亩。

桃源水电站建设征地移民安置补偿总投资为 3.95 亿元。

沅江干流水电工程移民安置总体情况见表 2.1-1。

2.1.2 移民安置工作历程

1952 年提出《沅水综合利用初步开发方案》，1957 年完成《沅水河流规划报告》，1989 年由中南院和湖南省水利水电勘测设计研究总院重编，并于 1990 年通过了湖南省计划经济委员会和国家能源部、水利部水利水电规划设计总院的审查，并经湖南省人民政府批准。沅江干流 14 个梯级电站自 1986 年五强溪水电站建设开始，除革东、渔潭水电站外至今已建成 12 个梯级，从沅江干流水电工程移民历程来看，可以分为三个阶段，分别为：五强溪阶段（20 世纪 90 年代初以前，含凌津滩水电站），三板溪阶段（20 世纪 90 年代初至 21 世纪初，含洪江、挂治、铜湾、清水塘、大洑潭水电站），托口、白市阶段（21 世纪初以后，含安江、桃源水电站）。

2.1.2.1 五强溪阶段

沅江干流 20 世纪 90 年代初以前开工建设的项目有五强溪水电站（建设期 1986—1994 年）、凌津滩水电站（建设期 1994—1998 年），共涉及淹没影响人口 15 万人，为沅江流域工程建设及移民安置的第一个高峰。两个水电站均按《水利水电工程水库淹没处理设计规范》（SD 130—84）、《大中型水利水电工程建设征地补偿和移民安置条例》（国务院令第 74 号）要求实施。该时期的移民规划设计工作深度较浅，移民补偿标准偏低，枢纽工程建设区未纳入处理范围。两水电站移民安置工作历程如下。

表 2.1-1　沅江干流水电工程移民安置总体情况一览表

流域移民安置总体情况

序号	水电站名称	装机容量/MW	项目所在省	工程状况	开工时间	移民投资/亿元	搬迁安置人口/人	生产安置人口/人	涉及房屋/万m²	涉及耕地/亩	涉及园地/亩	涉及林地/亩	淹没县城/座	淹没集镇/个	搬迁安置方案	生产安置方案	各阶段主要适用规范
	合计	5148				191.5	292924	134019	26931	118099	18923	122172	5（其中局部淹没2座）	42个（其中局部淹没4个）			
1	革东	80	贵州	未建													
2	三板溪	1000	贵州	已建	2002年7月	35	52237	13565	189	10890	1227	83810	1	7	搬迁人口48189人，其中：农村进城安置19722人（分散安置2846人；滑坡塌岸中安置28467人，其中分散4048人，集中安置3891人，分散157人）	长期实物补偿安置1290人，一次性补偿安置7869人，自谋职业712人，安置村组内调剂安置3694人	《水电工程水库淹没处理规划设计规范》（DL/T 5064—1996）
3	挂治	150	贵州	已建	2004年2月	1.23	2835	1218	12	907	19	1006	0	0	搬迁人口2835人，其中：集中安置2443人，分散安置392人；滑坡塌岸影响人口全部分散安置231人	长期补偿安置移民464人，一次性补偿移民742人，自谋职业安置移民12人	《水电工程水库淹没处理规划设计规范》（DL/T 5064—1996）

续表

流域移民安置总体情况

序号	水电站名称	装机容量/MW	项目所在省	工程状况	开工时间	移民投资/亿元	搬迁安置人口/人	生产安置人口/人	涉及房屋/万m²	涉及耕地/亩	涉及园地/亩	涉及林地/亩	淹没县城/座	淹没集镇/个	搬迁安置方案	生产安置方案	各阶段主要适用规范
4	白市	420	贵州	已建	2005年1月	40.7	32877	20171	132	12396	1033	9877	局部淹没1座	3	搬迁人口32877人，农村集中安置1434人（集中安置点4个），农村分散安置20027人，集镇安置8294人（迁建集镇3个），县城防护垫高安置3122人。农村分散安置为移民安置的主要搬迁安置方式	生产安置人口为20171人。规划长期实物补偿安置16060人，调整、开发土地复安置217人，集合安置3067人，第二、第三产业安置456人，投亲靠友安置371人	可行性研究阶段适用《水电工程水库淹没处理规划设计规范》（DL/T 5064—1996），实施阶段适用《水电工程建设征地移民安置规划设计规范》（DL/T 5064—2007）
5	托口	830	湖南	已建	2006年4月	63.0	43304	22681	185	15018	12791	12313	无	8	搬迁人口43304人，后靠集中安置5597人（集中安置点32个），规划分散后靠安置16951人，集镇安置18778人（迁建集镇8个），投亲靠友安置1978人	生产安置人口22681人。通过长期实物补偿安置4337人，有土安置结合长期实物补偿18150人，进过自谋职业结合实物安置194人	可行性研究阶段适用《水电工程水库淹没处理规划设计规范》（DL/T 5064—1996），实施阶段适用《水电工程建设征地移民安置规划设计规范》（DL/T 5064—2007）

续表

流域移民安置总体情况

序号	水电站名称	装机容量/MW	项目所在省	工程状况	开工时间	移民投资/亿元	搬迁安置人口/人	生产安置人口/人	涉及房屋/万m²	涉及耕地/亩	涉及园地/亩	涉及林地/亩	淹没县城/座	淹没集镇/个	搬迁安置方案	生产安置方案	各阶段主要适用规范
6	洪江	270	湖南	已建	1998年3月	3.1	9818	3612	37	5878	353	756		完全淹没2个，局部淹没3个	搬迁人口9818人，后靠集中安置5276人，后靠分散安置3898人，进集镇安置644人	生产安置总人口3612人，规划大农业安置3277人，第二、第三产业安置335人	可行性研究阶段适用《水利水电工程水库淹没处理设计规范》(SD 130—84)；招标设计阶段适用《水电工程水库淹没处理规划设计规范》(DL/T 5064—1996)
7	安江	140	湖南	已建	2010年1月	4.84	175	6139	1.4	2779	604	773	局部淹没1座	局部淹没1个	后靠分散安置175人	长期实物补偿+生产开发	规划调整阶段《水利水电工程建设征地移民安置规划设计规范》(SL 290—2009)
8	铜湾	180	湖南	已建	2004年12月	6.85	7002	8034	17.9	4792	534	2277	无	2	迁建集镇2处，安置1224人，后靠分散安置3272人，集中安置2506人，防护安置47户263人	调剂耕地安置3090人，开垦耕地安置266人，大棚蔬菜安置102人，新开果园安置437人，果园品改安置1340人，精养鱼池安置478人，第二、第三产业安置15人，实物补偿安置2306人	《水利水电工程建设征地移民安置规划设计规范》(SL 290—2003)

第 2 章 移民安置规划与实施

续表

流域移民安置总体情况

序号	水电站名称	装机容量/MW	项目所在省	工程状况	开工时间	移民投资/亿元	搬迁安置人口/人	生产安置人口/人	涉及房屋/万m²	涉及耕地/亩	涉及园地/亩	涉及林地/亩	淹没县城/座	淹没集镇/个	搬迁安置方案	生产安置方案	各阶段主要适用规范
9	清水塘	12.8	湖南	已建	2006年7月	2.6	321	2446	2.5	1976	170	474			搬迁人口321人，其中集中安置293人，后靠分散安置18人	生产安置人口2446人，其中调剂耕地1679人，果园品改安置442人，第二、第三产业安置325人	《水利水电工程建设征地移民设计规范》（SL 290—2003）
10	大洑潭	20	湖南	已建	2004年12月	6.2	4349	9531	12.9	3692	1284	219		1	集镇规划安置2000人，农村后靠分散安置252户1081人，规划集中安置点15处安置1010人，近集中安置点1处安置258人	本组内调剂耕地安置2017人，出本组剂耕地483人，新开垦改造耕地安置2206人，果园品改安置1749人，水产养殖安置904人，近有土安置258人，第二、第三产业安置1125人	《大中型水利水电工程建设征地移民安置条例》（国务院令第471号）
11	渔潭	100	湖南	未建													

续表

流域移民安置总体情况

序号	水电站名称	装机容量/MW	项目所在省	工程状况	开工时间	移民投资/亿元	搬迁安置人口/人	生产安置人口/人	涉及房屋/万m²	涉及耕地/亩	涉及园地/亩	涉及林地/亩	淹没县城/座	淹没集镇/个	搬迁安置方案	生产安置方案	各阶段主要适用规范
12	五强溪	1200	湖南	已建	1986年4月	22.59	145532	56704	393	50962	915	8793	2	15	农村搬迁人口62023人，集中安置点28个，安置5753人，分散安置34583人，集镇安置17439人，城外迁安置4248人。迁建2座县城，沅陵远期规划城远期规划人口规模6万人。近期规划4万人；泸溪县城远期规划人口2.5万人，近期规划人口规模1.5万人。武溪镇后靠安置移民4250人，城郊集中居民集中安置4169人，分散安置411人。迁建集镇15个，人口规模18512人	种植业开发109291亩，养殖业安置32820人。乡企业安置5527人，村企业安置8254人，带资进厂及其他安置10103人	《水利水电工程水库淹没处理设计规范》（SD 130—84），《大中型水利水电工程建设征地补偿和移民安置条例》（国务院令第74号）

续表

流域移民安置总体情况

序号	水电站名称	装机容量/MW	项目所在省	工程状况	开工时间	移民投资/亿元	搬迁安置人口/人	生产安置人口/人	涉及房屋/万m²	涉及耕地/亩	涉及园地/亩	涉及林地/亩	淹没县城/座	淹没集镇/个	搬迁安置方案	生产安置方案	各阶段主要适用规范
13	凌津滩	270	湖南	已建	1994年11月	1.91	4060	4753	10.5	6359	45	227			后靠集中安置782人，分散安置3278人。新建集中安置点3个	以粮食生产为主安置1931人，其中调剂耕地安置1742人；农田防护安置189人；茶开发安置1455人；林业开发安置125人；楠竹开发安置539人；水产养殖安置456人；其他项目安置247	《水利水电工程淹没处理设计规范》（SD 130—84）、《大中型水利水电工程建设征地补偿和移民安置条例》（国务院令第74号）
14	桃源	180	湖南	已建	2010年11月	3.95	73	1380	1.0	2386	31	1627			73人全部后靠分散安置	调剂耕地安置1347人，配套生产开发和第二、第三产业安置33人	《大中型水利水电工程建设征地移民安置条例》（国务院令第471号）、《水电工程建设征地移民安置规划设计规范》（DL/T 5064—2007）

1. 五强溪水电站

1986年10—12月，在湖南省移民办公室的组织下，中南院与省、地（州）、县干部组成的联合调查组，深入库区，会同库区乡、村、组干部，共同对水库淹没线下的各项实物指标进行逐项、逐户、逐组的测量打桩调查。

1987年2月，编制《五强溪水电站水库移民安置规划工作大纲》并通过湖南省人民政府审查。

1988年2月，完成了移民安置规划，在此基础上中南院编制了《沅水五强溪水电站水库移民安置规划综合报告》。1988年6月，湖南省人民政府组织对综合报告进行了审查。审定的移民搬迁安置人口9.66万人（扣除防护安置人口），征用耕地4.41万亩，移民补偿投资7.0亿元，并由地（州）、县包干使用。

1992年，考虑到国家政策变化及库区物价上涨等实际情况，中南院根据湖南省人民政府有关意见开展概算修编工作，并于1993年5月编制完成《五强溪水电站水库淹没处理补偿投资调整报告》，概算修编投资15.1亿元。

根据湖南省人民政府指示，库区各县在《沅水五强溪水电站水库移民安置规划综合报告》的基础上，于1992年9月完成了库区各县的《五强溪水库移民安置实施规划报告》，并由湖南省人民政府召开审查会审查通过。

1994年11月，五强溪水电站第一台机组并网发电。在上级的支持和关心下，在省、地（州）、县政府和有关部门的有力领导下，在五强溪水电站项目业主的重视和支持下，通过移民群众的艰苦奋斗，库区基本完成了移民搬迁、城镇建设和专项设施的复建工作，生产开发也取得了显著的成效，为五强溪水电站按时投产发电提供了有力保障。但由于库区周边的移民安置环境容量偏紧且库区社会经济条件发生了较大变化，加上移民搬迁后，在生产生活尚未恢复的情况下，库区又连续3年遭受洪涝灾害的袭击，库区出现了一些亟待解决的新情况和新问题。

根据移民安置实施的实际情况，1996年以后，中南院会同省、地（州）、县有关部门开展了五强溪水库淹没处理补充规划设计和概算调整等几方面的工作，包括对水库淹没处理补偿投资进行了价差调整；对库区部分农村移民生产安置不落实的问题进行了调查，提出了农村移民生产安置补充规划方案；对1996年以来库区出现的变形边坡进行了地质勘测，同时对受影响的实物指标进行了调查，提出了具体的处理措施；根据湖南省政府的要求对浦市镇防护工程进行了补充设计；对水库末端回水平推后的水库淹没影响实物指标进行了调查，提出了处理的方案，计算了补偿投资；协助湖南省移民开发局对1996年7月五强溪库区的特大洪水灾情进行了调查等。五强溪水库审定的淹没影响总人口为14.6万人，移民补偿总投资为22.59亿元。

2. 凌津滩水电站

1989年5月，中南院会同桃源、沅陵两县地方政府共同对水库淹没实物指标分50.00m、50.50m、51.00m、51.50m四个方案进行了初步设计阶段测量调查。

1990年按政策蓄水位51.00m，汛期限制水位50.00m编制了《湖南省沅水凌津滩水电站水库移民安置规划报告》。

1992年9月，水利水电规划设计总院会同湖南省建设委员会在桃源县对凌津滩水电站初步设计方案进行了审查,根据当时的物价水平,审定的水库淹没补偿投资为 6304.28 万元,同时请湖南省人民政府组织编制切实可行的移民安置和专项处理的具体实施意见和措施。

1993 年,受湖南省计划经济委员会委托,中南院编制完成了《湖南省沅水凌津滩水电站水库移民安置和专项迁建实施规划报告》。

1994 年 4 月,《湖南省沅水凌津滩水电站水库移民安置和专项迁建实施规划报告》通过了湖南省人民政府组织的审查。

1994 年 11 月至 1995 年 7 月,根据湖南省政府有关文件要求,中南院会同库区两县人民政府组成联合工作组,完成了水库淹没界桩测算、实物指标复查及移民安置补充规划。

1996 年 6 月,中南院编制完成了凌津滩水电站移民补充实施规划报告。根据补充实施规划成果,凌津滩水电站水库淹没移民补偿投资为 1.91 亿元。

2.1.2.2 三板溪阶段

沅江干流 20 世纪 90 年代初至 21 世纪初实施的梯级水电站有洪江(建设期 1998—2002 年)、三板溪(建设期 2002—2006 年)、挂治(建设期 2004—2007 年)、铜湾(建设期 2004—2007 年)、清水塘(建设期 2006—2008 年)、大洑潭(建设期 2004—2007 年)6 个水电站(托口、白市水电站在 21 世纪初开始前期准备工作),6 个水电站共涉及移民搬迁安置人口 7.5 万人,为沅江流域工程建设及移民安置的第二个高峰;该阶段水电站按《水电工程水库淹没处理规划设计规范》(DL/T 5064—1996)或《水利水电工程建设征地移民设计规范》(SL 290—2003)及《大中型水利水电工程建设征地补偿和移民安置条例》(国务院令第 74 号)实施,规划要求不断提高,移民安置管理体系初步建立,移民工作逐步规范。

6 个水电站移民安置工作历程如下。

1. 洪江水电站

1995 年 12 月至 1996 年 4 月,在建设单位尚未明确的情况下,中南院受五凌公司的委托,组织力量对洪江水电站正常蓄水位 190.00m 方案的水库淹没实物指标进行了全面测量调查,提出了移民安置规划、受淹专项设施复改建规划和防护工程规划方案,编制了水库淹没处理补偿投资概算,形成《洪江水电站可行性研究阶段水库淹没处理规划及工程永久占地专题报告》。

1997 年 1 月,原电力部水电水利规划设计管理局会同湖南省计划经济委员会、湖南省建设委员会共同主持召开了沅水洪江水电站可行性研究报告(等同原初步设计报告)审查会。根据这次会议的审查意见,中南院对可行性研究报告的有关内容进行了修改和补充,并编制《洪江水电站可行性研究阶段水库淹没处理补偿投资概算调整说明》。

1998 年 2 月,洪江水电站开工建设。1998 年 4 月,受湖南省移民开发局的委托,中南院编制《洪江水电站招标设计阶段水库移民安置及专项迁建实施规划大纲》。在湖南省移民开发局、五凌公司的组织协调下,在怀化市移民局以及洪江市、中方县、会同县人民政府及其移民局的大力支持和配合下,中南院克服了时间短、任务重等诸多方面的困难,基本完成了该阶段的规划设计任务。

在《洪江水电站招标设计阶段水库移民安置及专项迁建实施规划报告》完成之后，1998年12月，由湖南省移民开发局主持对其进行了审查，并形成《湖南省沅水洪江水电站招标设计阶段水库移民安置及专项迁建实施规划报告审查意见》，1999年7月，湖南省政府办公厅对其进行了批复。

2000年12月，为解决《洪江水电站招标设计阶段水库移民安置及专项迁建实施规划报告》中的遗留问题和库区经过2年多的实施出现的新问题，湖南省移民开发局以《湖南省移民开发局关于委托做好洪江水库移民实施规划补充工作的函》（湘移函〔2000〕106号）委托中南院完成此项工作。

在接受湖南省移民开发局的委托后，中南院于2001年2月编写《洪江水电站水库淹没处理实施规划设计补充工作大纲》（初稿），湖南省移民开发局随即组织五凌公司和库区政府及移民机构对此大纲进行了审查，并印发了《关于洪江水库淹没处理实施规划设计补充工作大纲审查会议纪要》（湘移阅〔2001〕2号）。根据补充工作大纲和审查会议纪要的要求，中南院于2001年6月完成《洪江水电站招标设计阶段水库移民安置及专项迁建实施规划报告（修订本）》。

洪江水电站移民安置实施工作从1998年年底开始，到2003年年底大部分实施完毕。

2004年7月19日，沅江、潕水流域普降暴雨，库岸边坡部分地段发生滑坡、坍塌等地质变形，部分耕地、房屋遭到破坏，影响人民正常生产生活；洪江水电站大坝下游洪黔公路部分路段被毁，沿线埋设的电力、电信等设施也遭受破坏，洪江区横岩乡雷家溪等地多栋房屋被毁，或成为一线危房。支流潕水水通塔冲断面以上部分房屋和农田遭受了较大的经济损失。灾害发生后，受灾群众和有关单位反应强烈，库区各级人民政府和移民开发局向上级有关部门反映，请求妥善解决库岸变形边坡、支流潕水水回水末端淹没影响和坝下水毁影响等问题。

2004年10月27—28日，湖南省政府办公厅城乡建设处、湖南省政府重点建设办公室、省国土资源厅、省移民开发局、怀化市移民开发局以及洪江市、洪江区、中方县、五凌公司、中南院等单位派员组成调研组，对库区库岸变形边坡进行了现场查勘，并召开了洪江水电站变形边坡调研座谈会。会议形成一致意见，决定成立由相关部门组成的联合调查组，进入库区作进一步的调查，分析产生的原因和影响的实物指标，报湖南省政府审查。

受湖南省政府重点建设办公室的委托，中南院承担了库岸变形边坡、支流潕水水回水末端淹没影响和坝下水毁影响等问题的调查研究工作，并于2005年3月编制《湖南省沅水洪江水电站变形边坡、水毁影响和潕水水支流回水末端淹没影响处理报告》。

2. 三板溪水电站

2001年2月中旬，五凌公司委托中南院承担三板溪水电站可行性研究补充阶段的水库淹没处理规划设计工作。

2001年3月31日至4月1日，中国水利水电建设工程咨询有限公司（以下简称"水电咨询公司"）在湖南省长沙市组织召开了三板溪水电站补充可行性研究阶段水库淹没处理规划大纲咨询会，对中南院编制的《三板溪水电站水库淹没实物指标复核调查细则》和《三板溪水电站水库淹没处理移民安置规划设计大纲》进行了咨询。

2001年4月7—8日,贵州省生态移民局(原贵州省水库移民办公室、贵州省水库和扶贫生态移民局,以下简称"贵州省移民局")在贵州省凯里市主持召开了三板溪水电站水库淹没处理规划设计工作会议,五凌公司、黔东南州、水库淹没涉及的4个县和中南院均派人参加了会议,与会代表认真学习了《三板溪水电站水库淹没实物指标复核调查细则》和《三板溪水电站水库淹没处理移民安置规划设计大纲》。

2001年4月中旬至7月上旬,中南院与库区4个县组成联合调查规划组,对库区的各项淹没实物指标进行了全面调查,同时开展了移民安置规划外业工作。

2001年7月13—14日,水电咨询公司在长沙市主持召开了三板溪水电站可行性研究补充阶段水库淹没处理规划设计工作咨询讨论会。会后,水电咨询公司以《关于寄送〈三板溪水电站补充可行性研究水库淹没处理规划设计咨询意见〉的函》(水电咨询〔2001〕13号)报送了咨询意见,中南院根据咨询意见对规划成果进行了补充和完善。

2001年9月上旬,中南院编制了《三板溪水电站可行性研究补充报告水库专题报告》(初稿)。同月11—14日,水电咨询公司在张家界市召开了三板溪水电站水库淹没处理规划设计第3次咨询会,并以《关于报送〈三板溪水电站补充可行性研究水库淹没处理规划设计第三次咨询意见〉的函》(水电资库〔2001〕16号)报送了咨询意见。

2001年11月,中南院编制完成《清水江三板溪水电站可行性研究补充报告水库淹没处理补充投资概算专题报告》(送审稿)。

2001年11月19—22日,受国家经济贸易委员会的委托,中国水电顾问集团有限公司在长沙市主持召开审查会,对中南院编制完成的《清水江三板溪水电站可行性研究补充报告水库淹没处理规划设计专题报告》(送审稿)进行了审查。

审查会以后,为了贯彻《关于水利水电工程建设用地有关问题的通知》(国土资发〔2001〕355号)和审查意见,中南院编制《清水江三板溪水电站可行性研究补充报告水库和施工区占地处理补偿投资调整说明》。

3. 挂治水电站

2002年7月,中南院测绘人员对挂治水电站库区和施工区开展了1∶2000地类地形图的测绘工作。

2003年6月30日,中南院与五凌公司签订合同,由中南院承担清水江挂治水电站预可行性研究、可行性研究、招标设计和施工详图设计阶段的勘测设计科研服务工作。

2003年10月20日,贵州省移民局和五凌公司组织在长沙市召开《挂治水电站水库淹没实物指标调查细则》和《挂治水电站水库淹没处理规划设计大纲》咨询审查会,黔东南州人民政府、黔东南州水库移民办公室、锦屏县人民政府、锦屏县水库移民办公室、中南院等单位的领导和代表参加了会议。

2003年10月上旬,中南院移民专业人员和地方政府组成联合调查组,持1∶2000地类地形图和1∶10000地形图,对挂治水电站321.50m、322.00m、322.50m、323.00m方案的水库淹没实物指标进行了调查,并开展了移民安置初步规划设计工作,2003年11月编写《贵州省清水江挂治水电站预可行性研究报告》(审定本)"第9篇章水库淹没处理及工程永久占地"。

2003年11月至2004年3月,在黔东南州锦屏县人民政府的配合下,中南院完成了挂治水电站可行性研究阶段枢纽工程建设区和水库淹没影响区范围内的实物指标测量调查、移民安置规划和安置补偿费用概算编制工作，完成了《清水江挂治水电站可行性研究报告水库淹没处理规划设计专题报告》（送审稿）和《清水江挂治水电站可行性研究报告施工区占地处理规划设计报告专题报告》（送审稿），2004年9月13—15日，水电水利规划设计总院对专题报告送审稿进行了审查。根据审查意见，中南院编制《贵州省清水江挂治水电站可行性研究报告水库淹没处理规划设计专题报告》（审定本）和《清水江挂治水电站可行性研究报告施工区占地处理规划设计报告专题报告》（审定本）。2004年10月，水电水利规划设计总院、贵州省移民局、黔东南州移民局（原黔东南州水库移民办公室）、五凌公司共同对审定本进行了核定。

4. 铜湾水电站

2004年下半年，湖南省水利水电勘测设计总院开展初步设计阶段移民安置规划设计工作。

2004年12月，水电站开工建设。

2005年12月，编制《湖南省沅水铜湾水电站工程初步设计阶段建设征地移民安置规划设计报告》

2006年6月，开展技术施工设计阶段移民安置规划设计工作。

2007年5月，编制《湖南省铜湾水电站工程技施设计阶段建设征地移民安置规划设计报告》。

2007年12月，水电站建成。

2010年3月，编制完成《湖南省沅水铜湾水电站建设征地移民安置规划设计调整报告》。

5. 清水塘水电站

2005年8月，湖南省水利水电勘测设计总院编制完成《湖南省沅水清水塘水电站工程初步设计阶段水库淹没涉及工程占地移民安置规划设计大纲和实物指标调查细则》。

2005—2007年，湖南省水利水电勘测设计总院完成实物指标调查及移民安置规划工作，并于2007年提出了《清水塘水电站初步设计阶段建设征地移民安置规划报告》。

2006年10月，水电站开工，2008年9月水电站建成。

2010年10月，湖南省水利水电勘测设计总院编制完成《湖南省沅水清水塘水电站建设征地移民安置规划设计调整报告》。

6. 大洑潭水电站

2004年3月，湖南省水利水电勘测设计总院编制完成《大洑潭水电站可行性研究报告》。

2004年10月，水电站开工。

2005年10月，湖南省水利水电勘测设计总院编制完成《湖南省沅水大洑潭水电站工程初步设计阶段建设征地移民安置规划设计报告》，并于2005年11月通过了湖南省水库移民开发管理局审查。

2006年10月，完成《湖南省沅水大洑潭水电站工程技施设计阶段建设征地移民安置规划设计报告》。

2007年10月，水电站第一台机组发电。

2009年8月，完成《湖南沅水大洑潭水电站建设征地移民安置规划设计调整报告》，并通过了湖南省水库移民开发管理局的审查。

2.1.2.3 托口、白市阶段

2006年以来，以人为本、民生为重的思想，上升为践行科学发展观、强化执政理念的核心内容和基本要求。国家和地方视移民安置工作为民生工程的重要组成部分，对移民安置的政策要素、政策空间、工作标准、工作程序、管理格局、管理环节等规律性问题进一步予以探索、提炼和规范。2006年7月，国务院重新发布《大中型水利水电工程建设征地补偿和移民安置条例》（国务院令第471号）；2007年，国家发展和改革委员会根据国务院令第471号制定并颁布《水电工程建设征地移民安置规划设计规范》（DL/T 5064—2007）等8个规范，水电工程建设征地移民安置工作进入一个新的阶段。

21世纪初至今建设的梯级水电站包括白市（2004—2013年）、托口（2003—2014年）、桃源（2010—2013年）、安江（2010—2012年）4个水电站，共涉及搬迁安置移民7.6万人，为沅江流域工程建设及移民安置的第三个高峰。该阶段项目可行性研究阶段按《水电工程水库淹没处理规划设计规范》（DL/T 5064—1996）或《水利水电工程建设征地移民设计规范》（SL 290—2003）要求编制，实施阶段按《水电工程建设征地移民安置规划设计规范》（DL/T 5064—2007）或《水利水电工程建设征地移民安置规划设计规范》（SL 290—2009）及2006年《大中型水利水电工程建设征地补偿和移民安置条例》（国务院令第471号）要求进行移民安置规划实施。该阶段国家各项移民管理政策逐步完善，湖南、贵州2省相继发布了有关建设征地移民安置的政策文件，移民补偿补助标准大幅提高（如房屋按重置价补偿，土地按亩产值的16倍或片区价补偿等），同时实行开发性移民方针，重视水、电、路、文教卫等配套基础设施建设，强调以人为本，实现了"搬得出，稳得住，逐步能致富"的目标，生产安置方式多样化，长期实物补偿逐步替代传统的有土安置方式并取得成功。

4个水电站移民安置工作历程如下。

1. 白市水电站

2003年10月，中南院开始开展白市水电站建设征地移民安置规划设计工作。

2005年10月，中南院编制完成《清水江白市水电站可行性研究报告水库淹没处理规划设计专题报告》，并通过了水电总院的审查和中国国际工程咨询公司的评估。

2006年4月，白市水电站一期基坑全年围堰达到防洪设计高程。

2006年7月，中南院根据《大中型水利水电工程建设征地补偿和移民安置条例》（国务院令第471号）编制《贵州清水江白市水电站建设征地移民安置补偿投资概算修编专题报告》（以下简称《概算修编报告》）并通过了水电总院的审查。

2006年10月，白市水电站二期截流影响移民完成搬迁。白市水电站二期截流现场见图2.1-5。

2008年3月，国家发展和改革委员会以发改能源〔2008〕731号文对清水江白市水电站项目核准报告进行了批复。

2008年4月，白市水电站等级公路、集镇场坪等重要移民工程由业主返包开工建设。

图 2.1-5 白市水电站二期截流现场

2008年6月开始，中南院会同地方政府及项目法人开展建设征地移民安置实施规划工作，完成了实物指标复核、农村移民安置、集镇迁建工程、县城淹没处理及专业项目处理等规划设计工作。天柱库区实物指标现场复核见图2.1-6。

图 2.1-6 天柱库区实物指标现场复核

2010年8月，白市水电站库区首个返包工程——坌处集镇场坪移交地方建房。

2010年12月，五凌公司委托中南院开展白市水电站设计概算调整工作。

2011年5月上旬，中南院编制完成《白市水电站建设征地移民安置实施规划设计专题报告（贵州部分）》并通过贵州省移民局的审查。审查会议现场见图2.1-7。

2011年5月中旬，白市库区远口集镇场坪移交地方建房。

2011年6月，贵州省人民政府办公厅以黔府办函〔2011〕62号对白市水电站贵州部

图 2.1-7 贵州省移民局实施规划报告审查会议现场

分移民安置实施规划进行了批复。

2011年8月，中南院成立白市水电站移民综合设计代表处，同时，中南院派驻了现场设计代表，就建设征地处理范围、实物指标、移民安置规划方案、集镇迁建规划设计等分别向库区三县进行了设计交底。移民安置实施期间，中南院移民综合设计代表开展了实物指标复核、农村移民搬迁安置、集镇迁建工程、县城淹没区处理及专业项目实施配合等有关工作。同时，根据实施情况，补充开展了集镇建房深基础处理方案设计及费用测算、房屋补偿单价调整测算等工作，参与并处理了移民安置实施过程中的有关设计问题。为满足白市水电站工程分期蓄水要求，中南院分省编制了工程蓄水库区移民安置规划设计报告。

2011年11月，中南院编制完成了《白市水电站建设征地移民安置实施规划设计专题报告（湖南部分）》并通过湖南省移民局的审查。

《白市水电站建设征地移民安置实施规划设计专题报告（贵州部分）》审查时，锦屏县城和潘寨村淹没处理规划设计工作正在进行，鉴于此，审查意见同意报告暂列处理补偿费用，待锦屏县城及潘寨村淹没处理规划设计完成后，另行编制专题报告送审。根据审查意见，中南院进行了锦屏县城和潘寨村淹没处理规划设计，于2012年9月分别编制《白市水电站移民安置实施阶段锦屏县城淹没区处理规划设计专题报告》《白市水电站移民安置实施阶段锦屏县潘寨村淹没处理规划设计专题报告》并得到贵州省移民局确认。

2012年10月底，业主返包承建的库区59km复建等级公路全线建成通车。

2012年12月，库区31座库周交通桥梁全面完工。

2012年12月，移民搬迁高峰时期创造了日搬迁移民超千人、月搬迁移民超万人的纪录，全年完成移民搬迁14386人，为下闸蓄水目标的实现创造了有利条件。

2013年1月，完成291.00m高程线下剩余全部移民搬迁和库底清理。

2013年1月，白市水电站工程初期蓄水通过了水电总院会同贵州、湖南两省发展改革委组织的蓄水验收。

2013年2月,白市水电站成功下闸蓄水,初期蓄水位291.00m。白市水电站下闸蓄水会议见图2.1-8。

图2.1-8　白市水电站下闸蓄水会议

2013年3月和11月,水电总院在长沙对白市水电站建设征地移民安置规划设计变更和补偿费用概算调整报告先后组织了初审和审查核定会议,提出了初审意见和审查意见。白市水电站移民概算调整报告审查会议见图2.1-9。

图2.1-9　白市水电站移民概算调整报告审查会议

2014年2月,根据审查意见,中南院会同业主及地方政府开展了大量的补充工作,针对审查意见逐条分析,对报告进行了修改完善,编制完成《白市水电站建设征地移民安置补偿费用概算调整报告》(审定本)。

2014年8月,白市水电站工程通过了水电总院会同贵州、湖南两省发展改革委组织的正常蓄水位蓄水验收。白市水电站正常蓄水位蓄水验收会议见图2.1-10。

图2.1-10　白市水电站正常蓄水位蓄水验收会议

2014年12月11日，白市水电站库区垒处集镇老大桥成功爆破拆除，抬升蓄水位工作正式启动。

2015年1月31日，白市水电站成功抬升蓄水位至正常蓄水位300.00m。

2. 托口水电站

2004年3月，中南院编制完成了托口水电站预可行性研究报告，并于2004年4月通过了水电总院的审查。

2004年5月至2006年9月，中南院编制完成了建设征地移民安置可行性研究报告，并于2006年9月通过了水电总院的审查。

为做好移民安置实施阶段的工作，2006年5月，中南院编制了《湖南沅水托口水电站建设征地移民安置实施规划设计大纲（湖南部分）》（以下简称《实施规划大纲》），于同年6月通过了湖南省移民局组织的审查。

为做好移民安置实施阶段实物指标的分解落实工作，2006年8月，在《实施规划大纲》的基础上中南院编制《湖南沅水托口水电站建设征地影响实物指标分解落实工作细则（湖南部分）》（以下简称《分解落实细则》），明确了实物指标分解落实的内容、方法和工作程序。

2006年12月，受湖南省移民局委托，中南院承担了托口水电站移民安置实施阶段湖南部分建设征地移民安置规划设计工作。

2008年4月23日，托口水电站得到国家发展和改革委员会的核准。

2007年4月至2011年9月，湖南部分各县（市）人口、房屋及附属设施、房屋装修、土地等实物指标分解、公示及复核工作相继完成。参加实物指标复核工作的单位有各县（市）移民局、五凌公司、移民综合监理和中南院等。

2009年10月至2011年9月，湖南部分各县（市）水利、电力、电信、广播电视等专项设施实物指标复核工作相继完成，参加复核工作的单位有各县（市）移民局、五凌公司、移民综合监理、中南院以及各相关专业部门等。

2009年7—10月，各县（市）陆续提供了建设征地区移民搬迁安置意愿调查成果，基本确定了移民搬迁安置方案。根据各县（市）确定的移民搬迁安置方案，自2009年8月开始，中南院的水库、城镇、交通、供水、供电、通信、地质、测量等各专业人员陆续深入库区与各县（市）相关专业部门一道，共同开展了移民安置实施规划工作，整个外业规划工作于2010年1月初基本结束。

应有关部门的要求，中南院于2010年3月编制完成《湖南省沅水托口水电站移民安置实施阶段建设征地移民安置规划设计专题报告》（征求意见稿）并提交给湖南省移民局。报告提交后，省、市、县（市）移民部门对其进行了认真的研究，并提出了修改意见。湖南省移民局召集有关各方对征求意见稿存在的相关问题进行了讨论，根据各方意见和移民安置工作的实际情况，确定了"统筹规划，分步实施，重点先行，逐步完善"的工作原则，明确待各单项工程设计文件全部完成并审查后，再由中南院对实施规划设计报告（征求意见稿）进行修改完善并提交审查。

自2006年3月开始，根据地方政府提供的有关意愿调查成果和确认的有关移民安置方案，中南院对托口水电站湖南部分的集镇、居民点、等级公路及桥梁、等外道路及桥梁、集镇和居民点供水等移民专项工程开展了施工图设计工作。截至2010年12月底，中南院完成了湖南部分所有前述移民专项工程的施工图设计并通过了湖南省移民局组织的审查。现场移民安置意愿调查见图2.1-11，朗江集镇新址场平工程开工现场见图2.1-12。

图2.1-11 现场移民安置意愿调查

2010年7月，为满足库区移民意愿征求和散迁移民实施工作的需要，应有关部门的要求，中南院编制了《托口水电站湖南库区建设征地移民安置补偿单价分析报告》，并通过了湖南省移民局组织的审查。

根据新的补偿补助标准，各县（市）对移民安置意愿进行了回访调查。根据各县（市）提供的移民意愿回访调查结果，中南院对各县（市）农村移民生产安置、移民搬迁安置和专业项目淹没处理等方案进行了复核并开展了必要的补充规划设计工作，整个工作

图 2.1-12　朗江集镇新址场平工程开工现场

于 2011 年 9 月中旬完成。

2011 年 9—10 月，各县（市）人民政府分别对托口水电站实物指标成果、农村移民生产安置方案、移民搬迁安置方案和专业项目淹没处理方案等进行了确认。

经内业资料整理、汇总和规划设计，中南院分别于 2011 年 10 月、2012 年 2 月编制完成《湖南省沅水托口水电站移民安置实施阶段建设征地移民安置规划设计专题报告》送审稿初稿和送审稿，多次征求了有关各方的意见。2012 年 3 月，湖南省移民局在怀化主持召开了托口水电站移民安置实施规划设计报告征求意见协调会，会议就实施规划设计报告进行了充分讨论和协商，并形成会议纪要《关于托口水电站移民安置实施规划报告征求意见会议有关问题的纪要》（湘移阅〔2012〕1 号）。

根据"湘移阅〔2012〕1 号"会议纪要有关要求，中南院开展了必要的规划设计补充完善工作，于 2012 年 4 月提出《湖南省沅水托口水电站移民安置实施阶段湖南部分建设征地移民安置规划设计专题报告》（送审稿）。

2012 年 5 月 9—11 日，湖南省移民局在长沙市主持召开《托口水电站工程建设征地移民安置实施规划报告》（送审稿）审查会议并形成审查意见《湖南省水库移民开发管理局关于印发托口水电站工程建设征地移民安置实施规划报告审查意见的函》（湘移函〔2012〕116 号），以下简称"实施规划报告审查意见"。中南院根据实施规划报告审查意见要求对送审稿进行了修改和完善，于 2012 年 7 月提出《湖南省沅水托口水电站移民安置实施阶段湖南部分建设征地移民安置规划设计专题报告》（简写本·审定本）。

2013 年 11 月，托口水电站 235.00m 蓄水通过了水电总院会同湖南、贵州两省发展改革委组织的蓄水验收，2014 年 2 月 8 日实现初期下闸蓄水（初期蓄水位 233.00m）。托口水电站 235.00m 蓄水移民验收会议见图 2.1-13。

鉴于《湖南省沅水托口水电站移民安置实施阶段湖南部分建设征地移民安置规划设计专题报告》（审定本）中还留有部分问题需结合移民安置实施情况进一步协调处理，且在

图 2.1-13　托口水电站 235.00m 蓄水移民验收会议

移民安置实施规划中，部分移民安置项目发生了设计变更。为了完善托口水电站建设征地移民安置实施规划设计，配合托口水电站工程概算调整，做好移民安置补偿费用概算调整专题工作，2015 年 10 月，受湖南省移民局委托，中南院承担了托口水电站建设征地移民安置实施补充报告编制工作。

2016 年 6 月，中南院编制完成《湖南沅水托口水电站移民安置实施阶段湖南部分建设征地移民安置补充规划设计专题报告》（审定本）。托口湖南库区实施补充规划报告审查会议见图 2.1-14。

图 2.1-14　托口湖南库区实施补充规划报告审查会议

2016 年 8 月，托口水电站开始抬升蓄水位至正常蓄水位。

2018年7月，中南院编制完成《湖南沅水托口水电站移民安置实施阶段贵州部分建设征地移民安置补充规划设计专题报告》（审定本）。

2018年9月，中南院编制完成《湖南沅水托口水电站移民安置实施阶段湖南部分建设征地移民安置后续问题处理报告》（审定本）。

2019年9月，中南院编制完成《湖南沅水托口水电站建设征地移民安置补偿费用概算调整报告》（审定本）。

3. 桃源水电站

2008年11月，桃源县人民政府致函，委托中南院编制沅水凌津滩水电站至桃源河段的水能梯级开发补充规划报告。2009年1月，中南院完成《沅水凌津滩—桃源河段补充规划报告》编制工作，提出在该河段增加桃源水电站梯级。2009年6月，湖南省政府"湘政函〔2009〕111号"文批复了《沅水凌津滩—桃源河段补充规划报告》，同意沅水凌津滩—桃源河段增加一级水电开发梯级。2009年3月，中南院承担了桃源水电站预可行性研究阶段的勘测设计工作，2009年8月提出《沅水桃源水电站预可行性研究报告》。预可行性研究报告咨询以后，受中国水电顾问集团桃源开发有限公司委托，中南院启动了桃源水电站可行性研究阶段的勘测设计工作。2010年7月，中南院编制完成《湖南沅水桃源水电站可行性研究报告征地移民安置规划设计报告》（审定本）。该工程开工时间为2010年11月，2013年7月完成下闸蓄水。

4. 安江水电站

2009年8月，湖南省人民政府发布《湖南省人民政府关于禁止在安江水电站工程施工区和水库淹没区新增建设项目和迁入人口的通告》。

2010年，湖南省水利水电勘测设计研究总院编制完成《湖南省沅水安江水电站工程建设征地移民安置规划设计报告》。

2010年10月，水电站开工建设。

2012年8月，枢纽工程建设区及水库淹没影响区征地及移民安置已全部完成。

2012年10月17日，顺利通过湖南省水库移民管理专家委员会组织的移民安置及库底清理蓄水阶段的检查验收。

2012年10月20日，水电站下闸蓄水。

2013年5月，湖南省水利水电勘测设计研究总院编制完成《湖南省沅水安江水电站工程建设征地移民安置规划设计调整报告》（审定本）。

2.2 不同时期移民安置规划与实施

2.2.1 五强溪阶段

2.2.1.1 阶段总体特点

20世纪90年代以前，移民搬迁安置保证了工程建设的顺利进行。为了做好移民安置工作，各级人民政府、有关单位以及广大移民群众作出了艰苦的努力，但由于历史条件的限制和对移民安置工作的复杂性认识不足，存在着重工程、轻移民的现象，对移民规划的重视不够，移民规划设计工作深度较浅，移民安置实施情况与前期规划差异较大，部分水库移民搬迁安置后，遗留了诸如生计恢复措施不落实、基础设施不配套等问题。

1991年，国务院发布了《大中型水利水电工程建设征地补偿和移民安置条例》（以下简称《移民条例》），提出了开发性移民方针，将单纯救济生活改变为扶持发展生产，将工程建设和移民安置统一起来，将资源开发利用和保护生态环境结合起来，确保移民搬迁后的生活水平不降低。《移民条例》发布以后，水利水电工程移民安置规划有法可依，各级政府及相关单位越来越重视移民安置规划工作。通过移民安置规划及实施，有效地改善了住房、交通、供电、供水、文教卫生及通信等生产和生活设施，增强了发展经济的能力，提高了他们的生活水平。移民安置区重建改善了基础设施，提高了城镇化水平，促进了产业结构调整，优化了农村能源结构。有的库区利用新增的水库养殖、库区旅游资源等形成新的产业。

沅江流域20世纪90年代以前有五强溪水电站（1986—1994年）和凌津滩水电站（1994—1998年）开工建设，其中五强溪水电站淹没影响范围最大，建设征地移民安置规划及实施最具代表性。

2.2.1.2 五强溪水电站移民安置规划

1. 规划过程

五强溪水电站1986年复工建设，同年10—12月，在湖南省移民办的组织下，中南院与省、地（州）、县干部组成的联合调查组，深入库区，会同库区乡、村、组干部对水库淹没线下的各项实物指标进行逐项、逐户、逐组地测量打桩调查。

1987年2月，湖南省人民政府在长沙主持审查了《五强溪水电站水库移民安置规划工作大纲》，确定了五强溪水库移民规划的指导方针，即"加强领导，各方支援，统一规划，综合开发，本县安置，就近后靠，合理补偿，经费包干"。同时明确，该次规划在湖南省政府领导下，由湖南省移民办具体组织落实，湖南省直有关单位和地（州）、县密切配合。会议要求，由湖南省移民办、中南院、地（州）、县组成领导小组。以中南院为主组成规划总体组，负责总体规划技术归口，下设工业、粮油、果茶、林业、畜牧水产、乡（镇）企业、乡（镇）选址、交通、邮电、水利电力、财贸、文教卫广12个专业组。

经过1年的努力，1988年2月完成了移民安置规划，在此基础上中南院编制完成《沅水五强溪水电站水库移民安置规划综合报告》。1988年6月，湖南省人民政府组织对综合报告进行了审查。审定的移民搬迁人口9.66万人（扣除防护安置人口），征用耕地4.41万亩。

2. 规划内容

(1) 水库概况。五强溪水电站位于沅陵县境内的沅江干流上，坝址在杨五庙，上距沅陵县城73km。坝址控制流域面积83800km^2，占沅江全流域面积的93%。水库正常蓄水位108.00m，总库容29.9亿m^3，电站装机容量1200MW，多年平均年发电量53.7亿kW·h。水库建成后汛期将预留防洪库容13.6亿m^3，使下游尾闾地区的防洪标准由目前的5年一遇提高到20年一遇。

(2) 水库淹没影响。根据《水利水电工程水库淹没处理设计规范》（SD 130—84）和1983年国家审查《五强溪水电站初步设计修改报告》提出的水库设计原则与标准，确定了水库淹没处理标准。县城、工厂、矿山、四级以上公路，10kV以上输电线、县以上通信干线等专业改建项目，按建库后20年一遇洪水标准迁建。区、乡（镇）和农村居民，按10年一遇洪水标准进行迁移改建。考虑到居民居住的安全，在水库回水壅高不足1m的地段按109.00m作为淹没迁移线，回水超过109.00m时，按回水壅高高程调查统计。耕地和园地采用2年一遇洪水标准作为征用线，林地按正常蓄水位108.00m进行采伐、清理。位于10年一遇回水线高于同频率天然水面线0.27m的泸溪县铁柱潭，距坝址150.2km。

按照上述处理标准，1986年10—12月中南院会同省、地（州）、县移民办进行了测量调查。五强溪水库正常蓄水位108.00m方案淹没影响到沅陵、泸溪、辰溪3个县的26个乡（镇）和沅陵、泸溪2个县城的大部分地区。而农村淹没以沅陵县为主，泸溪县次之，辰溪县影响轻微。中南院于1987年2月提出了《沅水五强溪水电站水库淹没实物指标调查报告》。在移民安置规划中，进一步考虑了孤岛、滑坡、塌岸以及其他影响人口的迁移问题，对淹没实物指标进行了修正。审定的主要实物指标为：水库淹没影响人口13.2万人，淹没房屋263万m^2，淹没耕地4.41万亩。

（3）移民安置规划指导思想。水库移民安置规划的任务是：在调查库区土地资源和社会经济状况的基础上，研究库区资源开发的战略和策略，提出移民安置规划方案并进行系统分析和可行性评价，提出移民开发经费概算及分年度投资计划，以利于下阶段移民工程设计工作的开展。根据湖南省政府1987年2月的会议精神，五强溪水库移民安置的方针是加强领导，各方支援，统一规划，综合开发，本县安置，就近后靠，合理补偿，经费包干。

移民安置规划的指导思想是兼顾国家、集体和个人三者利益，顺应自然规律和经济规律，调整库区产业结构，因地制宜，全面规划，综合平衡，统筹安排。充分发挥各级各部门的积极性，走大力发展商品经济的道路。

（4）总体规划。

1）生产安置人口是指水库的农村移民中失去劳动对象（如耕地）后，需要重新安排劳动对象的那部分人口（包括赡养人口）。水电站计划1994年蓄水发电，规划设计水平为1994年。

库区的经济结构以农业经济为主，粮食是耕地的主要产品，也是库区人民的主要劳动产品和生活的必需物质。以淹没损失的粮食产量和人均产粮数量来推算被淹或被占用耕地上承载的农业人口数（即需要进行生产安置的人口），既符合库区社会经济结构的客观实际，又能够反映被淹耕地和剩余耕地在土、肥、水、气等生产条件和生产水平等方面的差异。按此种方法计算在剩余耕地上继续从事粮食生产的人口，在设计水平年人均产粮水平与生产安置人口的人均产粮水平一致。计算中以县粮食局1984—1986年粮食资料为依据，参照县农业区划报告，先预测设计水平年的产粮水平和人均产粮数量，再根据淹没耕地的数量和播种面积上的作物构成，预测损失的粮食数量，最后根据损失的粮食产量和人均产粮数求得生产安置人口数。被淹没的专业菜地，按设计水平年人均菜地计算生产安置人口。

沅陵县全县1994年年底损失粮食2693万kg，生产安置人口48575人。水库淹没城关镇和太常乡两乡（镇）的蔬菜地 755 亩，新城建设占用耕地 732 亩，共 1487 亩，按各村的人均菜地计算，需生产安置 4736 人。全县共需生产安置人口 53311 人。

泸溪县全县 1994 年年底损失粮食 58.06 万 kg，需生产安置 1386 人。新城建设等占用耕地，需生产安置 2152 人。水库直接淹没菜地 133 亩，需生产安置 593 人。以上共计应进行生产安置 4131 人。

辰溪县水库淹没影响水田 1 亩，旱地 22 亩，移民规划新址占用水田 0.3 亩，旱地 6 亩，共需生产安置 15 人。

根据上述计算，水库淹没和规划新址建设占地产生生产安置人口共 57457 人（预测到 1994 年），其中沅陵县 53311 人，泸溪县 4131 人，辰溪县 15 人。

2）基于当时计划经济时代对粮油和农业税的重视程度，综合报告阐述了五强溪水电站水库淹没影响对沅陵县、泸溪县的粮油平衡分析，及其农业税、粮油调运对地方财政的影响分析。经过分析，水库淹没对沅陵县的粮食和财政影响较大，建议湖南省人民政府给予沅陵县适当的财政补贴，并从邻近县平价调入粮食补充水库淹没带来的粮食缺口。

3）沅陵县被淹没的耕地占全库总淹没数的 97%，需进行生产安置 5.33 万人，占 93%。移民规划尤其是农村移民安置规划的任务主要在沅陵县。综合报告重点分析了五强溪水库沅陵县移民环境容量。

水库淹没涉及沅陵县 22 个乡（镇）中的 144 个村。楠木铺、麻溪铺和凉水井 3 个乡的 3 个村淹没耕地 42 亩，其中水田 23 亩，旱地 19 亩；其余 19 乡（镇）的 141 个村淹没耕地 4.26 万亩，占全县总淹没数的 99.9%。所以移民环境容量分析只针对沅陵库区 19 个乡（镇）的 141 个村进行。

综合报告分析了土地人口承载容量，包括剩余耕地人口承载容量、山地承载容量、水面承载能力、乡（镇）企业及第三产业的人口容量。同时还进行了库区人口密度对比分析、土地垦殖系数分析和库区 141 个村的产值预测分析。从土地承载能力和经济发展水平两方面的分析可知，库区 141 个村的农村移民基本上可以就地安置，但要实现这个目标，必须要付出艰苦的努力，必须要有一定的资金投入和强有力的领导。另外，由于各村之间资源不平衡，致使一部分村移民容量紧张，移民安置困难，另一部分村资源比较充足。在实施本规划的过程中应具体分析，必要时应扩大安置边界，使全部移民在本县范围内得到妥善安置。

4）总体规划制定了移民系统发展战略。伴随着水库的兴建，有着古老传统色彩的自然经济体系逐渐解体，人多地少的矛盾将更加尖锐，要抓住库区社会经济改组和重构的契机，大力发展商品生产，实现劳动力的战略转移。在开发安置期（1987—1995 年），应建立以柑橘、茶叶、板栗、用材林、药材、水产养殖为主的若干商品生产基地，积极发展一批以建筑、建材和农副产品加工、采矿、运输、服务为内容的乡（镇）企业；与此同时，要积极筹措资金，保证电力先行，兴办建材（水泥等）、造纸、矿冶、化工等骨干项目，实现立体大农业和乡（镇）企业、县办骨干工业配套成龙，建立若干条原料生产-粗加工-精加工-深度加工的综合生产体系，扩大增殖系列，逐步形成库区经济系统的支柱产业和拳头产品，基本上做到使移民"搬得出，稳得住"，努力创造一个安定团结、生机勃勃的社会局面。在继续抓好立体农业和商品生产的同时，提高工艺，开拓市场，巩固和发展乡

(镇)企业和县办骨干企业,通过艰苦努力,为经济的振兴创造条件。

5)总体规划模型。水库移民系统的性质特殊,它不同于一般的社会经济系统。库区经济的开发性强,移民经济成分比重大,新产业和新项目多,社会经济人为改组和重构的控制色彩比较浓厚。为了便于对各专业规划项目进行宏观控制和总体协调,故建立了总体规划模型。由于系统复杂,变量众多,制约关系烦琐,采用了分解协调技术,建立分解式多级模型。

库区经济系统分解层次结构及变量设置:根据产业的不同,把移民系统的经济活动分为第一产业系统、第二产业系统和第三产业系统。第一产业系统包括种植业、林业、牧业、渔业,第二、第三产业系统按照行业划分。各产业系统内部逐层分解。整个系统的分解层次用库区社会经济大系统分解层次结构图表达。

约束条件及参数选取依据:把投入产出模型和线性规划模型结合起来,既反映系统内部各子系统的技术经济联系,也充分反映国土资源、劳力、能源、资金分配的线性等式或不等式约束。

(5)农村移民生产开发项目规划。

1)种植业发展规划。种植业发展规划包括果茶发展规划、林业生产规划、养殖业发展规划。

2)农田防护规划。节约土地是中国的基本国策。农田防护是抢救库边浅水区土地,减少淹没损失的一项重要措施。为此,对库边浅水区(高程103.00m以上)的耕地采取筑堤防护。

3)乡(镇)企业发展规划。水库区的乡(镇)企业已具一定规模。据乡(镇)企业规划专业组统计,1986年年底沅陵县库区的乡(镇)达3131个,总收入1395万元。库区内多数乡的自然资源比较丰富,为发展乡(镇)企业提供了有利条件。

库区农民的耕地淹没后,除在余下的山地上新开一批林场、茶场、果园和养殖场外,必然有一部分人转到乡(镇)企业,发展经济、开拓市场。必须狠抓建筑业,开发建材业,扩大加工业,发展食品、化工、采矿、运输业。根据库区资源和人员素质,在原提出的212项规划中,与县规划组一道选择了88个前期项目,其中沅陵县56项、泸溪县32项,估计投资4977.76万元。这些项目经过了一定的论证工作,应按照短、平、快的原则,因地制宜、提早开发,实现规划的经济效益和社会效益。根据移民安置的综合平衡,近期先开发41项,2县总投资2900.4万元,安置移民5205人。

(6)城镇及其他专业项目规划。

1)沅陵、泸溪2县县城迁建规划。沅陵县城距五强溪大坝73km,总人口4.89万人,淹没区人口2.16万人,占总人口的44.1%。泸溪县城距五强溪大坝122km,总人口1.69万人,淹没区人口1.30万人,占总人口的77.2%。

沅陵县城的迁建方案经过充分的分析比较,早在1976年已确定后靠教场坪。教场坪紧靠老县城,地势开阔,土石方开挖量较少,建设场地充足;架设沅江大桥将沟通南北两岸,将使水陆运输条件更加方便,新城形成后,城市功能得到大大加强。

1987年2月,湖南省人民政府召开的五强溪水库移民规划工作会议上,决定泸溪县城迁往白沙。白沙位于沅江左岸,在老城上游约9km处,这里交通取水均很方便,但地形起伏不平，石方开挖量较大，占用耕地较多。

沅陵县委托外单位作出了沅陵县城的详细规划，泸溪县委托中南院作出了泸溪县城的总体规划。

沅陵县城远期规划人口规模6万人，近期规划人口规模5万人。实际规划用地规模为7km^2，远期人均用地116m^2，近期人均用地140m^2。县城主要街道红线宽度为12～45m。县城龙泉山水厂在建规模为7000m^3/d。排水系统采用分流制，雨水通过雨水管网直接排入沅江，污水通过污水管网输送到城南或城北污水处理后排入沅江。

泸溪县城远期规划人口规模2.5万人，近期规划人口规模为1.5万人。实际规划用地规模为3km^2，远期人均用地120m^2，近期人均用地200m^2。主干道道路宽度为16～30m。县城拟建10000m^3/d的自来水厂1座，近期按5000m^3/d安装设施。县城近期为雨水污水合流制系统。远期除局部地面高程太低处外，均采用雨水污水分流制系统。

2）沅陵县13个区、乡（镇）机关所在地迁建规划。根据乡（镇）选址规划组的规划，13个区乡机关所在地除北溶和白田搬迁距离较远外，均为后靠或近迁。集镇地址的选择，从位置、地质、水源、交通运输、环境卫生条件、占用耕地、工程设施合理性、资源开发利用、建设总投资和发展前景共10个方面进行了论证，并按照有利生产、方便生活、珍惜土地的原则，对各项建设用地进行了统一部署和妥善安排，基本做到布局紧凑合理、建设协调配套，并考虑近期和远期相结合，合理安排水、电、路、场（集贸市场）、文教科体卫等设施用地。

13个机关所在地县城以下的二级经济、信息中心和交通枢纽是基层政权机关所在地，担负着向人民群众传播党和国家的政策法令，促进社会交流和发展农村商品经济等重要任务，应朝着发展农村工业、活跃农村商品市场、建设文明新集镇的方向发展，使其成为农业现代化建设和乡村经济全面发展的前进基地，为安置农村剩余劳动力和逐步缩小三大差别积极创造条件。

3）工业迁建规划。五强溪水库淹没工业企业136个，根据迁建原则，按原质、原量与原规模复建，对工厂复建时扩大规模和提高标准的，应由主管部门负担增加的投资。按照本次工作范围的划分，工业企业淹没处理投资划分为"经委系统外"和"经委系统内"两部分。

经委系统外的工业企业根据轻工业部1986年11月颁发的《轻工业工程设计概预算编制办法》和湖南省机械设计院制定的有关指标，以及怀化地区关于工程定额的有关规定，进行处理投资概算。机械设备拆迁安装费，包括安装费、拆卸费、运杂费、基础损失等。根据物价上涨的情况，经协商按设备原值上浮30%为现行价计算各项费用。

五强溪水库淹没经委系统内的企业，由省政府组织有关厅局专业人员，省经委牵头进行调查规划。根据工业淹没迁移的原则，按原质、原量、原规模后靠复建，因此，主要考虑直接损失部分的补偿。在迁移复建时，扩大规模和提高标准的投资，由主管部门自行承担。

4）库区交通恢复规划。水库区交通历来是以水运与公路为主。水库的修建使航道狭窄、水急而暗礁林立的清浪滩等险滩恶水淹没于水底，航道状况大为改善，更有利于发展水运，尤其是沅陵县城以下，常年可通300t以上大型船只。但沅江南北两岸后山地区的交通因公路被淹而形成闭塞局面。为沟通库区对外交通，促进商品经济的发展，方便库区群众的生产、生活与城乡物资流通，根据区、乡迁址及农村居民点分布等情况，综合规划复建线路。既要考虑形成沟通县、区、乡、村的交通网络，又应选择最佳改建路线的方案，以降低工程投资和缩短运距，使之经济合理。

库区规划等级公路与乡村简易路长度共计 251m，其中地方政府分摊投资新建县属四级公路 32km。综合报告反映了定额造价和建议单价。

水库正常蓄水位 108.00m，沅江干流铁柱潭以下，干支流以及小溪沟沿岸人行道均被淹没。乡村道路是沟通千家万户的交通网络，是促进农村经济发展的交通动脉。为适应开发性生产的需要，便于库区后靠群众的生产、生活和对外联系，必须恢复乡村道路。为此，拟规划沿库边修建路基宽 3.5m 的乡村大道 113km，人行便道 632km。

5）邮电通信规划。邮电通信的恢复改建，应在原规模、原标准进行改建方案的技术经济比较后予以选定，对提高标准或扩大规模所增加的投资，应由主管部门自行负担。由于县城内及支局建设的房屋、设备搬迁以及水泥电杆厂的复建等，均在农村和新县城与工业企规划补偿投资中统一考虑，故不再列入。

6）水利规划。经 1986 年 10—12 月调查统计，水库共淹没影响电（提）灌站 6224.5kW、水轮泵 19 处、水库 10 处（库容 146.3 万 m^3）、堰塘 196.2 亩。

受淹没影响的水利设施，按国家有关政策规定并参照有关工程的复建投资指标计算复建投资。

7）沅陵县电力规划。沅陵县 1986 年年底各类负荷装机容量 53805kW，最大负荷需要 31345kW，实际达到 17912kW；需要电量 8361 万 kW·h，实际供电 4934 万 kW·h。

除了 1986 年 10—12 月调查的淹没实物指标外，该次规划中又由工业组对县城企业进行了调查并按统一规定计算了淹没损失。输变电工程的淹没损失情况由电力规划专业组在本次规划中进行了调查，共计淹没影响小水电站 1344kW，另有 500kW 小水电站已被冲坏，6~10kV 输电线路 102 条（段）共 319km。低压线路 612km，变压器 17475kVA。

规划共拟定了两组电源开发方案：以开发高砌头小电站为主的第一方案，第一方案又可分为两个建设阶段，但需投资 11520.96 万元；以开发小水电为主的第二方案。通过对工程施工条件，发电效益与单位指标造价，系统运行方式及其成本、经济效益等诸方面的分析比较，选定第一方案。

8）文教科体卫及财贸系统和移民智力开发规划。文教科体卫及财贸系统的规划工作，是由沅陵、泸溪 2 县分别完成的。在规划原则和计算标准等方面存在不统一的问题。由于时间和人力的限制，综合报告没有对 2 县的规划成果作统一调整，建议湖南省人民政府和有关厅（局）考虑沅陵、泸溪 2 县 30 多年来基本建设投资不足的实际情况，在安排基建投资时给予优先考虑。

按照五强溪水库移民安置总体规划的要求，库区移民的劳动力素质在今后几年内必须有一个较大的提高，才能适应大规模商品经济发展的要求，保证规划方案顺利实施，基本上做到使移民"搬得出，稳得住"。

规划送出去培养具有大学、大专、中专水平的学生 226 人。此外，为了使各级各类人才结构合理，便于普及推广科技知识，再规划兴办职业中学一所，其规模是在校学生 200

人，设柑橘、茶叶及其加工、水产养殖及其加工、畜牧、农村产品加工5个专业，学制2年。

9) 库区传染病防治与水库清理规划。随着五强溪水库的兴建和人群大量迁移及生活环境状况的变化，某些疾病在人群中的分布状况将发生变化，为保障移民区群众的身体健康，必须采取相应的防治措施。五强溪库区人群中的疾病主要是呼吸道传染病和肠道传染病，其次为虫媒及动物源性传染病。

10) 文物处理规划。湖南省文物研究所在1986年年底组织专业人员，到库区进行了文物古迹调查，提出112.00m高程以下应发掘与保护56处。经逐处落实，居民迁移水位线以下计21处受到淹没影响，其中古遗址18处，古墓葬2处，古建筑1处。综合报告还提出了处理措施与投资费用。

(7) 措施和建议。

1) 建立强有力的移民管理机构。移民安置工作政策性强，涉及面广，影响深远，对促进地区国民经济的发展，维护安定团结的政治局面十分重要，建议湖南省人民政府针对大中型水库移民的具体情况，制定一些必要的行政经济法规，以保证移民群众的合法权益，保证各级移民机构能够依法行使其各项权利。

为了便于统一开发移民安置区内的各种资源和便于管理，建议湖南省人民政府向湖南人民代表大会常务委员会提议，对现有的行政体制作些必要的调整，在沅陵县批准成立五强溪水库特区。制定特区行政、经济管理办法，配备得力的干部，并由湖南省人民政府制定五强溪水库移民安置区土地使用调整办法，便于各县在移民实施过程中有权进行土地调整。

健全现有的移民组织机构体系，总结以往水库移民工作的经验教训，结合五强溪水库的实际情况，在水库特区未成立前应该建立健全移民组织机构体系。五强溪水库的移民工作，应像其他已建水库一样，纳入湖南省移民办统一领导的范围，中南院是五强溪水电站和参与移民工程规划设计的单位，应参与移民规划全过程的实施。湖南省移民办和中南院应在湖南省政府的领导下，督促和指导地（州）、县移民办具体实施移民工程，定期检查资金的使用效果。

地（州）、县移民办是实施移民工程规划的具体组织者和领导者，应该是具有一定相对独立的权力机关。在完成宏观规划以后，应立即作出实施规划。严格按照规划要求去实现种植业、渔业、林业和乡（镇）企业等生产项目的开发；组织群众按照规划要求搞好交通、邮电、通信、集镇、城市和移民群众的住房建设，保证在关闸蓄水前组织移民群众顺利搬出库区；并在此基础上继续组织群众搞好开发性生产，发展库区经济。

地（州）、县移民办的另一个重要任务，是按规划要求申报所需移民经费和器材，管好用好移民建设资金。库区各乡（镇）除淹没影响极小的外，其余的都应建立乡（镇）移民办，并按要求配齐移民专职干部，具体组织本乡的移民工作，负责管好用好移民经费。

随着移民安置工作重点的转移，县移民办要逐步向库区经济开发公司的经济实体过渡。为了担负起妥善安置移民生产、生活，发展库区经济的重担，要提高移民干部的素质。在各级移民监督机构中，种植业、养殖业和乡（镇）企业的专业人员应占一定比例；行政管理、财务、计划人员，也应对口进行专门培训，使移民机构的人员组成和开发性移民安置的任务要求相适应。

2）加强移民资金的使用管理工作。建议湖南省人民政府设立移民经费审计监督机构，由建设银行会同湖南省移民办和工程设计、主管部门负责对移民经费的使用以及投资效果进行检查监督，切实保证水库投资发挥效益。按照该规划确定的安置方向，对当年的开发项目进行对口检查，发现问题及时处理。没有做到专款专用或者是拨放了投资但没有达到预期效果而又无不可抗拒的客观原因的，要在下一年的投资概算中扣回，造成严重经济损失的要依法追究责任。

严格移民经费的申报程序。在该宏观规划的基础上，尽快作出分年度的实施规划，报湖南省移民办和中南院审查备案。每年年底按照这个计划或根据实际情况作必要调整后按有关规定（如移民周转金使用办法），分项目申报一年的实施规划方案和经费计划，由有关主管部门和工程设计单位审批，较大的开发项目，在建设前必须提出经工程设计审查的可行性研究报告，否则建设银行不得拨款。

在移民经费的使用上，必须严格实行专款专用。对于移民生产开发费用，必须统一管理。在开发中要实行承包经营责任制，由湖南省移民办和开发者签订承包合同，投资经费一定要按照工程进度及质量分期付款，待工程检查验收后才能支付全部费用。前一项工程没有完成任务的应在后续工程中扣除，决不允许任何人以任何名义挪用、挤占移民经费，在移民经费使用上造成经济损失的，应依法追究责任。移民周转金实行有偿使用并严格用于农村移民的生产开发。

为了搞好五强溪水库区的开发性移民，中央和省有关部门在安排扶贫资金、山区开发费、农田水利和水电投资、水土保持费、改水费、植树造林费、武陵山区开发费、企业更新改造资金、城乡建设开发资金、贴息、低息、无息贷款时，给五强溪库区优先安排，戴帽下达，同移民费一样列入专款管理。

移民安置所需的各种物资和资金，必须明文规定，戴帽下达，由移民办统一掌管，任何单位和个人不得挪用、挤占，违者应依法追究责任。

要大力宣传和提倡艰苦奋斗精神。五强溪水库移民安置的各项投资指标和已建水库投资相比是不低的，按现在的物价水平也是可以办得到的，湖南省人民政府责成区各级人民政府，在移民开发中一定要坚持艰苦奋斗的原则，发扬创业精神，在国家的扶持下勤劳致富。

3）措施和优惠政策。为了实现规划目标，促进库区经济发展，必须采取一些必要的措施，实行若干优惠政策。

抓紧粮食生产。必须进一步改善水利条件，增大灌溉受益面积；要按各县粮油区划要求，改革耕作制度，提高复种指数；引进优良品种，努力提高单产，实现粮油区划目标。

增加智力投资，加快智力开发速度，提高劳动力素质。

广泛深入、持久地开展法制教育，引导库区人民确立遵纪守法的思想观念，培养自尊、自立、自主、自强的主人翁思想意识，走勤劳致富的道路，促进移民工程顺利完成。

依靠科学技术，坚持开发战略，稳定移民情绪。

在开发中一定要坚持按科学规律办事；开发果园、茶园和林业基地，应尽量坚持高标准建园；要做到布局适当，尽量利用有利因素，避开不利因素。

要通过广播、电视、电影等多种形式,广泛宣传和大力普及茶叶、果树栽培、水产养殖等多种适用技术,使人民掌握生产技能。各级人民政府要结合"星火计划",尽量多给库区安排一些科技攻关项目,组织科技人员到移民安置区去解决生产中的实际问题,要鼓励科技人员到移民安置区去搞科技承包。通过各种形式的支援,促进库区社会经济的迅速发展,才能稳定移民情绪,实现长治久安。

保证前期投资,加大前期投资的比重,是实现超前开发、滚动增值、增强系统造血功能的前提,因此,规划投入的分年资金必须保证。

抓好生产的产前、产后服务,切实做好产、供、销工作,解除后顾之忧,让移民能够放心进行生产。在工厂企业中,要加强经济核算,深化改革,认真实行承包经营责任制,让有真才实学的经营管理人才脱颖而出。

建设五强溪镇,加强库区对外开放、对内搞活的功能。以五强溪大坝施工队伍生活区为基础,多方筹措资金,趁移民之机建设一座二三万人口规模的新型区级镇,与沅陵城关镇南北对峙,遥相呼应,形成两个经济枢纽,是一项具有重要战略意义的移民工程措施。

实行优惠政策,促进库区经济发展。五强溪水库移民安置的成功,一靠政策,二靠科学,包括以下方面:

a. 将淹没耕地上农民负担的粮食合同定购任务、食油定购任务,以及库区人民负担的农业税、国库券定购任务在土地征用以后全部核免。

b. 对库区的生产安置人口,在土地征用后每人每年供应不变价的定销粮指标250kg,为促进养殖业的蓬勃发展,沅陵县要求供应平价饲料折粮1000万 kg。

c. 为减轻沅陵、泸溪2县库区的移民安置压力,建议对有一方在国家企业、事业单位工作的农村人口,解决商品粮指标,由接收单位解决他们的就业问题。

d. 沅陵县要求将库区350名民办教师转为公办教师,沅陵县还要求对库区学生的升学按少数民族学生对待。

e. 沅陵、泸溪2县要求,为保证库区的开发性项目,请湖南省电力局从1988年开始到五强溪水电站投产发电前,每年给沅陵、泸溪2县增加一定数量的用电指标。沅陵县要求水库建成前每人每年平价供应电量200kW·h,建成后每人每年平价供应电量500kW·h。

f. 五强溪水库建成后,每年从发电中提取库区维护基金每度电收入的一厘钱全部(沅陵县要求5~8厘)返还给库区,作为移民补充经费,由设计主管和管理部门控制,专门用于发展库区人民的生产生活。

g. 为促进库区经济发展,建议对移民兴办的工矿企业在2000年前免征一切税收。对移民开发种、养业免征特产税,让其利用这笔资金扩大再生产,增强经济发展的后劲。

(8)移民规划投资。五强溪水电站水库移民投资包括农村部分、集镇部分、县城部分、专项设施、重点建设投资、三费、省预留七大项目。

根据规划成果,水库移民直接投资为63475.88万元,按2%的行管费、1.5%的设计费、3%的不可预见费计算后,总投资为66098.16万元。1998年6月,湖南省人民政府召开《沅水五强溪水电站水库移民安置规划综合报告》审查会,将水库补偿投资增加为70000万元。

2.2.1.3 五强溪水电站移民安置实施规划

根据湖南省人民政府指示，库区各县在《沅水五强溪水电站水库移民安置规划综合报告》的基础上，于 1992 年 9 月完成库区各县的《五强溪水库移民安置实施规划报告》（以下简称《实施报告》），同年 9 月，由湖南省人民政府召开审查会审查通过。其间，中南院根据湖南省人民政府意见对《沅水五强溪水电站水库移民安置规划综合报告》进行了修改，补充完善了沅陵、泸溪 2 座新县城的基础设施投资等内容。

综合规划于 1987 年进行，实施规划于 1992 年编定，由于 2 次规划的深度要求不同，产生个别项目的变更和调整，使规划更加完善和实际。2 次规划主要变更情况如下。

1. 农村移民安置

（1）生产安置人口：1992 年的生产安置人口是按淹没或占用耕地的人均面积计算的，1994 年年底为 56704 人；1987 年是按人均淹没和占用耕地的损失粮食产量计算的，1994 年年底为 57457 人。

（2）生产安置方案：五强溪库区个别乡、村、组土地贫瘠且山高坡度大，当时考虑实施有困难，故 1992 年规划注重了多渠道、多门路的安置方案，重点在第二、第三产业上作文章，以果、茶、林生产项目安置的人口占 41.26%，耕地开发占 16.62%，渔业生产占 9.72%，第二、第三产业及投亲靠友等占 32.40%，并采取了出组扩边安置（15990 人）。

2. 集镇迁建

1987 年规划集镇迁建 13 个，防护集镇 1 个（苦藤铺），共 14 个区乡址规划。1987 年后，县自行把北溶区乡集镇一分为二，乡址后靠花园村，区址迁往原规划处，并把苦藤铺乡址迁往 319 国道的苗圃旁，因此库区集镇从 14 个迁建变为 15 个。

3. 县城与专项

库区 2 座县城的迁建按县城总体规划和详细规划进行，由于沅江铁山河大桥的建设影响，泸溪新县城设计方案产生局部变更，增加开挖土石方工程 71 万 m^3。

专项中 2 次规划基本相同，只在公路改建中增加肖家桥乡址变更 10km 的四级县级公路，泸溪县白浦公路 8km，以及少部分大道、码头、渡船等。

4. 补偿投资

1988 年由湖南省人民政府审定五强溪移民补偿投资为 7 亿元，由于物价上涨等因素，1992 年，在五强溪移民补偿 7 亿元的基础上进行了调整，并经国家审定为 15.1 亿元，增加移民补偿投资 8.1 亿元。

2.2.1.4 五强溪水电站移民安置实施

五强溪水电站于 1994 年 11 月第一台机组并网发电。

在省、地、县政府和有关部门的有力领导下，由于水电站业主单位的重视和支持，通过移民群众的艰苦奋斗，库区基本完成了移民搬迁、城镇建设和专项设施的复建工作，生产开发也取得了显著的成效，为五强溪水电站按时投产发电提供了有力保障。但由于库区周边的移民安置环境容量偏紧，近年的社会经济条件发生了较大变化，加上移民搬迁后，在生产生活尚未恢复的情况下，库区又连续 3 年遭受洪涝灾害的袭击，库区出现了一些亟待解决的新情况和新问题。为妥善处理有关问题，中南院根据移民安置实施情况开展了补充规划设计工作。

1. 主要实施成果

根据五强溪水电站建设领导小组第十次会议纪要精神，受湖南省人民政府和湖南省移民开发局的委托，1996年以来，中南院会同省、地（州）、县有关部门开展了五强溪水库淹没处理补充规划设计和概算调整等方面的工作。经过该次工作后，五强溪水库淹没影响的总人口为145532人，比原审定数增加13337人（其中滑坡塌岸4886人、库尾平推123人、生产安置补充规划迁移8328人）；淹没影响的房屋总面积为393.4万 m^2，比原审定数增加45.3万 m^2（其中滑坡塌岸22.05万 m^2、库尾平推7714m^2、生产安置补充规划迁移房屋22.49万 m^2），移民补偿总投资为22.6亿元。

2. 实施主要变化情况

（1）农村生产安置人口。《沅水五强溪水电站水库移民安置规划综合报告》和《五强溪水库移民安置实施规划报告》根据库区的自然资源状况和当时的社会经济条件，规划通过省地招工、带资进厂、投亲靠友、乡（镇）企业、运输业、服务业、农田防护（耕地回填）、库汊养鱼等8个项目安置22000人，其中沅陵县19020人、泸溪县2980人。由于市场经济条件下出现的新情况、新形势和资金不到位、水灾影响等原因，致使当时制定的安置计划无法实现，经对库区逐村逐组进行核实，并通过地方政府确认，这8个项目仅安置了5984人，其中沅陵县4285人、泸溪县1699人，还有16016人（沅陵县14735人、泸溪县1281人）未得到生产安置（计算到1996年为16347人，其中沅陵县15031人、泸溪县1316人）。

1995年4月，根据国家开发银行电力信贷局和水电总院有关领导的指示，国家开发银行电力信贷局和水电总院两单位派员与水利部长江水利委员会的专家共同组成考察组，对五强溪水库移民安置工作进行了考察，并提出了《五强溪水电站水库移民安置考察报告》，该报告认为五强溪库区农村生产开发严重滞后、生产开发资金短缺、移民企业亏损严重、农村移民生产生活出路不落实，估计约有1万人需外迁安置，建议抓紧落实移民环境容量，逐村逐组核查剩余资源，从根本上解决移民的生产生活出路问题。

根据库区的资源情况和安置条件，实施补充规划提出的1.6万农村移民补充生产安置规划方案是：16347人全部在县内进行安置，规划通过种植业安置12274人，养殖业安置1649人，第二、第三产业安置2424人（主要是那些已经迁在集镇和县城的移民）；规划新修堤水工程135处，引水工程17处，建设及改造蓄水工程26处，修建简易公路25.9km，大道55.8km，便道147.2km，码头5对，高压输电线52.5km，低压输电线108.8km；新修居民点51个，需迁移房屋的人口为8328人，迁建房屋面积22.49万 m^2。

（2）1996年和1997年库区滑坡塌岸调查及规划设计。1996年7月中旬，沅江流域普降暴雨或大暴雨，为确保下游城镇的安全，五强溪水库连续8天超蓄洪水，给库区库岸边坡的稳定带来了不利影响，加上库区在兴建房屋或其他移民工程时边坡开挖处理不当和库水浸泡淘刷等原因，库区库岸边坡出现了不同程度的滑坡、塌岸和沉陷现象。

根据湖南省人民政府的指示，并受湖南省移民开发局的委托，中南院派出水库、地质等专业技术人员会同库区地（州）、县、乡（镇）移民干部组成联合调查组，分别于1996年8月和1997年6月2次对沅陵、泸溪和辰溪3县库区1996年以后出现的滑坡塌岸问题进行了调查，并于1997年6—7月对其中的16处滑坡塌岸严重、影响大的地段的地质情况进行了重点详勘,提出了处理方案。

据实地调查核实,1996—1997年库区受滑坡塌岸影响的农村散居居民共计890户4490人,房屋面积13.3万 m^2,其中水库影响714户3650人,工程影响176户840人。建议搬迁873户4406人,留待观察17户84人,另有72户需作防护处理。

在进行沿岸农村散户调查的同时,中南院也对集镇和县城中比较集中的因库岸变形导致房屋出现失稳甚至危及集镇功能的重点地段进行了调查。除已经处理的集镇外,共有集镇和县城16个集中点(以下简称"16处重点地段")出现地质问题需进行处理。受这16处变形边坡影响的有22家单位、275户、2888人、87499m^2房屋。

(3)水库末端回水处理。1986年指标调查时,根据1985年2月1日开始试行的《水利水电工程水库淹没处理设计规范》(SD 130—84)中"水库回水末端的终点位置可按回水曲线高于同频率洪水天然水面线0.1~0.3m范围内分析确定"的规定,五强溪水库淹没实物指标调查的标准为:县城、专业项目采用建库后20年一遇洪水回水位,农村和集镇居民按10年一遇洪水回水位确定迁移线,耕地按2年一遇洪水回水位确定征用线。水库回水末端分别在水库回水曲线高于同频率天然洪水水面线0.27m、0.27m、0.14m处的五果溜、铁柱潭、白龙岩断面垂直封闭,相应断面的高程分别为121.12m、117.32m和111.00m。

自五强溪水电站1994年关闸蓄水以来,连续3年发生大洪水,特别是1996年的特大洪水,使尖灭点上游较低的地方多次受淹,辰溪县政府多次行文要求对水库回水末端的处理方式重新进行研究,并强烈要求将位于水库回水末端水平延伸线以下的实物指标列入五强溪水库淹没影响范围。根据湖南省移民开发局的委托,按照电力工业部颁布的从1997年5月1日起施行的《水电工程水库淹没处理规划设计规范》(DL/T 5064—1996)中关于水库回水末端水平延伸的规定,水库末端回水平推的方法为垂直封闭断面的洪水回水位平推至同频率天然洪水水面线相交处垂直斩断。

(4)浦市镇防护工程的补充设计。浦市镇位于沅江左岸五强溪水库回水末端,为湘西三大镇之一,是湖南省泸溪县的工业重镇,也是沅江中游地区的贸易中心。根据1994年4月对浦市镇城区的测量调查,浦市镇城区受五强溪水库20年一遇洪水回水(考虑泥沙淤积10年)淹没影响的人口为13770人、房屋面积36.6万 m^2,并影响到浦市化工总厂的3个车间。

根据五强溪水库淹没补偿投资调整概算审查会精神和湖南省政府对浦市镇"疏堵结合,以防为主,适当搬迁,综合治理"的指示精神,受原湖南省移民安置领导小组办公室的委托,中南院对浦市镇防护工程进行了可行性研究,并于1995年9月提出《湖南省泸溪县浦市镇防护工程可行性研究报告》。

1995年11月,电力工业部水电水利规划设计管理局在北京组织召开了五强溪水电站库区几个项目补偿投资审查会议,对中南院提出的《湖南省泸溪县浦市镇防护工程可行性研究报告》等专题报告进行了审查,1996年3月电力工业部以电水规〔1996〕132号文同意对浦市镇进行防护处理,审定的防护工程总投资为9004.17万元。

1996年3—8月,中南院进行了浦市镇防护工程施工图勘测设计工作。

1996年11月,根据湖南省政府领导的指示和湖南省移民开发局湘移函字第10号

《关于对浦市镇围堤防护设计方案进行修改意见的函》的要求，中南院完成《湖南省泸溪县浦市镇防护工程可行性研究补充材料》，将防护堤全部改为土堤，堤顶高程恢复到 124.40m，堤顶宽度改为 6.5m，电力工业部水电水利规划设计管理局以水电规库〔1997〕001 号原则同意中南院的修改意见。

1997 年 1—2 月，中南院完成了浦市镇防洪堤的招标设计，对堤线的布置、堤型进行了优化设计，并于 3 月完成了防洪堤施工图设计。

1997 年 4—8 月，中南院对排洪渠进行了全面的优化设计，将排洪渠改为排洪隧洞和排洪渠相结合的方案，并减少排洪渠的长度和设计流量。

1997 年 1—8 月，中南院完成了排涝泵站和防护堤中通行闸土建部分的技术施工设计。

浦市镇防护工程实施方案的总投资为 10811 万元，比 1995 年审定的投资增加 1829.83 万元。

(5) 洪灾补助。1996 年 7 月中旬，沅江流域普降暴雨或大暴雨，三天的平均降雨量超过了 250mm，造成沅江干流发生了 100 年一遇的特大洪水。五强溪水电站的入库流量达 40000m^3/s，坝前最高水位达 113.26m，接近 5000 年一遇校核洪水水位，五强溪库区遭受了历史上罕见的特大洪水的袭击，大量房屋被冲毁，许多即将成熟的早稻被淹绝收或减产，大量的基础设施被毁，给库区群众的生产生活带来了严重困难。

根据湖南省政府领导的指示精神，在湖南省移民开发局的组织和领导下，中南院会同五强溪库区的沅陵、泸溪和辰溪 3 县人民政府，在有关乡（镇）干部和群众的积极配合下，于 1996 年 7 月下旬至 9 月上旬，开展了五强溪库区特大洪水灾情的野外调查工作，并编写了《五强溪水电站库区特大洪水灾情调查报告》。在此基础上，中南院应湖南省政府的要求，对洪灾造成的损失进行了估算。估算洪灾损失处理总投资为 7064.59 万元。

库区洪灾救灾处理实际使用资金 8767.47 万元，其中湖南省政府通过省财政、民政以及长沙市、株洲市对口支援等渠道解决了 4000 万元，其余资金是先动用移民生产开发资金填补的。湖南省政府请求将先动用移民补偿资金的救灾款列入工程总投资。考虑到五强溪库区连续遭遇不可抗拒的自然灾害，水利水电工程在建设过程中遇到超百年的特大洪水灾害这在国内是不多见的，库区人民已经付出了巨大的代价，地方政府也已尽了最大的努力，建议在移民投资中计列洪灾处理补助 3064.59 万元；洪灾恢复所需的其他资金通过其他途径反映解决。

2.2.2 三板溪阶段

2.2.2.1 阶段总体特点

从《水电工程水库淹没处理规划设计规范》（DL/T 5064—1996）发布至《水电工程建设征地移民安置规划设计规范》（DL/T 5064—2007）发布，沅江干流有洪江（1998—2002 年）、三板溪（2002—2006 年）、挂治（2004—2007 年）、铜湾（2004—2007 年）、清水塘（2006—2008 年）、大洑潭（2004—2007 年）6 个水电站开工建设。这一阶段移民安置规划及实施的总体特点是淹没范围广、少数民族移民较多，移民工作越加规范。6 个水电站中，三板溪水电站淹没影响范围最大，建设征地移民安置规划及实施最具代表性。

2.2.2.2 三板溪水电站移民安置规划

1. 规划过程

2001年2月中旬，五凌公司委托中南院承担三板溪水电站可行性研究补充阶段的水库淹没处理规划设计工作。

2001年11月，中南院编制完成《清水江三板溪水电站可行性研究补充报告水库淹没处理补充投资概算专题报告》（送审稿）。

2001年11月19—22日，受国家经济贸易委员会的委托，中国水电顾问集团有限公司在长沙市主持召开审查会，对中南院编制完成的《清水江三板溪水电站可行性研究补充报告水库淹没处理规划设计专题报告》（送审稿）进行了审查。

审查会以后，为了贯彻国土资发〔2001〕355号文即《关于水利水电工程建设用地有关问题的通知》和审查意见，中南院编制《清水江三板溪水电站可行性研究补充报告水库和施工区占地处理补偿投资调整说明》。

2. 规划内容

(1) 水库概况。三板溪水电站水库正常蓄水位475.00m时，水库淹没面积约79.56km^2，建库后水库回水（20年一遇洪水）从坝址沿清水江干流至台江县革东镇五岔村附近，长约120.88km。库区内较大的支流有乌下江、南哨河、康中河等。

水库淹没涉及锦屏、黎平、剑河和台江4个县的19个乡（镇）、125个村、491个村民小组，淹没土地总面积85km^2（其中陆地面积72.45km^2），淹没耕地面积1.04万亩，林地面积7.62万亩。截至2001年6月，水库淹没和滑坡影响的人口为39805人（含滑坡影响685人，其中农业25702人，非农业14103人），淹没影响房屋建筑面积167万m^2。水库淹没的主要专项设施有：二级公路3.985km^2（320国道）、四级公路120.385km、跨清水江大桥3座、淹没通信光缆110.5km、程控交换机7处11920门、移动电话通信机房4处、35kV电力线路0.4km、10kV电力线路179.6km、小水电站21处3694kW。剑河县城柳川镇被淹没，锦屏县的河口乡、固本乡和剑河县的南加镇、南寨乡、南哨乡等5个乡（镇）址被淹没，台江县的革东镇局部受淹。

(2) 移民安置规划指导思想。在可行性研究阶段编制的移民安置规划的基础上，根据该次调查的水库淹没实物量，依据国家各项政策法规，对水库淹没处理对象进行深入细致的研究，作出切实可行的实施规划方案，对主要单项工程作出设计。兼顾国家、集体、个人三者的利益，尊重少数民族风俗习惯，贯彻开发性移民方针，统筹规划，经济合理地利用补偿投资，因地制宜地开发库区的各种资源，调整产业结构，以大农业为主、以土地为依托，广开生产门路、长期与短期结合，多渠道、多门路，积极而又稳妥地安置移民，使移民的生产生活水平和基础设施条件逐步达到或超过搬迁前的水平，并有发展的条件。按原标准、原规模、恢复原有功能的原则，制定受淹集镇、县城和专项设施的复建规划设计方案。

(3) 总体规划。

1) 生产安置人口。生产安置人口是指由于水库淹没影响而失去主要劳动对象、需要重新安排生产出路的农业人口。生产安置人口以村民小组为单位，以调查的水库淹没耕地、城镇新址占用耕地指标为依据，先用各组征用地耕地面积除以现有人均耕地计算出

2001 年的生产安置人口，然后按 12‰ 的人口年自然增长率推算到 2005 年年底。

对库区 4 个县 18 个乡（镇）的 129 个村的 529 个组进行了环境容量分析，2001 年涉及的农业人口数为 74737 人。库区 2005 年的生产安装人口为 14389 人。

2）生产开发方案。由于库区移民掌握的实用技能相对较差，移民大幅度转产安置的可能性较小。所以，该次规划根据库区的实际情况，主要以土地为依托，以大农业为主安置。首先采用"占一补一"的方式，对淹没的水田、旱地和园地采用旱地 2.0 亩，菜地 0.3 亩，果园 1.2 亩，经济林 1.5 亩，网箱养鱼 1 口的生产安置的项目效益关系进行恢复，尽量达到原有的生产水平，对于确有生产开发难度的村组，适当发展网箱养鱼和其他产业进行安置。由于近年城镇发展迅速，已有相当数量的农业人口进入集镇经商，特别是城镇附近村组的农民进镇经商已形成相当规模，所以水库形成后，仍可考虑部分移民在集镇和县城从事第三产业谋生。

a. 种植业开发规划。种植业开发项目主要以新开耕地、园地和经济林地为主，经实地规划，本次共计新开发和调拨各类土地总面积共 4721.8 亩（其中调拨 100 亩），其中开发水田 6814 亩，开发旱地 3565.1 亩，调整征用水田 100 亩，开发园地 2827.1 亩，开发经济林 1226.4 亩，开发菜地 189.2 亩，共计安置移民 12924 人，占全库区生产安置人口的 90%。

b. 养殖业开发规划。养殖业开发项目主要是利用水库水面开发水库网箱养鱼和开发其他渔业项目安置移民。三板溪水库水面比较开阔，水库总面积达 80km^2，渔业生产前景广阔，库区渔业生产以网箱养鱼为主，网箱养鱼能充分利用水面，饵料投放便利，捕捞方便，经济效益高。据调查，湖南省东江库区和四川省邻水县水库网箱养鱼均取得了良好的经验和经济效益，一般一个网箱平均产量可达 900~950kg，箱均纯利润达 1080 元。该次规划网箱共 60 个，均在锦屏县启蒙镇的八受村。

消落区和水库大水面的利用、库汊养鱼，也有很大的发展潜力，留待以后逐步开放。

c. 其他行业规划。20 世纪 90 年代以来，中国推进城镇建设，积极促进商品经济发展，相当数量的农民进入小城镇（如库区剑河县的南嘉、南寨、南哨集镇，锦屏县的固本、启蒙集镇，台江县的革东集镇以及剑河县城等地），从事经商活动，各县第三产业占国民生产总值的比重逐年扩大。三板溪水电站建设期间，人流、物流大量增加，水库形成后，山清水秀的湖光山色和苗寨侗寨风情又增加了一处休闲度假的好去处。7 个集镇的形成进一步改观了城镇面貌，展锦公路也成为黔东南州的交通动脉，这些都为发展第二、第三产业，安置水库移民创造了极好的机会。库区规划第三产业安置 1405 人，占整个生产安置人口的 9.76%。

对于库区县城、集镇所在地机关、企业单位的人口随单位搬迁，对其不做生产安置规划。搬迁的居民仍从事原来的第二、第三产业，也不做生产安置规划。随着三板溪水电站的兴建，将为库区带来广阔的就业门路。

d. 库区移民生产安置去向。库区 4 县生产安置总人口 14389 人中，在本组本村范围内安置的有 10935 人，出村在本乡范围内安置的有 2857 人，出乡在本县范围内安置的有 597 人。

3）农田水利规划。

a. 农田水利规划原则。根据库区各县农村移民生产开发的要求，按照库区水源分布情况进行农田水利规划。采取"以引水工程为主，蓄水、提水工程为辅"的原则，因地制宜地解决农村移民的生产用水。

b. 农田水利灌溉规划。三板溪库区农田水利灌溉规划拟建：引水工程 66 处、渠道长 206.8km、提灌工程 8 处、装机容量 48.5kW、管道长 1.68km、渠道长 3.1km、蓄水山塘工程 1 处、渠道长 7.4km。

（4）农村移民村庄迁建规划。

1）全库搬迁人口。搬迁人口是指因水库直接淹没和间接影响而需要搬迁建房的人口，即建房安置人口。具体包括以下几个部分：水库淹没线以下的直接淹没人口，滑坡影响区需要搬迁的人口，淹地不淹房的人口，县城、集镇、村庄新址占地范围内必须搬迁的人口及随寨迁移人口。

根据该次实物指标复核成果，结合移民安置规划，至 2005 年年底，建房安置人口为 45242 人。

2）移民搬迁去向。本次规划是在可行性研究阶段提出的移民搬迁去向的基础上，通过充分征求地方干部和移民群众的意见，结合农村移民生产安置规划，合理确定县城、集镇和移民村庄的规模，并按相应的标准确定基础设施，保证每个移民有生产、住房条件和不低于建库前的水、电、路等条件。

经规划，全库至 2005 年年底搬迁人口为 45242 人，其中规划进县城 15939 人（不含寄宿生），占总人口的 35.2%；规划进集镇 13441 人（不含寄宿生，含南哨水文站 4 人），占 29.7%；规划在农村 15862 人，占 35.1%。

规划在农村 15862 人中，本组后靠安置 4830 人，占该部分的 30.5%；出组本村后靠安置 8273 人，占 52.1%；出村乡内建房安置 2017 人，占 12.7%，出乡在县内建房安置 742 人，占 4.7%。

3）农村移民村庄迁建规划。该次规划是在可行性研究阶段提出的村庄迁建方案基础上，按照本次移民村庄新址选择原则，通过充分征求地方干部和移民群众的意见，对移民村庄迁建新址进行了复核，所有安置点都得到了地方政府的确认。库区共有村庄迁建新址 74 个，其中 150 人以上的较大的移民村庄迁建新址 33 个，共搬迁 13936 人。对 29 个村庄迁建新址都在 1:1000 的地形图上进行了平面布置；选择了其中 15 个有代表性的村庄（剑河县 8 个，锦屏县 4 个，黎平县 3 个，共搬迁移民 6889 人）进行了详细的迁建规划且计算了投资，提出了 1:1000 竖向规划图和管网规划图，并以此计算库区农村的基础设施的人均投资。

库区移民居住点建设方式，根据库区移民原有居住习惯，原来分散居住的一般仍以后靠分散居住为主，原来集中居住的，也基本上以集中的方式安排新的搬迁居住点。

4）农村移民人畜饮水规划。根据农村移民村庄的分布，选择符合卫生和饮用水标准的山溪水作为移民村庄的生活水源。根据地形条件，以自流引水为主、提水为辅，分村庄解决农村移民的人畜饮水问题。

库区农村移民村庄人畜饮水拟新建：引水工程 40 处，管道长 100.15km，解决饮水人口 14796 人；提水工程 2 处，装机容量 11.5kW，管道长 8.6km，解决饮水人口 349 人。两者合计 15145 人。

5）农村库周交通规划。水库形成以后，库区内的农村道路、码头、渡口等交通设施部分被淹没，给库区人民的生产生活带来诸多不便。为了恢复库区受淹的交通设施，该次规划是在原可行性研究阶段成果的基础上,按照"三原"原则实施规划。农村库周交通设施包括机耕道、人行道、生产生活码头及渡口等项目。

库区共规划机耕道7条,总长度为27.9m;规划人行便道40条,总长度为110.3km,其中需设人行桥23座508m。本次规划设计人行便道路面宽度标准为1.0m,共计规划渡口48对,码头73处,另外每个渡口配备渡船1只,共规划渡船48只。

6）文教卫设施的恢复与改建规划。水库淹没剑河县城的中等专科学校、职业中学、普通中学和普通小学以及医院、医疗点全部在新县城进行复建。水库淹没集镇的中学和小学以及医院、医疗点也在新集镇中复建。库区小学视村庄规划情况而定,如原村庄搬迁为1个安置点,学校随村庄搬迁;如原村庄搬迁为几个安置点,而每个安置点附近没有学校,需按新移民村庄个数进行规划;如安置点附近有学校,而安置移民人数又少于150人时,可考虑不规划学校;如几个村庄合并为1个安置点,则只考虑建1所小学。医疗点规划原则与学校相同。经规划,需建村小学44所,其中复建36所,新建8所;规划医疗点39个,其中复建32个,新建7个。

(5) 集镇新址迁建建设规划。

三板溪水库淹没影响6个集镇,都需要择址建房。剑河县城迁走后,留在原址后靠的移民和原来在淹没线以上的居民组建了新的柳川镇。因此,三板溪库区共有7个集镇需要复建。中南院专门进行了三板溪水库淹没涉及的7个集镇的迁建新址建设规划工作。

三板溪水库复建的7个集镇分布在贵州省黔东南州的3个县,其中锦屏县2个,剑河县4个,台江县1个。在水库淹没处理移民安置规划设计中,对这7个集镇的新址迁建人口、用地规模及其供水水源、对外交通、对外通信线路、供电线路等进行了大量的内业、外业工作和充分的论证,库区7个集镇新址情况见表2.2-1。

表2.2-1 三板溪库区集镇新址迁建建设规划表

名称		2001年人口/人	规划人口/人	建设用地规模/hm²	人均建设用地规模/(m²/人)	新址地名	供水水源	对外交通	对外通信线路	供电线路
锦屏县	河口乡	1081	1143	7.8934	69.06	党中	九项溪	展锦线	光缆	10kV
	固本乡	1116	1184	8.3767	70.75	老寨坡	青山	八受至平寨公路	光缆	10kV
剑河县	南加镇	4582	4921	31.5622	64.14	老虎跳	高贾大溪、培由溪	展锦线	光缆	10kV
	南寨乡	1410	1509	10.5601	69.98	展南	展南溪	接展锦线	光缆	10kV
	南哨乡	1389	1479	9.9354	67.18	后靠	巫荡沟	柳太线、南远线	光缆	10kV
	柳川镇	2876	3104	20.6354	66.48	柳川镇后山坡	二道沟、巫羊溪	展锦线	光缆	10kV
台江县	革东镇	1239	1325	8.854	66.82	革东镇西南侧河谷盆地内	原有水源	320国道	光缆	10kV

（6）剑河县城迁建总体规划。剑河县城规划的指导思想：根据剑河县的区域经济特点和民族习惯，以恢复县城的原有功能为目标。在可行性研究阶段审定的剑河县城迁建到寨章的基础上，按照国家现行的有关规程规范和贵州省有关文件编制剑河县城新址的迁建总体规划，规划应体现近期的可操作性和对远期的预见性，既要满足移民的搬迁安置要求，又要为县城的远期发展留有余地。

（7）专业项目复建规划。三板溪库区专业项目复建规划包括公路、电力设施、邮电通信、广播电视、工商企业及文物等项目的规划。

1）库区公路复建工程。复建公路跨贵州省黔东南州的台江、剑河、锦屏和黎平4县，地形陡峻、复杂，植被完好，公路里程长而分散，测设工作难度极大。2001年3月，中南院人员开始进行受淹公路复建设计的外业工作，2001年6月底完成全部外业工作，同时开始内业设计工作。根据勘测成果进行复建公路的初步设计，2001年11月完成全部工作。

该次规划设计的主要有：复建公路共21条段，复建里程196.2km（其中大中桥4009m/30座）。复建公路概算总投资26077.88万元。

根据《水电工程水库淹没处理规划设计规范》（DL/T 5064—1996）的要求，受淹公路按"三原"原则进行复建。

按照受淹公路原有的标准，复建公路的等级有山岭重丘区二级和四级及简易公路3种，等级公路的技术标准按《公路工程技术标准》（JTJ 001—97）执行，简易公路参照山岭重丘区四级执行。

2）电力设施复建规划。剑河县城电力设施复建规划，从110kV变至县城新址需新架设1条35kV输电线路，长度为16km。新县城35kV变电站按一期工程1回进线，6回10kV出线，最终规模2回进线，12回10kV出线考虑。

a. 受淹水电站的复建规划：三板溪水库淹没的最大水电站为南哨水电站，规划在南哨水电站附近复建南东水电站，需从剑河县110kV变电站至太拥变电站35kV线路上T接0.96km至南东水电站，使水电站能并入大网使用。

b. 剑河县农村及库区其他3县电力设施复建规划：经规划需新建10kV线路21条，长度49.2km；复建10kV线路39条，长度100.48km，需新增变压器21台，总容量1340kVA，搬迁变压器33台，总容量1550kVA。

c. 电力调度通信复建规划：剑河县电力调度需随县城搬迁至新址，所有设备全部利用原有设备，规划仅考虑设备的搬迁费用及安装调试费用。

3）受淹小水电站处理意见。三板溪库区淹没小水电站21处共3694kW，其中较大的有：剑河县南哨水电站1500kW、剑河县台格溪水电站200kW、剑河县南孟水电站200kW、黎平县亚拉水电站320kW、锦屏县八里水电站250kW、锦屏县乌勒水电站250kW、锦屏县长滩水电站250kW、锦屏县乌斗溪3级水电站360kW。

受淹水电站的复建规划，三板溪水库淹没的最大水电站为南哨水电站，规划在南哨水电站附近复建南东水电站，装机容量为1900kW。

其他无条件复建的小水电站，由于装机规模较小，工程措施和设备均较简单，确定采取一次性货币补偿。

4）电信设施复建规划。

a. 固定电信设施部分。剑河县城电信机房规划：剑河县城电信机房有10000门程控交换机，SDH传输设备，无线市话设备，DDN公路专用网络，交换设备，电源设备，可视电话会议网络设备等。由于县城搬迁需花2~3年时间，为了不中断通信，需在新县城的机房内先安装1台2000门程控交换机及配套通信设施，以保证新县城重要的用户通信正常运行，待县城全部搬迁完以后，再拆除10000门程控交换机及相应设备搬迁至新机房。

集镇电信机房规划：剑河的南加、南寨、南哨，锦屏的河口、固本，台江的革东6个集镇的电信机房内的所有设备需搬迁至各自的新集镇内，规划新增一套512门远端交换单元设备供南加、南哨、南寨替换使用，新增一套512门交换设备供革东机房使用。剑河县城现有10000门程控交换机供县城及柳川镇电话用户使用，由于县城的电信机房需搬迁至寨章，需在柳川新集镇新增1套容量为1024门的远端交换模块进行交换、传输使用。

线路规划：全库区共需新架空光缆24.8km，埋地光缆3km；复建架空光缆119.55km，埋地光缆9.3km。

b. 移动电信设施部分。三板溪库区内共有两大移动通信网：中国移动通信网、中国联通通信网。根据水库淹没调查，两大移动通信网仅有剑河县受到影响，水库迁移了移动通信网剑河县城基站、南加基站，其中县城基站包括1套模拟通信设备、GSM数字通信设备、电源设备、SDH传输设备。淹没展架至剑河长途8芯光缆8.2km，南加基站包括1套GSM数字通信设备、电源设备、发射铁塔、Microstar微机传输设备。

经规划，柳川至展架8芯光缆沿改建公路架空敷设24.8km，埋地敷设0.6km。柳川和南加新建2座基站，新建寨章基站。

对于联通通信网，原剑河县城寻呼基站和移动基站留在柳川镇使用，县城新址（寨章）新建寻呼基站和移动基站各1座。

c. 广播电视设施复建规划。根据库区广播电视的现状和受淹情况，按照"三原"原则，经与地方广播电视部门共同规划，制订了库区广播电视复建规划方案。

剑河县城广播电视机房随县城迁往寨章新址复建，规划恢复30套节目。

规划将原县城无线电视发射设备留在柳川镇使用，新县城新增1套同规模设备，所需费用共计23.36万元。

南加、南寨、南哨和锦屏县河口、固本等5个乡集镇所在地的有线电视接收站随集镇搬迁至新址。

5）工商企业迁建规划。三板溪水电站475m方案淹没工业企业36家，均为县、乡小型企业。

木材加工企业13家，属于剑河县，其中设备价值在100万元以上的有人造板厂、铅笔厂、刨花板厂、敬业公司、华剑压模公司、林工商加工厂等。

食品加工企业7家、粮食加工企业4家等均属于剑河县。

36家企业只有青山界山泉水厂1家属于锦屏县，位于河口乡政府驻地。

根据移民安置规划，位于南加集镇的5个小厂随镇迁往新址老虎，位于南寨集镇的2

个小厂随镇迁往展南，位于南哨集镇的4个小厂随镇后靠。位于河口集镇的1个小厂随镇迁往党中。剑河县位于城内和附近的23家工厂，一同随县城迁往新址，19家商业企业全部随县城迁往新址。

6）库区城镇码头规划。码头复建只考虑库区搬迁集镇和剑河县城寨章新址，码头设计高水位采用水库正常蓄水位或水库20年一遇回水位。

7）文物古迹处理规划。地面文物古迹有26处，文物保护投资暂按200万元计列。

8）水文站复建规划。依据2001年二季度的物价水平和贵州省建筑工程预算定额（1998年），并参考了其他工程水文站建设复建单价，对恢复南哨水文站的有关项目补偿投资进行计算。

（8）库底清理规划。为保证三板溪水电站枢纽工程运行安全，防止水质污染，保护库周及下游人群健康，为利用水库发展水库养殖、航运、水上运动及旅游创造条件，促进库周地区的经济正常发展，在水库蓄水前必须进行库底清理。

库底清理主要包括：建筑物的拆除与清理，污染物的卫生清理，森林砍伐与林地清理以及为发展各项事业而必需的特殊清理。

（9）移民投资规划。三板溪水电站水库移民投资包括农村移民、集镇部分、剑河县城、专项复建、其他费用、基本预备费、静态投资（不含税费）、差价预备费、有关税费、总投资（不含利息）。根据规划成果，规划水库移民总投资为15.80亿元。

2.2.2.3 三板溪水电站移民安置实施情况

1. 工作过程

2002年8月，受贵州省移民办的委托，中南院参与了三板溪水电站征地移民实施规划设计。根据委托协议，实施规划以地方政府为主，中南院配合。中南院征地移民专业的主要任务是可行性研究设计交底、实物指标分解指导控制、农村移民实施规划技术经济指标把关、执笔编写实物指标分解报告和农村移民实施报告。移民迁建的单项工程由地方政府另行委托。

2003年7月，中南院配合地方政府提出了农村移民安置实施规划设计初步方案。

2003年12月，贵州省移民办组织对3个县的实物指标分解报告和农村移民安置实施规划报告进行了审查。

2005年下半年，在各方的努力下完成了农村移民安置实施规划报告审定本。

2003年1月，贵州省移民办组织对三板溪水电站枢纽工程建设区征地移民进行了验收。

2004年4月，库区完成了截流水位390.00m线下度汛移民搬迁。

2005年12月，贵州省移民办会同贵州省发展改革委召开了三板溪水电站下闸蓄水460.00m线下水库淹没处理阶段验收会。

2006年1月，三板溪水电站下闸蓄水。

2008年4月，中南院编写了《清水江三板溪水电站建设征地移民补偿投资概算调整报告》，并通过了贵州省移民办和贵州省发展改革委组织的审查。

2. 移民安置总体规划

按照国家和贵州省的有关政策和规定，以审定的《清水江三板溪水电站建设征地移民补偿投资概算调整报告》投资为限额，作出经济合理、切实可行的移民实施规划设计方案。多途径妥善解决移民的生产和生活出路，在规划设计过程中增加长期补偿方案，使生产安置难的问题得到妥善解决。采取前期补偿补助与后期生产扶持相结合的方法，通过各方努力，使移民的生活水平达到或超过原有水平。

3. 农村移民生产安置方案

实施阶段与可行性研究阶段相比，生产安置方案有了很大调整，库区剑河、锦屏、黎平各县按照"占一补一"的原则和由贵州省人民政府批准的安置方案，通过一次性补偿、长期补偿、村组内调剂土地和自谋职业4种安置方式对农村移民进行生产安置。

库区2005年生产安置总人口为13565人，其中一次性补偿安置7869人，长期补偿安置1290人，村组内调剂土地安置3694人，自谋职业安置712人。

4. 移民搬迁安置方案

2005年三板溪库区搬迁人口为47271人，其中剑河县搬迁37498人，锦屏县搬迁7248人，黎平县搬迁2525人。

2005年三板溪库区共搬迁47271人，其中农村安置19722人，集镇安置10386人，县城安置17163人。

5. 集镇迁建

（1）河口集镇。该集镇于2003年3月启动场平市政工程，2004年11月底基本完工，并于2004年5月开始移民搬迁，年底基本搬迁完毕。

河口集镇党中新址共征地142.19亩，较原规划用地118.35亩略多，原因是增加了中学进校公路征地和进场公路征地；完成场平面积6.07万 m^2；安置搬迁移民457人，较原规划968人减少511人，原因是相当部分原规划进集镇的移民在临近搬迁时选择分散安置。寄宿生为可行性研究阶段确定的175人，由此得出人均用地约为$150m^2/$人，较可行性研究审定增幅较大。

（2）固本集镇。该集镇于2004年6月启动场平工程，2005年4月完工。2005年10月启动移民搬迁，2005年12月基本搬迁完毕。

固本集镇老寨坡新址共征地196.93亩，较原规划用地125.65亩有所增加，原因是原施工方案遇到地质问题，重新进行了详细规划，造成了部分已征未用地（含地质不良地）以及实施中增加了进校道路征地；完成场平面积6.3万 m^2；安置搬迁移民777人，较原规划852人减少75人，原因是部分原规划进集镇的移民在搬迁时选择分散安置。

（3）南加集镇。该集镇迁建工程于2003年年初进行了招投标，分为场平A段、场平B段、场平C段和市政工程四个标段。场平A段于2003年4月17日开工，2004年2月15日竣工；场平B段于2003年4月17日开工，2004年2月15日竣工；场平C段于2003年4月17日开工，2004年2月15日竣工；市政工程于2003年4月20日开工，2005年9月13日竣工。在2004年2月开始移民搬迁，4月底基本搬迁完毕。

南加集镇新址共安置搬迁移民4302人，寄宿生为290人，人均用地约为75.34 $m^2/$人。南加集镇为三板溪迁建集镇中涉及搬迁人口最多的一个，搬迁后的集镇显得比以前更整齐有序。水源点除可行性研究阶段确定的高贾大溪、培由溪，另延接了一新水源点，以满足供水增加的需要。

（4）南寨集镇。该集镇于2003年4月30日开工，2004年2月27日竣工。2004年年初实施了移民搬迁。

南寨集镇展南新址共安置搬迁移民702人，寄宿生为235人，人均用地约为144.95m²/人。集镇供水水源点变更为白水洞。

（5）南哨集镇。该集镇于2004年3月5日开工，2005年9月12日竣工。2005年6月开始移民搬迁，2006年6月基本搬迁完毕。

南哨集镇后靠新址共征地177.14亩，安置搬迁移民1149人，较原规划进集镇人数略有减少；符合规划的寄宿生为98人，由于学校及周围的条件得到改善，实际住校学生超过200人；人均用地约为94.70m²/人。

（6）柳川集镇。由于配合县城搬迁，柳川集镇的迁建启动相对较晚。柳川集镇场坪由项目法人五凌公司返包建设，分二期实施。一期工程于2005年10月开工，2006年5月完工；二期工程于2007年10月开工，2009年4月完工。

柳川集镇新址规划总建筑占地面积70734m²；规划主街道宽16m，交通道路用地3.4万m²；新址供水利用原有高位水池，供水规模为600m³/d，水源点仍选可行性研究阶段确定的二道沟、乌羊溪；其他给排水、电力电信、公用设施等设施都有待场平工程完成后加以完善。与此同时，剑河县结合柳川集镇迁建良机，借鉴国内各旅游景点成熟的建设经验，积极把柳川集镇规划打造成新兴的旅游名镇。

（7）革东集镇。该集镇地处清水江南畔，接近三板溪水库库尾，原属革东县，后划归剑河县管理，便于剑河县城迁建。三板溪正常蓄水后该镇部分受淹，从技术和经济角度考虑，具备防护条件，可行性研究阶段就曾规划线下用地33.4亩。循此思路，设计通过北面临清水江筑堤，南部围护城河，使得原革东集镇内的大部分建设用地得以保留。作为县城建设的一部分，革东集镇可以共享县城各种资源带来的便利，以后的发展更会使它和剑河新县城融为一体。

革东集镇新址于2008年1月完成了拆迁工作，2008年3月，革东集镇场平工程开工，工程竣工时间为2009年4月。

6. 剑河县城迁建

可行性研究阶段以后，2003年2月24日，贵州省人民政府以《关于变更台江县革东镇隶属关系》（黔府函〔2003〕29号）将台江县的革东镇行政区划调整给剑河县管理。同年6月18日，两县在革东镇举行交接仪式。2005年8月11日，贵州省政府以黔府函〔2005〕304号文，报经民政部正式批准同意剑河县人民政府驻地由柳川集镇迁至革东集镇。至此，剑河县城新址由可行性研究补充阶段的方案正式确定为革东。

2004年6月9日，贵州省人民政府批准了《剑河新县城总体规划》。

2004年10月10日，新县城的迁建工程正式启动，2007年4月25日，新县城各迁建工程基本完成。

剑河新县城总占地面积为168.88hm²，其中县城占地148.88hm²，屯州工业区占地20hm²。

7. 专业项目

等级公路：实施阶段规划标准不变，按可行性研究阶段公路迁（复）建原则、标准进行规划。

库周交通工程：库周交通根据移民安置规划的变更情况，实施规划做了相应调整。规划库区机耕道 40.2km；规划吊桥 17 座，总长 2340m；规划库区人行便道 473.57km，人行桥 2805m；规划渡口 122 对、渡船 131 只、码头 133 个。

工商企业：剑河县 35 家工业企业采取货币补偿的处理方式，于 2006 年 4 月搬迁至剑河屯州工业园，并于 2007 年 5 月陆续开始投产；19 家商业企业采用货币补偿的处理方式，于 2006 年 4 月搬迁至剑河新县城，并于 2008 年 10 月陆续投产；5 家医疗单位和 4 个行政事业单位也采用货币补偿的处理方式于 2006 年 4 月搬迁至新县城，并于 2007 年 5 月陆续投产；新增的 4 家小企业采用货币补偿一次性处理。

8. 建设征地移民安置补偿费用概算

三板溪水库淹没处理补偿费用（不含税）调整为 272991.72 万元，与可行性研究阶段审定的费用 149328.01 万元（不含税）相比，增加费用 123663.71 万元。

枢纽工程建设区占地处理补偿费用为 4035.28 万元（不含税），较原审定费用 2575.97 万元（不含税）增加 1459.31 万元。

2.2.3 托口、白市阶段

2.2.3.1 阶段总体特点

21 世纪初至 2016 年建设的梯级水电站包括白市（2005—2013 年）、托口（2005—2014 年）、桃源（2010—2013 年）、安江（2010—2012 年）等 4 个水电站，因国家移民政策调整较大等原因，沅江干流此时期建设的水电工程移民安置实施情况较其可行性研究规划存在较大的变化，移民投资增幅较大。该阶段 4 个水电站中，托口水电站淹没影响范围最大，建设征地移民安置规划及实施最具代表性。

2.2.3.2 托口水电站移民安置可行性研究规划

1. 规划过程

受五凌公司委托，中南院自 2003 年 9 月起开始托口水电站建设征地移民安置规划设计工作，并于 2004 年 3 月完成预可行性研究报告，2004 年 4 月预可行性研究报告通过了水电水利规划设计总院的审查。

从 2004 年 5 月开始，中南院技术人员开展了可行性研究阶段的实物指标调查和移民安置规划设计工作。经过近 2 年的工作，中南院完成了可行性研究阶段的实物指标调查、移民安置规划、专项工程复建等各方面的工作，并在此基础上编制完成了建设征地移民安置规划设计专题报告。托口水电站实物指标公示及复核见图 2.2－1 和图 2.2－2。

2006 年 7 月 7 日国务院颁布《大中型水利水电工程建设征地补偿和移民安置条例》（国务院令第 471 号），新条例自 2006 年 9 月 1 日起施行。中南院依据新条例对托口水电站建设征地移民安置规划设计报告进行了再次修改完善。

2006 年 9 月，水电水利规划设计总院以水电规库〔2006〕0022 号《关于印发湖南沅水托口水电站可行性研究阶段建设征地和移民安置规划设计审查意见》的函出具了最终审

图 2.2-1　实物指标公示　　　　图 2.2-2　实物指标复核

查意见。

根据最终审查意见，中南院在 11 月再次进行了修改完善，并提出了《湖南沅水托口水电站可行性研究报告建设征地移民安置规划设计专题报告（简写本·审定本）》。

2. 规划内容

托口水电站建设征地影响总人口 36357 人（含防护人口，不含新址占地人口）、总房屋面积 170.7 万 m^2、总土地面积 53.6km^2、总耕地面积 15683.4 亩，集镇数量 7 个，等级公路 31.3km。

至规划水平年（水库淹没区推算到 2008 年年底，枢纽工程建设区推算到 2006 年年底，下同），托口水电站总的搬迁人口为 38988 人（不含新址占地人口），其中规划进集镇 15315 人，规划在农村安置 23673 人。至规划水平年，托口水电站生产安置人口共计 20072 人，其中湖南库区 15420 人，贵州库区 3584 人，枢纽工程建设区 1068 人。

托口水电站正常蓄水位 250.00m 时建设征地移民安置补偿总投资为 256300.9 万元，业主另需每年向库区移民补偿稻谷 622.88 万 kg，向被淹没的螺丝塘水电站逐年补偿电量 14712.0 万 kW·h。

（1）水库概况。托口水电站坝址位于沅江上游、湖南省洪江市托口镇下游 3.5km 处，是沅江干流的第 5 个梯级水电站，坝址控制流域面积 24500km^2，多年平均流量 532m^3/s。水电站正常蓄水位 250.00m，死水位 235.00m，调节库容 6.15 亿 m^3，具有年调节性能。水电站装机容量 80 万 kW，多年平均年发电量 21.31 亿 kW·h。水库淹没涉及湖南省的洪江市、会同县、芷江县和贵州省的天柱县共 4 个县（市）。

（2）移民安置的指导思想及主要依据。在可行性研究阶段淹没影响实物调查的基础上，按照国家、湖南省和贵州省的有关法令法规，依据《水电工程水库淹没处理规划设计规范》（DL/T 5064—1996）规定的工作内容和程序，对水库淹没处理进行深入细致的研究，作出切实可行的规划设计方案，对主要单项作出规划设计。

在规划过程中认真贯彻开发性移民方针，以大农业安置为主，正确处理国家、集体、个人三者的利益，合理开发利用库区资源，全面规划、因地制宜地调整产业结构，尊重当地民族风俗习惯，多渠道、多门路安置移民。

根据湖南省人民政府办公厅关于农村移民安置方式的复函，湖南库区在土地资源不足而移民又不愿外迁的区域可考虑"有土安置与实物补偿相结合"的方式进行安置。

根据《托口水电站移民安置规划大纲》和贵州省的移民安置方式，在土地资源不足时，采用出乡外迁进行有土安置。

对移民的生产恢复和生活配套设施进行规划设计，逐步使移民的生活达到或者超过原有水平，并有发展的条件。

可行性研究规划的主要依据包括《大中型水利水电工程建设征地补偿和移民安置条例》（国务院令第471号），国土资源部、国家经济贸易委员会、水利部联合发布的《关于水利水电工程建设用地有关问题的通知》（国土资发〔2001〕355号）及《水电工程水库淹没处理规划设计规范》（DL/T 5064—1996）、《湖南省大中型水库移民条例》等。

（3）总体规划。规划的基准年为2004年，库区规划水平年为2008年，枢纽工程建设区规划水平年为2006年。根据各县的统计报表分析，湖南省部分农业人口的年自然增长率为10‰，非农业人口的年自然增长率为6‰、年机械增长率为20‰；贵州部分农业人口的年自然增长率为11‰，非农业人口的年自然增长率为11‰、年机械增长率为20‰（农村部分非农业人口不计机械增长率）。各项动态实物指标计算到规划水平年。

根据可行性研究报告，推算到规划水平年总的搬迁人口为38988人，总生产安置人口共计20072人。

移民安置的目标是到规划水平年使移民的生活水平达到或超过原有水平。根据对库区现有经济收入结构和剩余资源分析，此次移民安置规划尽可能以调整或恢复耕地、园地的方式为主，将生产开发的重点放在种植业上，在保证农民的基本口粮和基本收入的前提下，利用库区的优势条件，适当发展其他产业，以尽快恢复其在淹没前的生活水平。当以土安置需要的自然资源不足时，湖南库区及枢纽工程建设区考虑部分实物补偿，贵州库区考虑出乡外迁进行有土安置。

根据库区移民收入构成，具体目标是移民从安置项目中所获得的收入必须大于或等于从其失去的土地资源中所获得的收入。

（4）移民生产安置规划。托口水电站湖南库区及枢纽工程建设区农村移民生产安置进行了有土安置结合实物补偿和全部有土安置两个方案的比选，推荐采用有土安置结合实物补偿的方案。推荐方案主要以耕地、园地安置为主，结合部分水田实物补偿，多渠道多途径安置移民，移民全部后靠安置。

贵州库区农村移民生产安置规划采用有土安置方式，在后靠环境容量不足时，考虑县内外迁安置。

湖南库区及枢纽工程建设区：当某一组受影响前人均水田面积大于0.5亩，影响后人均水田面积不足0.5亩的，实物补偿按水田面积补偿到0.5亩，淹没的其他耕地、园地按生产安置项目的等量效益关系恢复；淹没后仍大于0.5亩的，则不进行实物补偿，只按生产安置项目的等量效益关系恢复其被淹耕地、园地；当某一组被淹没前人均水田面积小于0.5亩时，实物补偿按水田面积补偿到原有人均水田面积，淹没的其他耕地、园地按生产安置项目的等量效益关系恢复。实物补偿按每亩水田补偿625kg稻谷计算。

贵州库区：当某一组被淹没前人均水田面积大于0.5亩时，应使每一个生产安置人口至少保持0.5亩水田；被淹没前人均水田面积不足0.5亩时，应使每一个生产安置人口水田至少保持原有水平。被淹没的其他耕地按生产安置项目的等量效益关系恢复。县内外迁统一按每个生产安置人口 0.5 亩水田、0.3 亩旱地、1.0 亩山地计算。

根据规划，托口水电站共计规划调整水田 823.2 亩，复垦水田 465.0 亩，开发水田 334.9 亩，旱地改水田 534.1 亩，抬田 226 亩，调整果园 2016.4 亩，调整旱地 579.9 亩，调整用材林 773.2 亩，调整疏灌林 1159.8 亩，开发果园 4119.6 亩，低产果园改造 3603.1 亩，开发楠竹 4110.2 亩，网箱养鱼 377 口，进行实物补偿的水田面积为 9965.7 亩，共安置生产安置人口 19477 人；规划通过第二、第三产业或投亲靠友安置 595 人。

为保证生产安置的顺利实施，便于耕地、园地调整及生产开发，稳妥地安置库区移民，托口水电站农村移民生产安置需要重新规划部分配套水利设施。

重新规划水利设施时，根据生产开发的需要，因地制宜，以小型水利设施为主，蓄、引、提相结合，采取分散解决的办法，在充分利用当地现有较完善的水利设施的基础上，发展蓄、引水工程。

（5）移民搬迁安置规划及配套基础设施规划。可行性研究规划是按照法律法规要求，结合当地农村移民生产安置的实际情况，通过充分征求地方干部和移民群众的意见，经实地查勘，合理确定集镇和移民村庄的规模，并按相应的标准确定基础设施，保证每个移民有生产条件，有建房条件和不低于建库前的水、电、路等条件。

托口水电站至规划水平年年底搬迁人口共计 38988 人，其中规划进集镇 15315 人，占 39.3%；规划在农村安置 23673 人，占 60.7%。

湖南库区集中后靠安置点有 39 个，安置移民 10488 人（不含三里村红路脚居民点），加分散后靠共安置移民 19188 人。

贵州库区集中后靠安置点有 6 个，安置移民 987 人，加分散后靠共安置移民 1407 人；出乡（镇）外迁安置点 4 个，安置移民 1129 人，加分散安置共安置移民 1620 人。

枢纽工程建设区集中后靠安置点有 7 个，安置移民 1425 人，加分散后靠共安置移民 1458 人。

农村人畜饮水规划根据农村移民村庄的分布，选择符合卫生和饮用水标准的山泉水或地下水作为移民村庄的生活水源。根据地形条件，主要以自流引水为主，打井提水为辅，分村庄解决农村移民的人畜饮水问题。引用山泉水的形式一般是在水源点修建拦水坝，然后用管道引到居民生活区的高位蓄水池；打井提水一般在居民点附近选择合适的地点打井，用水泵将水输送到居民区高处的蓄水池，再用管道引到居民户家中。

考虑到移民供水工程对于移民的基本生产生活及今后发展有着极其深远的影响，该规划设计对人畜饮水规划适当提高了标准，以使移民基本生活得到保障，使搬迁移民能够稳得住并可持续发展。根据各方意见，本次供水恢复工程采用的投资单价略高于典型规划设计成果，按 1000 元/人计列。

托口水电站淹没影响小学 24 所、中学 4 所；淹没卫生所 25 处。

（6）集镇迁建规划。托口水电站库区横跨湖南、贵州两省，淹没涉及 4 个县（市）7 个乡（镇），其中湖南省洪江市、会同县、芷江县共 5 个集镇，贵州省天柱县 2 个集镇受淹。托口水库淹没影响的 7 个集镇必须择址复建。集镇规划期限的基准年为 2004 年，规划水平年为 2008 年。复建托口新集镇街一角见图 2.2-3。

图 2.2-3 复建托口新集镇街一角

托口集镇位于洪江市南部，距怀化市约 74km。该集镇主体高程在 210.00m 左右，托口水电站建成后其将被淹没。托口集镇迁建新址位于现镇址南侧后山坡上，渠水出口与沅江的交汇处以东，呈东西展布，西临渠水，北枕沅江，距原址约 0.6km。新址的对外交通是通过规划的连接道路与库区复建公路相连，并在集镇东端规划了一个汽车站和停车场，方便集镇居民出行。另外在沿水库岸边设客运码头和货运码头各一个。新址供电由托口 35kV 变电站引出的老 10kV 架空线路 T 接至新集镇杆式变压器处，经杆式变压器变压为 0.4/23kV 架空配电线路向居民供电。通信线路根据电信部门的要求恢复到新址。生活用水从吊马洞和渠水两个水源点引来，引水距离分别为 4.7km、2.6km，生活用水处理池布置在新址南面的山腰上。托口老集镇全貌见图 2.2-4。

图 2.2-4 托口老集镇全貌

漠滨乡位于会同县西北边境，东临洪江托口镇、西接贵州天柱瓮洞、北衔芷江大垅乡、南毗朗江镇，是 2 省 4 县（市）8 乡（镇）的交接地。全乡辖 10 个村，125 个村民小组，境内多山，地形复杂，渠水贯穿全境。该镇主体高程为224.00~240.00m，托口水电站建成后其将被淹没。漠滨集镇迁建新址位于托口水库支流渠水中下游左岸，即现址后靠至漠滨金矿的单面坡条带状不连续小型较平缓坡地上。漠滨新址的对外交通是通过规划的道路与库区复建公路相连，并在集镇南边规划了一个汽车站和停车场，方便集镇居民出行。另外在沿水库岸边设码头一个。新址供电由朗江35kV变电站引10kV架空线路至新集镇开关站，经杆式变压器变压为0.4/23kV架空配电线路向居民供电。通信线路根据电信部门的要求恢复到新址。生活用水从红坡溪水源点引来，引水距离为9km，生活用水处理池布置在新址西面的山腰上。会同县漠滨老集镇见图2.2-5。

图2.2-5 会同县漠滨老集镇

朗江集镇位于会同县城西北的渠水河畔，距县城24km，是贵州天柱，湖南会同、芷江、洪江等4个县（市）8个乡（镇）的商品集散地，有着优越的区位优势。朗江镇迁建新址处于托口水库回水末端，拟后靠安置，位于渠水朗江水电站左岸，现镇址西侧。集镇新址的对外交通是通过与场内已有的白市水电站的对外交通公路连接，经209国道至会同县城，并在集镇南边进镇入口处规划了一个汽车站和停车场，方便集镇居民出行。另外在北边设码头一个。新址供电由朗江35kV变电站引至新集镇，经杆式变压器变压为0.4/23kV架空配电线路向居民供电。通信线路根据电信部门的要求恢复到新址。生活用水从蛤蟆塘水库引来，引水距离为0.9km，生活用水处理池布置在新址西面的山腰上。会同县朗江老集镇见图2.2-6。

东城村集镇位于会同县城西部，距县城25km。该集镇主体高程在240.00m左右，托口水电站建成后其将被淹没。东城村集镇迁建新址处于渠水右岸，为后靠安置，分布高程为255.00~305.00m，紧靠现址。东城新址的对外交通是通过规划的道路与库区复建公路相连，经209国道至会同县城，并在集镇东边进镇入口处规划了一个汽车站。另外在西边设码头一个。新址供电由朗江35kV变电站引10kV架空线路至新集镇杆式变压器处，经杆式变压器变压为0.4/23kV架空配电线路向居民供电。通信线路根据电信部门的要求恢复到新址。生活用水从树炳溪水源点引来，引水距离为7.3km，生活用水处理池布置在新址东北面的山腰上。会同县东城老集镇见图2.2-7。

图 2.2-6　会同县朗江老集镇

图 2.2-7　会同县东城老集镇

　　大坳乡集镇位于芷江南部，处 2 省（湖南、贵州）4 县（芷江、会同、洪江、天柱）6 乡（镇）交界之地，距县城 54km。大坳乡迁建新址位于沅江干流左岸，现址上游约 1km 的小塘溪村后山。大坳新址的对外交通是通过规划的道路与库区复建公路相连，并在集镇东边进镇入口处规划了一个汽车站。另外在南面水库边设码头一个。新址供电由洞下场变电站引 10kV 架空线路至新集镇杆式变压器处，经杆式变压器变压为 0.4/23kV 架空配电线路向居民供电。通信线路根据电信部门的要求恢复到新址。生活用水从小塘溪水源点引来，引水距离为 3.1km，生活用水处理池布置在新址北面的山腰上。芷江县大坳老集镇见图 2.2-8。

　　瓮洞集镇位于贵州省天柱县城东北面，东抵湖南省芷江侗族自治县大龙乡及会同县漠滨乡，西连蓝田镇，南临江东乡、白市镇，北接湖南省新晃侗族自治县碧朗乡、芷江侗族自治县板山乡，辖区面积 134.14km²，辖 1 个居民委员会及瓮洞等 22 个村，共 260 个村民小组。苗、侗、汉等民族杂居。镇人民政府驻瓮洞街，距县城 37km。瓮洞集镇新址位于清水江干流左岸，瓮洞集镇现址上游约 1km 的瓦窑溪出口段右岸梨木山位置。瓮洞新址呈块状分布，远期主要是沿过境公路向南及西北方向发展，发展用地较宽裕。瓮洞新址

图 2.2-8　芷江县大垅老集镇

的对外交通是通过规划的道路连接库区复建公路,并在集镇南面位置规划了一个汽车站与停车场,方便集镇居民出行。新址供电由 10kV 线路送至集镇内杆上变压器,再由 0.4/0.23kV 架空线路沿主要街道敷设,统一由集镇供电部门引至各户。通信线路将改线通至集镇,生活用水考虑从阳合溪引用,引水距离为 5.30km,其生活用水处理池布置在集镇南面的山腰上。贵州省天柱县瓮洞集镇见图 2.2-9。

图 2.2-9　贵州省天柱县瓮洞集镇

江东乡集镇位于贵州省天柱县城东面,地理位置为东经 109°27′~109°32′,北纬 26°58′~27°01′,东抵湖南省会同县漠滨乡、蒲稳乡,西连白市镇,北界瓮洞镇,辖区面积 96.66km²,辖江东等 17 个村、209 个村民小组,是以苗族为主的集镇。贵州省天柱县江东乡老集镇见图 2.2-10。

江东老集镇房屋高程多为 254.00~257.00m,托口水电站建成后,其大部分将被淹

图 2.2-10　贵州省天柱县江东乡老集镇

没,因此除中小学校外,集镇大部分需搬迁。根据移民安置规划,集镇范围内 2004 年搬迁人口 784 人,其中农业人口 549 人,非农业人口 235 人,按规定的各项增长指标推算至 2008 年为 844 人。江东乡集镇新址位于清水江干流右岸山良头位置,与天柱县白市镇隔江相望,距上游待建的白市水电站坝址 2.8km,新址临河一侧有简易公路与江东乡原址及白市水电站对外交通公路相接,水路下达托口水电站坝址,约 56km,交通便利。江东新址的对外交通是通过改造后的道路连接江东—白市、天柱、江东—兰溪、湖南会同公路,同时也在集镇内部规划了一个汽车站与停车场。新址供电规划由 10kV 线路送至集镇内杆上变压器,再由 0.4/0.23kV 架空线路沿主要街道敷设,统一由镇供电部门引至各户。通信线路通过改线后可通至集镇。生活用水现考虑从洪山水库引用,距新址的距离约 4.82km。

集镇总体规划以近期搬迁为主,并为今后发展留有余地,各集镇总体布局根据各自的地形、地质条件合理布置,在总体布局的基础上,完成了集镇用地范围内的道路交通规划、竖向规划、给水工程规划、供电工程规划、电信工程规划;并按综合用水 170L/(人·d) 的标准对集镇外部供水工程进行了规划设计,根据可行性研究阶段规划设计成果,托口水电站集镇迁建基础设施建设概算总投资为 23736.14 万元(含基本预备费、征地费、码头、外部供水、基础超深补偿等费用)。其中托口镇 9175.05 万元,漠滨乡集镇 4226.6 万元,朗江集镇 1689.65 万元,东城村集镇 1266.31 万元,大坰乡集镇 2298.63 万元(含大坰中学),瓮洞集镇 4025.4 万元,江东乡集镇 1054.5 万元。

(7) 专业项目规划。可行性研究报告专业项目规划包括企事业单位处理规划、库区公路复建规划、水电设施补偿及改造、电力设施规划、电信设施规划、有线电视设施规划、库周交通规划及其他专项规划。

受淹的工厂在现有规模、标准和生产工艺的基础上搬迁复建。可搬迁设备计算拆卸费、安装调试费、部件损失费和运杂费等搬迁费用。不可搬迁设备(主要为构筑物)按重置全价计算补偿费。调查时正常生产的工厂计算停产损失,包括停产期间的利润、税金、工资等。停产时间根据各工厂搬迁复建的难易程度确定。淹没调查时停产和未投产的工厂,不计算停产损失。随集镇搬迁的工厂企业,其用地场地平整和基础设施投资在新集镇规划设计中统一考虑。不随集镇搬迁的工厂企业,按有关规定认真选择新址,并按原有规模和标准合理计算基础设施建设费用。部分受淹没影响的工厂，经论证不需搬迁的，只进行局部处理，恢复其生产功能。医疗单位有关搬迁费的计算同工厂企业。托口水电站湖南库区淹没影响中小型工商企业146家，其中规模相对较大的有2家，分别是洪江市太宏铝业有限公司和洪江市恒源硅业有限公司，2家均按搬迁方案计列补偿投资。贵州库区淹没影响企事业单位2家，分别为瓮洞镇卫生院和江东乡卫生院，均按搬迁方案计列补偿投资。

受淹的公路按"三原"原则，提出经济合理的规划方案。在规划设计中，根据受淹公路原有的规模、标准及复建公路所处的地理位置和交通量状况，参照《公路工程技术标准》(JTG B01—2003)，确定其规模与标准；桥涵设计荷载等级按不低于现状标准且符合规范要求确定；其他技术指标按JTG B01—2003等相关行业规范的要求确定。可行性研究规划等级公路共6条段，规划里程38.87km，公路等级均为四级，大、中桥16座1662.5m。托口水电站库周复建阳岫-产溪公路及复建渠水大桥分别见图2.2-11和图2.2-12。

图2.2-11 托口水电站库周复建阳岫-产溪公路

图2.2-12 托口水电站库周复建渠水大桥

托口水电站共淹没影响小水电站8处，总装机容量47041kW。经各方协商，可行性研究阶段确定螺丝塘水电站按逐年补偿损失电量的方式处理；朗江水电站按改造加逐年补偿损失电量的方式处理。对其他小水电站按装机容量进行一次性补偿。受淹会同县朗江水电站及受淹洪江市螺丝塘水电站分别见图2.2-13和图2.2-14。

图2.2-13　会同县朗江水电站

图2.2-14　洪江市螺丝塘水电站

电力、电信及有线电视设施根据移动淹没影响实际情况和水库淹没处理相关规程规范，确定处理方案。

库周交通设施根据"三原"原则，对需要复建的受淹乡村道路进行复建规划；根据农村移民安置规划，为了方便大部分移民的生产生活，在受淹等级公路和乡村道路复建规划的基础上进行乡村道路补充规划，恢复和完善库区交通。乡村道路中的机动车道路分为大车道和机耕道两种。大车道路基设计最低高程按人口迁移线确定，不设安全超高；机耕道路基设计最低高程为土地迁移线加上0.5m安全超高。

(8) 库底清理。库底清理主要包括建筑物的拆除与清理，污染物的卫生清理，森林砍伐与林地清理以及为发展各项事业而开展的特殊清理。一般清理范围是正常蓄水位高程以下的房屋、各项建筑物拆除，森林砍伐和卫生清理；正常蓄水位至死水位以下 2m 高程范围内各项大体积建筑物残留物（如桥墩、线杆、碑坊）。特殊清理的范围是各部门或单位选定的水产养殖场、捕捞场、游泳场、水上运动场、航线、码头、港口、供水工程的取水口等所在区域，按部门的要求自行清理。

(9) 环境保护规划。托口水电站环境保护投资费用由环境保护工程费、独立费用、基本预备费、价差预备费等 4 项组成；环境保护工程费由枢纽建筑物工程费和移民安置区工程费两部分组成。环境保护工程项目划分为水土保持工程、水环境保护工程、生物保护工程、大气环境保护工程、声环境保护工程、生活垃圾处理工程、人群健康保护、环境监测工程等 8 项组成。

(10) 建设征地移民安置补偿投资概算。可行性研究报告审定的托口水电站建设征地移民安置补偿总投资为 256300.9 万元，业主另需每年向库区移民补偿稻谷 622.88 万 kg，向受淹的螺丝塘水电站逐年补偿电量 14712.0 万 kW·h。

按范围划分，湖南库区推荐方案投资为 20.63 亿元，贵州库区建设征地移民安置补偿投资为 3.35 亿元，枢纽工程建设区推荐方案投资为 1.64 亿元。

2.2.3.3 托口水电站移民安置实施情况

1. 实施规划过程

2008 年 4 月 23 日，托口水电站获得国家发展和改革委员会的核准。受湖南省移民局和业主五凌公司委托，中南院承担了托口水电站湖南部分和贵州库区的移民安置实施规划工作，实施规划期间，中南院会同库区各县（市）移民局、五凌公司、移民综合监理以及各相关专业部门完成了人口、房屋及附属设施、房屋装修、土地、专业项目等实物指标分解、公示及复核。同时，库区各县（市）陆续提供了建设征地区移民搬迁安置意愿调查成果，基本确定了移民搬迁安置方案。根据各县（市）确定的移民搬迁安置方案，中南院水库、城镇、交通、供水、供电、通信、地质、测量等各专业人员陆续深入库区与各县（市）相关专业部门一道，共同开展了移民安置实施规划工作。对集镇、居民点、等级公路及桥梁、等外道路及桥梁、集镇和居民点供水等移民专项工程开展了施工图设计工作。在完成以上工作的基础上，中南院先后编制了湖南、贵州两省的移民安置实施规划报告并通过了两省移民主管部门的审查。2012 年 7 月，中南院编制完成《湖南省沅水托口水电站移民安置实施阶段湖南部分建设征地移民安置规划设计专题报告》（审定本），2013 年 11 月，中南院编制完成《湖南省沅水托口水电站移民安置实施阶段贵州部分建设征地移民安置规划设计专题报告》（审定本）。湖南部分审定的实施规划报告中还有部分遗留问题尚未处理，明确在下一步工作中进一步协调或在下一步概算调整工作中处理。托口水电站实施阶段移民安置实施规划现场查勘见图 2.2-15。

鉴于《湖南省沅水托口水电站移民安置实施阶段湖南部分建设征地移民安置规划设计专题报告》（审定本）中还留有部分问题需结合移民安置实施情况进一步协调处理，且在移民安置实施规划中，部分移民安置项目发生了设计变更。为了完善托口水电站建设征地移民安置实施规划设计，配合托口水电站工程概算调整，做好移民安置补偿费用概算调整

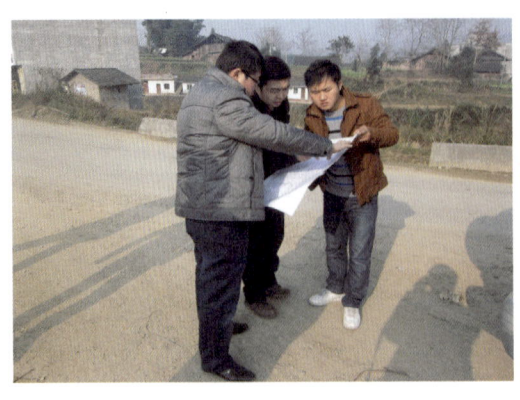

图 2.2-15 移民安置实施规划现场查勘

专题工作，2015 年 10 月，受湖南省移民局委托，中南院承担了托口水电站建设征地移民安置实施补充报告编制工作。随后，根据《关于托口水电站移民安置工作有关问题协调会议纪要》（湘移阅〔2013〕1号）和《关于托口水电站移民安置工作有关问题的会议纪要》（湘移阅〔2014〕1号）的有关要求，结合实施过程中中南院出具的各类设计变更通知单、工作联系单和有关文函，中南院对实施规划报告审定后湖南部分建设征地移民安置规划设计发生的变更文件和变更项目进行了清理。在此基础上，中南院编制了《湖南省沅水托口水电站移民安置实施阶段湖南部分建设征地移民安置补充规划设计专题报告》，并通过了水电总院组织的审查。

2016 年 5 月，中南院编制完成《湖南省沅水托口水电站移民安置实施阶段湖南部分建设征地移民安置补充规划设计专题报告》（审定本）。

2. 规划主要依据变更

托口水电站可行性研究规划在 2006 年完成，可行性研究阶段采用的主要规程规范为《水电工程水库淹没处理规划设计规范》（DL/T 5064—1996）、《村镇规划标准》（GB 50188—93）等。2006 年以后，国家对部分规范进行了更新，发布了《水电工程建设征地移民安置规划设计规范》（DL/T 5064—2007）、《镇规划标准》（GB 50188—2007）等规程规范，因此实施规划采用的规程规范也进行了相应调整。

3. 移民安置总体规划

实施阶段规划的基准年是 2004 年。库区规划水平年由可行性研究阶段的 2008 年调整为 2013 年，枢纽工程建设区规划设计水平年由可行性研究阶段的 2006 年调整为 2011 年。人口增长率与可行性研究规划保持一致，即：湖南部分农业人口的年自然增长率为 10‰，非农业人口的年自然增长率为 6‰、年机械增长率为 20‰；贵州部分农业人口的年自然增长率为 11‰，非农业人口的年自然增长率为 11‰、年机械增长率为 20‰（农村部分非农业人口不计机械增长率）。各项动态实物指标计算到规划水平年。

根据审定的湖南、贵州两省移民安置实施规划，托口水电站实施阶段规划水平年总搬迁安置人口 43304 人，其中湖南部分 36177 人，贵州库区 7127 人；水平年总生产安置人口 22681 人，其中湖南部分 18344 人，贵州库区 4337 人。

托口水电站湖南部分农村移民生产安置方式确定为征收的全部水田和可调整园地采用实物补偿，征收的旱地和其他园地通过投入产出等价关系用耕地、园地或自谋职业安置等方式补足。贵州库区农村移民生产安置方式由可行性研究阶段的"以土安置为主"变更为"长期实物补偿结合多种方式安置"，实物补偿范围为建设征地区征收的水田、旱地和可调整园地，建设征地区征收的其他园地进行一次性补偿。

湖南部分搬迁安置人口 35140 人中，后靠集中安置 5107 人（占 14.5%），后靠分散安置15124人（占43.0%），进集镇安置12938人（占36.8%），投亲靠友安置1971人（占5.6%）。贵州库区搬迁安置人口7127人中，本村组后靠集中安置345人，本村组后靠分散安置935人，进集镇安置5840人，投亲靠友安置7人。托口水电站受淹没影响移民房屋见图2.2-16，移民新建房屋见图2.2-17。

图2.2-16　移民受淹房屋

4. 移民生产安置方案

湖南部分生产安置人口19022人中，通过有土安置结合实物补偿安置18828人，通过自谋职业结合实物补偿安置194人。规划的各生产安置项目中，实物补偿水田为16305.0亩（含水库淹没影响区、枢纽工程建设区、集镇新址占地区），低产果园改造169.5亩，开发果园6432.6亩，调整果园12.7亩，开发楠竹种植795.3亩，开发生姜523.6亩，网箱养鱼598口。通过上述规划，湖南部分所有生产安置人口均在本村组后靠安置。各安置项目中，通过实物补偿安置1608人，通过实物补偿和开发果园安置8154人，通过实物补偿和开发楠竹安置736

图2.2-17　移民新建房屋

人，通过实物补偿和网箱养鱼安置578人，通过实物补偿和开发生姜安置439人，通过实物补偿和低产果园改造安置1527人，通过实物补偿、开发生姜和网箱养鱼安置605人，通过实物补偿、开发果园、开发生姜和网箱养鱼安置1248人，通过实物补偿、开发果园和网箱养鱼安置1559人。实物补偿标准为每亩水田每年补偿625kg稻谷，每年分两次补偿给移民。上半年补偿稻谷为早籼稻，下半年补偿稻谷为晚籼稻；自谋职业安置人口生产安置费用来源为其淹没的旱地和园地（不含可调整园地）补偿费用。湖南库区生产开发项目裕龙黄桃园见图2.2-18。

图 2.2-18　湖南库区生产开发项目裕龙黄桃园

5. 移民搬迁安置方案及配套基础设施方案

湖南部分：规划水平年搬迁安置总人口为 36177 人，规划后靠集中安置 5252 人（占 14.5%），后靠分散安置 16016 人（占 44.3%），进集镇安置 12938 人（占 35.8%），投亲靠友安置 1971 人（占 5.4%）。建设后靠集中安置居民点 30 个，共计安置移民 5252 人，其中库区集中安置居民点 23 个，安置移民 4188 人，枢纽工程建设区集中安置居民点 7 个，安置移民 1064 人。100 人以上集中安置居民点 20 个，安置移民 4628 人；100 人以下的集中安置居民点 10 个，安置移民 624 人。湖南库区 6 个集镇复建人口规模共 17511 人，其中托口镇 8348 人（其中寄宿学生 1235 人），三里村集镇 346 人，漠滨乡集镇 3558 人（其中寄宿学生 1426 人），朗江集镇 2219 人（其中寄宿学生 1023 人），东城村集镇 1064 人，大坡乡集镇 1976 人（其中大坡中学 889 人）。托口水电站湖南库区典型移民集中安置点见图 2.2-19 和图 2.2-20。

图 2.2-19　湖南库区禾塘冲安置点

贵州库区：搬迁安置人口 7127 人中，本村组后靠集中安置 345 人，本村组后靠分散安置 935 人，进集镇安置 5840 人，投亲靠友安置 7 人。进集镇安置的 5840 人中，规划瓮洞集镇新址安置 4225 人，江东集镇新址安置 1615 人。贵州库区确定后靠集中安置居民点 1 个，为燕子窝集中安置点，安置 72 人；白市老街 273 人通过库岸防护方式进行安置。

湖南部分规划建设集中供水工程 13 处，集中供水总人口 8951 人；其他移民共计 12606 人（已扣除由集中安置变更为分散安置的移民 4617 人）选择当地水源自行解决人畜饮水问题。贵州库区燕子窝集中安置居民点 17 户 72 人供水工程费按人均基础设施费用计列费用，散迁移民供水按人均供水工程费用计列费用。

图 2.2-20　湖南库区黄金坳安置点

湖南部分需复建中学 4 所，小学 25 所，其中随集镇迁建的学校 10 所，随集中居民点迁建的学校 5 所，独立选点迁建的学校 14 所；需复建卫生所 43 所，其中自行择址迁建的 31 所，随集镇迁建的 3 所，独立选点迁建的 9 所。贵州库区后靠独立迁建的学校 4 所，分别为金子小学、尖山小学、金鸡小学和肖家小学，瓮洞中学和瓮洞小学随瓮洞集镇迁建；复建卫生所 12 所，其中金鸡村卫生所后靠独立迁建，瓮洞镇卫生院随瓮洞集镇迁建，其余卫生所房屋为私房，规划其自行择址迁建。托口水电站库区典型复建学校见图 2.2-21 和图 2.2-22。

图 2.2-21　复建王家坳村小学及村民委员会

6. 集镇迁建方案

实施阶段集镇迁建新址与可行性研究规划一致。

实施阶段湖南部分 6 个迁建集镇人口规模为 17511 人，其中托口集镇 8348 人、三里

图 2.2-22　复建托口小学

村集镇 346 人、朗江集镇 2219 人、漠滨乡集镇 3558 人、东城村集镇 1064 人、大坡乡集镇 1976 人（其中大坡中学 889 人）。贵州库区 2 个集镇迁建人口规模为 6676 人，其中瓮洞集镇 5051 人，江东乡集镇 1625 人。

实施阶段中南院对集镇新址场平工程进行了施工图设计，主要包括集镇用地范围内的道路交通规划、给排水工程规划、竖向规划、供电工程规划、电信工程规划、防灾减灾规划、环境保护规划。

根据实施规划成果，湖南部分集镇迁建基础设施费用为 47000.49 万元（不含预备费），贵州库区集镇迁建基础设施总费用为 16799.98 万元。托口、朗江新老集镇镇貌对比见图 2.2-23～图 2.2-26。

图 2.2-23　湖南库区托口老集镇

7. 专业项目规划

专业项目规划包括库周交通工程规划、水利工程规划、电力设施规划、通信设施规划、广播电视设施规划、企事业单位处理规划及其他专项规划。

（1）库周交通工程：库周交通工程包括四级公路、汽车便道、机耕道、人行道、生产生活码头及渡口渡船等项目。湖南部分恢复等级公路 4 条段 27.70km，均为四级公路；

图 2.2-24　湖南库区托口新集镇

图 2.2-25　湖南库区朗江老集镇

图 2.2-26　湖南库区朗江新集镇

恢复桥梁13座1392.39m；恢复等外道路59条段218.64km，恢复桥梁20座1865.13m，恢复人行便道47条段75.9km，需恢复人行道桥梁17座1288.0m。贵州库区共计恢复等级公路7条段9.98km，恢复桥梁3座559.3m；恢复等外道路16条段57.35km，恢复桥梁5座695.0m；恢复人行便道6条段5.40km，需恢复人行道桥梁8座450.0m。

（2）水利工程：实施阶段中南院对湖南部分托口、三里村、漠滨乡、朗江、东城村、大坡乡共计6个集镇新址供水工程及贵州库区瓮洞、江东2个集镇新址供水工程进行了施工图设计。新建托口水厂见图2.2-27。

图2.2-27 新建托口水厂

（3）电力设施：电力设施根据受淹电力设施（包括小水电站、输电线路、变配电设施）的实际情况和该阶段移民安置规划成果，按照"三原"原则对有条件复建的电力设施确定复建地点及规模；对影响不大、具备防护条件的电力设施采取防护方式，就地加固处理；对根据移民安置规划需要新增设的电力设施采取新建的方式；不需要或难以恢复的电力设施采取适当补偿的方式，确保移民户户通电。湖南部分需补偿110kV电力线路9.98km，复建35kV电力线路22.6km，补偿35kV电力线路5.0km，复建10kV电力线路266.5km，补偿10kV电力线路3.1km，搬迁变压器57台3180kVA，复建变压器24台1605kVA，复建35kV出线间隔1个、10kV出线间隔2个，搬迁10kV开闭所1个，复建托口35kV变电站。贵州库区需复建10kV电力线路9.6km，新增变压器3台110kVA。

（4）通信设施：通信设施根据建设征地影响情况并结合该次移民安置规划成果，按照"三原"原则确定通信机房的搬迁地点、规模和线路复建起讫位置、长度和规模；光缆、电缆线路应尽量短直，宜在较永久性的道路上敷设，同时考虑敷设条件、技术合理、便于施工和维护等因素。湖南部分需复建和补偿固定电信线路293.1km，其中光缆100.4km，电缆192.7km；需复建450M无线基站电力引入线0.6km；4处程控交换机房搬迁至各集镇新址。贵州库区需复建电信线路22.6km，其中光缆7.1km，电缆15.5km；贵州库区复建中国移动光缆7.0km，中国联通光缆7.8km，联通基站随江东集镇迁建。

（5）广播电视设施：广播电视设施根据建设征地影响情况，结合该阶段移民安置规划成果，按照"三原"原则确定有线电视机房或接收站的搬迁地点、位置、线路走向等的恢复，线路应尽量短、平、直，少穿越道路，并避开易使线路损伤的场区，原由中心机房光缆到村、主干电缆到组、支干电缆到户的以同等标准恢复网络，集镇新址范围内的有线电视设施复建规划设计在集镇迁建规划内容中计列。湖南部分需复建广播电视机房8处，复建有线接收站2处，复建光站22个，复建和补偿广播电视线路331.3km，其中光缆线路69.0km，电缆线路262.3km，广播线路4.2km。贵州库区需复建有线电视光缆线路8.2km。

（6）减水河段处理：托口水电站减水河段为东游祠主坝坝址与王麻溪发电厂房之间的区域，河道长度为16km。水电站蓄水后，除汛期主坝坝体泄洪时，主坝向下游补给的生态基流为$54m^3/s$。因生态基流的流量相对于沅江天然状况时的流量有所减少，导致沅江东游祠至王麻溪段的河流水面宽度变窄、水深变浅、部分河床裸露，对沿河居民交通、航运、取水等生产生活造成一定的影响。实施阶段按恢复原功能为主的原则对减水河段受影响设施进行恢复或改建，按方便沿河居民生产生活的原则最大限度地减小减水河段受影响设施的影响程度。实施阶段规划对左岸沅河镇政府至托口大坝之间的简易乡村道路5.5km进行整修，同时拉通右岸沅城村至托口大坝乡村道路，等级为机耕道，路线长度为5.5km。采取沅河镇两岸码头向河床延伸、其他26处生活码头易地重建或将码头沿河床延伸的方法进行处理。规划新建1座人行便桥，桥长120m，桥面宽度2.5m。规划对灌溉和生活用水设施进行恢复。

（7）企事业单位处理：湖南部分纳入企事业单位淹没处理规划范围的单位共计199家，分别为：企业单位21家，生产型个体工商户170家，国有企事业单位8家。湖南部分采用迁建方案处理的企事业单位167家，采用货币补偿方案处理的企业单位32家。其中洪江市太宏铝业有限公司采用迁建方案处理，洪江市恒源硅业有限公司采用货币补偿方案处理，漠滨金矿采用就地垫高防护方案处理。采用迁建方案处理的企事业单位中，规划随集镇迁建的113家，规划集镇外独立选点迁建的54家。贵州库区纳入企事业单位处理规划范围的单位共计12家，均为生产型个体工商户，其中粮油加工业3家、木材加工业6家、砖瓦厂2家、其他行业1家；贵州库区12家生产型个体工商户，因其规模小，生产设备简易，其处理规划适当简化，均采用一次性货币补偿方案处理。淹没的洪江市恒源硅业有限公司见图2.2-28。库区部分实施新建企业单位见图2.2-29和图2.2-30。

图2.2-28 淹没的洪江市恒源硅业有限公司

图2.2-29 托口水电站湖南库区新建生姜加工厂

图 2.2-30 托口水电站湖南库区新建养殖场

8. 库底清理

实施阶段库底清理范围分为一般清理和特殊清理。

(1) 一般清理项目及范围。一般清理包括卫生清理、建（构）筑物清理、林木清理；卫生清理范围为居民迁移线以下（不含影响区）区域；一般建（构）筑物清理范围为居民迁移线以下区域；大体积建（构）筑物残留体清理范围为居民迁移线以下至死水位（含极限死水位）以下 3m 范围内；林木清理范围为正常蓄水位以下的水库淹没区（包含枢纽工程与水库淹没区重叠部分，但该部分计入枢纽工程建设区）。

(2) 特殊清理项目及范围。特殊清理项目是指特殊清理范围内为开发水域各项事业而需要进行特殊清理的项目。特殊清理范围指水库淹没处理范围内选定的水产养殖场、捕捞场、游泳场、水上运动场、航道、港口、码头、泊位、供水工程取水口、疗养区等所在的水域范围。

9. 建设征地移民安置补偿投资概算

实施阶段湖南部分建设征地移民安置规划费用由农村部分补偿费（包括征收和征用土地补偿费、搬迁补助费、附着物拆迁处理补偿费、林木补偿费、基础设施恢复费和其他补偿费），集镇部分补偿费（包括搬迁补助费、附着物拆迁处理补偿费、林木补偿费、基础设施恢复费和其他补偿费），专业项目补偿费（包括交通运输工程补偿费、水利工程补偿费、电力工程补偿费、电信工程补偿费、广播电视工程补偿费、企事业单位补偿费、其他补偿费等），库底（场地）清理费（包括建筑物清理费、卫生清理费、林地清理费），环境保护与水土保持费，独立费，基本预备费，移民专项工程价差费，发电前实物补偿费，特殊项目处理费等十大部分构成。其中特殊项目处理费包括防洪度汛费、初期蓄水应急费、等外道路投资分摊补助费、枢纽工程建设区协议差值费、集中变分散安置移民补偿补助费、减水河段补充处理费。

贵州库区建设征地移民安置补偿项目主要由农村部分、集镇部分、专业项目、库底清理、环境保护与水土保持等五部分组成。

托口水电站湖南部分建设征地移民安置补偿费 489940.77 万元（不含长期实物补偿土

地补偿费），其中农村部分补偿费 145284.66 万元，集镇部分补偿费 85652.90 万元，专业项目补偿费 91586.27 万元，库底清理费 2367.25 万元，环境保护与水土保持费 7063.72 万元，独立费 102860.24 万元；基本预备费 19425.34 万元，移民专项工程价差费 1465.17 万元，特殊项目处理费 22718.22 万元，发电前实物补偿费 11517.00 万元。

贵州库区建设征地移民安置补偿费 83812.64 万元（不含长期实物补偿土地补偿费），其中农村部分补偿费 10071.84 万元，集镇部分补偿费 27113.74 万元，专业项目补偿费 25455.47 万元，库底清理费 217.21 万元，环境保护与水土保持费 858.27 万元，独立费 17567.41 万元，基本预备费 2528.70 万元。

2.2.3.4　托口水电站实施与可行性研究规划主要变化情况

1. 规划水平年变化

托口库区规划水平年由可行性研究阶段的 2008 年调整为 2013 年，枢纽工程建设区规划设计水平年由可行性研究阶段的 2006 年调整为 2011 年。

2. 生产安置方案变化

湖南部分：可行性研究规划有土安置结合实物进行补偿的方案，主要以耕地、园地安置为主，结合部分水田实物补偿，多渠道多途径安置移民，移民全部后靠安置。实施阶段湖南部分农村移民生产安置方式调整为征收的全部水田和可调整园地采用实物补偿，征收的旱地和其他园地通过投入产出等价关系用耕地、园地或自谋职业安置等方式补足。

贵州库区：根据可行性研究阶段审定成果，托口水电站贵州库区农村移民生产安置方案确定为"主要以土地为依托，以大农业安置为主"的安置方案。2008 年 3 月白市水电站项目得到国家发展和改革委员会核准。同年 4 月，托口水电站也得到国家发展和改革委员会核准，托口水电站湖南库区农村移民生产安置方式为长期补偿结合有土安置，贵州库区农村移民生产安置方式为"以土地为依托，以大农业安置为主"。根据审定的白市水电站贵州库区实施规划设计报告，白市水电站贵州库区农村移民生产安置方式由可行性研究阶段确定的"以土地为依托、以大农业安置为主"变更为"长期补偿结合多种方式安置"。白市、托口水电站属于沅江流域上下游梯级水电站，托口贵州库区处于托口湖南库区和白市贵州库区之间，天柱县同时跨越托口和白市两个水电站的库区，按照"同库同策""同省同策"及"同流域上下游梯级电站保持平衡"等原则并综合考虑库区环境容量、移民意愿等因素，经五凌公司和贵州省黔东南州移民局同意，本阶段贵州库区生产安置方式调整为长期实物补偿结合多种方式安置，实物补偿范围为建设征地区征收的耕地。对建设征地区征收的其他园地进行一次性补偿。

3. 搬迁安置方案变化

因移民安置意愿及国家和湖南、贵州 2 省移民安置政策变化，实施阶段取消外迁安置，同时，结合国家城镇化发展战略及生产安置方式调整，大幅增加了进集镇安置移民数量。

4. 集镇迁建

因移民安置政策调整、规划水平年调整及移民安置意愿变化等原因，实施阶段增加了集镇安置人口规模，引起集镇新址用地规模发生较大变化。

5. 专业项目处理

（1）减水河段处理规划。托口水电站枢纽工程建筑物分散布置，在东游祠建坝，王麻溪垭口布置发电厂房。由于工程采用裁弯取直的枢纽布置形式,造成主坝至厂房之间的沅江河道水量减少,形成了一条长约9km的减水河段,该河段主要位于洪江市沅河镇境内。水电站蓄水后,除汛期主坝坝体泄洪外,主坝向下游补给的生态基流为54m³/s。因生态基流的流量相对于沅江天然状况时的流量有所减少,导致沅江东游祠至王麻溪段的河流水面宽度变窄、水深变浅、部分河床裸露,对沿河居民交通、航运、取水等生产生活造成一定的影响。

减水河段可行性研究阶段未纳入建设征地处理范围。实施阶段根据《水电工程建设征地处理范围界定规范》(DL/T 5376—2007)有关规定将减水河段纳入托口水电站水库影响区范围,中南院会同五凌公司、地方政府和移民综合监理等单位共同对受减水河段影响的相关设施进行了复核调查并开展了处理规划。规划对左岸沅河镇政府至托口大坝之间的简易乡村道路5.5km进行整修,同时建设右岸沅城村至托口大坝乡村道路,等级为机耕道,路线长度为5.5km。规划沅河镇两岸码头向河床延伸、其他26处生活码头采取易地重建或将码头沿河床延伸的方法进行处理。规划新建1座人行便桥,桥长120m,桥面宽度2.5m。规划对灌溉和生活用水设施进行恢复。根据审定的《实施规划设计报告》,托口水电站减水河段处理规划费用为1589.5万元,托口主坝下游减水河段概貌见图2.2-31。

图2.2-31 托口主坝下游减水河段概貌

(2)交通工程复建标准。根据湖南省和怀化市有关文件要求,实施阶段湖南部分库周交通工程(汽车便道、机耕道)突破"三原"原则,提高标准复建。

芙蓉溪至托口大坝汽车便道可行性研究阶段设计标准为:路基宽度6.5m,路面宽度6.0m,泥结碎石路面。根据《关于托口水电站建设和移民工作有关问题的会议纪要》(湘府阁〔2009〕122号)和《怀化市人民政府关于托口水电站库区公路复建设计标准建议的函》(怀政函〔2010〕22号)的有关要求,实施阶段设计标准为:路基宽度6.5m,路面宽度6.0m,水泥混凝土路面。

除芙蓉溪至托口大坝汽车便道和寨上移民对外乡村道路之外的其他等外道路可行性研究阶段等外道路设计标准为:汽车便道路基宽度4.5m,机耕道路基宽度3.5m,均为泥结碎石路面。根据《关于托口水电站建设和移民工作有关问题的会议纪要》(湘府阁〔2009〕122号)和《怀化市人民政府关于托口水电站库区公路复建设计标准建议的函》

（怀政函〔2010〕22号）的有关要求，实施阶段等外道路的设计标准为：汽车便道路基宽度5.5m，路面宽度4.5m；机耕道路基宽度4.5m，路面宽度3.5m，均为混凝土路面。

6. 建设征地移民安置补偿费用

为解决湖南部分实施过程中遗留的有关问题，实施补充规划计列防洪度汛费、初期蓄水应急费、等外道路投资分摊补助费、枢纽工程建设区协议差值费、集中变分散安置移民补偿补助费、减水河段补充处理费等特殊项目费用。

2.3 移民安置规划工作特点

沅江干流已建12个梯级水电站，建设时间跨度从20世纪80年代至今，移民安置情况与国家政策变化情况息息相关，同时存在较多的特点，主要包括如下几方面。

2.3.1 淹没损失大，移民工作难度大

（1）沅江干流水电工程建设征地影响搬迁人口多，涉及耕地、园地资源多。经初步统计，已建的12个梯级水电站淹没影响总人口近30万人，淹没影响耕地、园地总面积近14万亩。沅江干流托口水电站淹没的部分耕地及白市水电站淹没的部分村寨分别见图2.3-1和图2.3-2。

图2.3-1 托口水电站淹没的三里村耕地

图2.3-2 白市水电站淹没的潘寨村

(2) 淹没影响涉及城镇多。经初步统计，已建的 12 个梯级水电站淹没影响县城 5 个（含局部淹没 2 个），淹没影响集镇达 42 个（含局部淹没 4 个）。白市水电站局部淹没的锦屏县城一角见图 2.3-3。

图 2.3-3　白市水电站局部淹没的锦屏县城一角

(3) 涉及专业项目多。已建的 12 个梯级水电站淹没影响公路 608.0km，10kV 以上电力线路 1711km。白市水电站淹没复建的远口 35kV 变电站见图 2.3-4。

图 2.3-4　白市水电站淹没复建的远口 35kV 变电站

(4) 涉及企事业单位多。已建的 12 个梯级水电站淹没影响企事业单位 417 家，且既有小型企业，也有较大的工业企业。白市水电站淹没的锦屏恒昌食品厂见图 2.3-5，淹没的锦屏排洞加油站见图 2.3-6。

2.3.2　沅江属湖南、贵州两省界河，要兼顾两省政策平衡，协调难度大

沅江干流白市水电站、托口水电站淹没影响均涉及贵州省和湖南省，因两省经济社会发展状况和移民安置政策存在一定的差异，移民安置既要考虑两省政策的不同，又要兼顾

图 2.3-5　白市水电站淹没的锦屏恒昌食品厂

图 2.3-6　白市水电站淹没的锦屏排洞加油站

两省政策平衡,减少移民矛盾。

(1) 白市水电站建设征地影响搬迁安置移民总人口 3.2 万人,其中贵州 3.1 万人,湖南 0.1 万人;建设征地涉及耕地面积 1.32 万亩,其中贵州 1.26 万亩,湖南 0.06 万亩。可行性研究阶段,两省均规划大农业安置移民,贵州库区因环境容量不足,规划部分移民外迁出乡安置;实施规划时,因同时期建设的下游托口水电站湖南库区规划采取长期实物补偿为主的安置方案,因此贵州库区移民生产安置方式也由大农业安置为主调整为长期实物补偿为主,同时,为减少移民矛盾,经业主与两省多次协调,两省征收移民房屋补偿标准保持一致。

(2) 托口水电站建设征地影响搬迁安置移民总人口 4.2 万人,其中湖南 3.5 万人,贵州 0.7 万人;建设征地涉及耕地面积 1.5 万亩,其中湖南 1.3 万亩,贵州 0.2 万亩。因两省移民政策及经济社会发展水平不同,两省移民房屋补偿测算标准存在一定差异,后经多方协调,并由湖南省出台相关文件,两省采用的移民房屋补偿标准保持一致。

2.3.3 时间跨度大，适用移民政策变化大

已建的 12 个梯级水电站建设时间从 1986 年至 2016 年，期间，国家于 1991 年颁布《大中型水利水电工程建设征地补偿和移民安置条例》（国务院令第 74 号），1996 年发布《水电工程水库淹没处理规划设计规范》（DL/T 5064—1999）；2006 年颁布《大中型水利水电工程建设征地补偿和移民安置条例》（国务院令第 471 号），2007 年发布《水电工程建设征地移民安置规划设计规范》（DL/T 5064—2007），同时，为推进水电工程移民实施工作，湖南、贵州两省先后发布了大量法规政策文件，如湖南省先后发布《湖南省大中型水库移民条例》（2008 年 7 月 31 日）、《湖南省人民政府关于加强大中型水库移民安置工作的意见》（湘政发〔2010〕9 号）、《湖南省人民政府关于公布湖南省征地补偿标准的通知》（湘政发〔2009〕43 号）、《湖南省人民政府关于调整湖南省征地补偿标准的通知》（湘政发〔2012〕46 号）等政策文件。沅江干流不同梯级水电站征地移民时序跨度长，移民政策变化大，部分项目处于国家宏观政策和移民新老政策交替期，不同阶段适用不同规范，移民规划设计工作反复多。

(1) 托口水电站土地补偿政策调整。可行性研究阶段，根据国家移民补偿政策采用年产值计算土地补偿标准，即根据《湖南省人民政府办公厅关于发布湖南省征地年产值标准的通知》（湘政办发〔2005〕47 号）和《湖南省实施〈中华人民共和国土地管理法〉办法》的规定，并根据有关各方的协商意见，湖南库区 3 县（市）水田采用统一年产值系数为 0.9，耕地补偿补助倍数合计按 16 倍计算。

实施规划，根据《水电工程建设征地移民安置规划设计规范》（DL/T 5064—2007）及《湖南省人民政府关于公布湖南省征地补偿标准的通知》（湘政发〔2009〕43 号），按湖南省公布的片区产值计算补偿。

(2) 托口水电站贵州库区农村移民搬迁安置政策调整。托口水电站贵州库区可行性研究阶段审定的移民搬迁安置以后靠安置为主。托口水电站可行性研究审定的水平年 2008 年的搬迁人口为 5949 人，规划进集镇 2922 人，占 49.1%；规划在农村安置 3027 人，占 50.9%。

2013 年，贵州省移民局发布《关于进一步做好水利水电工程移民城镇化安置的意见》（黔移发〔2013〕31 号），因此，实施规划贵州库区农村移民以进集镇安置为主。实施规划贵州库区搬迁安置人口 7127 人中，进集镇安置移民 5840 人，占 81.9%，后靠安置及投亲靠友安置移民 1287 人，仅占 18.1%。

2.3.4 移民安置注重移民意愿，移民安置方式多样

沅江干流水电站均在《水利水电工程水库淹没处理设计规范》（SD 130—84）发布后开始建设，生产安置在单一的"以土安置"的基础上逐步增加第二、第三产业安置、长期实物补偿安置（逐年货币补偿安置），复合安置等多种安置方式。搬迁安置在远迁安置、后靠集中安置的基础上增加了结合小城镇建设的进集镇安置等方式。

(1) 白市水电站农村移民生产安置方式确定为 6 种，分别为长期补偿安置，调整土地安置，开发土地安置，复合安置，第二、第三产业安置和投亲靠友安置。

1）长期补偿安置。长期补偿安置是指对水电工程土地征收线内因原有耕地资源丧失，或其他原因造成土地征收线外原有耕地资源不能使用的，按耕地面积实行长期补偿稻谷实物的生产安置方式。其基本方案是：对库区、枢纽工程建设区、集镇迁建、居民点迁建、专项设施复建等被征收的水田、旱地、专业菜地，按水田（专业菜地）625kg稻谷/（亩·年）、旱地380kg稻谷/（亩·年）的产量标准，采用由州人民政府审批的、不低于当年省人民政府公布的中晚籼稻谷收购保护价的库区市场价格标准，折算为现金，按县人民政府或委托的部门确定的长期补偿面积兑现到承包户；补偿年限从稻田实际被征（占）用之日起计算，到水电站报废日止，电站运营一年，补偿一年。水电站检修、停运视为正常运营，如水电站所有权或使用权出让或转移，其长期补偿方式和债权债务随之转移，并继续有效。水电站报废停产，采取复垦方式恢复生产，复垦经费届时按国家的有关政策办理，复垦期间移民的基本生活和无法复垦的损失，由预提的补偿风险金解决。

长期补偿方案执行10年后，如果水田（专业菜地）、旱地产量随着耕作技术的提高带来的土地产出率变化，库区各县水田（专业菜地）高于625kg、旱地高于380kg干稻谷，则在此基础上作相应调整。进行长期补偿的耕地不再进行货币补偿。

林地、园地、轮歇地、河滩地、鱼塘、草地等其他土地实行一次性货币补偿，不纳入长期补偿范围。

2）调整土地安置。调整土地安置是指移民户自愿采取以自主调剂耕地为主的生产安置方式，调整土地安置应同时具备以下条件：

a. 移民户须取得调剂耕地所在乡（镇）、村的有偿调剂证明。土地调剂单价由调剂双方协商确认；

b. 调剂的耕地不低于每人0.5亩基本口粮田；

c. 有接收地乡（镇）人民政府、村、组（跨县的有经迁出地与接收地双方县人民政府批准的证明）接收证明和公安机关的准迁证。

调剂耕地安置的费用为移民被征收的土地补偿费。

3）开发土地安置。开发土地安置是指移民户自愿采取以自行开垦耕地为主的生产安置方式，开垦土地安置应同时具备以下条件：

a. 开垦量不低于被征（占）用水田原面积或不低于人均0.5亩基本口粮田；

b. 开垦的土地经县国土局、移民局共同验收；

c. 有不再要求当地政府或原农村集体经济组织重新进行安置的承诺书。

开垦土地的费用为移民被征收的土地补偿费。

4）复合安置。复合安置是指由移民自主提出申请，配置部分土地，结合第二、第三产业安置的生产安置方式，复合安置应同时具备以下条件：

a. 户征（占）用水田在0.5亩以下，或被征（占）用的水田虽然多，但剩余水田仍达到人均0.5亩（含0.5亩）基本口粮田以上；

b. 移民具备一定从事第二、第三产业的生产技能；

c. 有不再要求当地政府或原农村集体经济组织重新进行安置的承诺书。

复合安置的费用为移民被征收的土地补偿费。

5）第二、第三产业安置。第二、第三产业安置是指对具备从事第二、第三产业技能以及完全依赖第二、第三产业安置生产生活的移民，在政策规定范围内，自主选择自谋职业的安置方式。第二、第三产业安置应同时具备下列条件：

  a. 在城（集）镇有房产部门提供证明的固定居所或房产；

  b. 经工商、税务等部门证明，有月收入 800 元以上的稳定的经济来源；

  c. 有接受地乡（镇）人民政府（跨县的有经迁出地与接受地双方县人民政府批准的证明）接受证明和公安机关的准迁证；

  d. 有不再要求当地政府或原农村集体经济组织重新进行安置的承诺书。

第二、第三产业安置的费用为移民被征收的土地补偿费。

6）投亲靠友安置。投亲靠友安置是指本人在非规划移民安置区有亲友，能利用补偿资金在亲友所在地通过赡养或扶养关系进行安置的方式，投亲靠友安置应同时具备下列条件：

  a. 本人自愿提出申请，并取得地方人民政府的认可；

  b. 落实赡养或扶养的经济能力，达成赡养或扶养协议并经公证处公证；

  c. 有不再要求当地政府或原农村集体经济组织重新进行安置的承诺书。

投亲靠友安置的费用为移民被征收的土地补偿费。

以上生产安置方式，均需要移民本人提出申请，逐级审查核实，与县移民局签订协议，并进行公证。

（2）白市水电站移民搬迁安置方案包括集中安置、分散安置、集镇安置及县城防护安置 4 种方式。

1）集中安置：指农村部分移民自愿在本村组范围内选择工程地质条件适宜的新址集中居住，并由当地政府统一使用新址征地费及基础设施建设费用对安置地的场平等基础设施工程统一组织、统一规划设计、统一施工的搬迁安置方式，一般指移民人数在 100 人或 20 户以上的集中居民点。

2）分散安置：指农村部分移民选择搬迁后自由分散居住并自主支配相应的新址征地费及基础设施建设费用对迁建新址进行自主建设的搬迁安置方案，一般指 100 人以下的居民点。对部分选择集中安置但安置点工程地质条件不适宜，且未提出新的安置点方案的农村移民，该阶段纳入分散安置方案处理。由于白市水电站贵州库区移民后靠安置区部分地区在地质上为Ⅳ类和Ⅴ类地区，为避免出现二次搬迁，中南院建议在移民搬迁安置的过程中，相关方面配置地质专业人员对散迁移民建房选址进行指导。

3）集镇安置：指对原居住在集镇的搬迁人口、集镇新址占地人口及部分原居住农村但自愿选择进集镇居住并在集镇拥有一定生活技能或生产资源的农村搬迁人口，规划统一在集镇新址居住的搬迁安置方案。白市水电站天柱库区淹没涉及垒处、远口、民建（原兴隆集镇）3 个集镇，在集镇安置的移民，由地方人民政府统一使用其新址征地费及基础设施建设费对集镇新址统一征地并对新址场平等基础设施配套建设工程统一组织、统一规划设计、统一施工。

4）县城防护安置：指对原居住在锦屏县城区和潘寨村的搬迁人口采取防护处理的安置方案。锦屏县城区包含风雨桥、码头、步行街、飞山 4 个居民委员会，滨江街、城镇公房及分布在县城城郊的赤溪坪、排洞、龙塘 3 个农业村。

2.3.5 秉持减少淹没损失，保护当地文化特色的原则，规划防护工程多

沅江干流电站规划防护工程多，共有 9 个已建水电站库区规划防护工程 76 处，既有农田防护工程，又有集镇防护工程、县城防护工程及居民点防护工程。

防护工程减少了搬迁人口，保护了土地资源，又提高了移民搬迁积极性，减少了移民工作难度。其中比较典型的包括五强溪水电站浦市镇防护工程、白市水电站锦屏县城防护工程、白市水电站三门塘防护工程及洪江水电站黔阳古城防护工程。

（1）五强溪水电站浦市镇防护工程。浦市镇位于沅江左岸五强溪水库回水末端，为湘西三大镇之一，是湖南省泸溪县的工业重镇，也是沅江中游地区的贸易中心。浦市镇辖 4 个居民委员会、22 个行政村、128 个村民小组，1995 年总人口 3.44 万人。该镇是一个以工业为主，兼有农业、建筑业、交通运输业、商业、饮食服务业的综合经济结构的城镇，有浦市化工总厂、氮肥厂、耐火材料厂、水泥厂等一批骨干企业。根据 1994 年 4 月对浦市镇城区的测量调查，浦市镇城区受五强溪水库 20 年一遇洪水回水（考虑泥沙淤积 10 年）淹没影响的人口为 13770 人、房屋面积 36.6 万 m^2，并影响到浦市化工总厂的 3 个车间。根据五强溪水库淹没补偿投资调整概算审查会精神和湖南省政府对浦市镇"疏堵结合，以防为主，适当搬迁，综合治理"的指示精神，受原湖南省移民安置领导小组办公室的委托，中南院对浦市镇防护工程进行了可行性研究，并于 1995 年 9 月提出了《湖南省泸溪县浦市镇防护工程可行性研究报告》。1996 年 3—8 月，中南院进行了浦市镇防护工程施工图勘测设计工作；1997 年 1—2 月，中南院完成浦市镇防洪堤的招标设计，对堤线的布置、堤型进行了优化设计；并于 3 月完成防洪堤施工图设计；1997 年 4—8 月，中南院对排洪渠进行了全面的优化设计，将排洪渠改为排洪隧洞和排洪渠相结合的方案，并减少排洪渠的长度和设计流量；1997 年 1—8 月，中南院完成排涝泵站和防护堤中通行闸土建部分的技术施工设计。

五强溪水电站浦市镇防护工程设施总投资为 5831.14 万元，防护人口 12607 人。

（2）白市水电站锦屏县城防护工程。锦屏县位于贵州省东南部，黔东南州东部，东邻湖南靖州县，南接黎平，西接剑河，北抵天杜。县城位于县域东北部的支流六洞河与干流清水江汇合处的阶地上，清水江穿城而过。锦屏县城辖风雨桥、码头、步行街、飞山 4 个居民委员会，以及分布在县城城郊的赤溪坪、排洞、龙塘 3 个农业村，建成区建设用地高程范围 302.00～400.00m，主要用地在高程 320.00m 以下。白市水电站水库 20 年一遇洪水回水淹没涉及锦屏县县城局部地段，淹没区主要在城区沿江一带较低洼的地段，分别是清水江左岸清江大桥到小江桥地段的老城区、客货运码头及农贸市场一带；清水江左岸与六洞河右岸的赤溪坪片区的沿江低洼地段；清水江右岸排洞村片区及红星桥地段；清水江左岸飞山庙以下沿江零星分布。

根据实物指标复核成果，规划基准年 2004 年锦屏县城淹没影响人口 2559 人，淹没影响各类房屋面积 137824.29m^2，其中：框架结构房屋 20352.85m^2、砖混结构房屋 46747.72m^2、砖木结构房屋 23602.76m^2、木结构房屋 37527.72m^2、特殊结构房屋 69.2m^2，杂房 9524.65m^2；锦屏县城淹没影响电力线路 4 条段 1.59km、电信线路 13 条段 3.7km（含移动公司通信光缆 1 条段 0.38km）、广播电视线路 8 条段 1.87km；淹没影响自来水管道 11 条段 1.65km、排污管道 0.7km；淹没影响企业单位 2 家；淹没客货码头 1 处；小江桥受 50 年一遇洪水影响。

锦屏县城规划修建防护堤 6 段，总长 2230.5m，防护工程主要是采取修筑防洪墙、墙内侧低洼地段填土至设计高程的处理措施，防洪标准为 20 年一遇（$P=5\%$）。防洪墙断面形式为衡重式，采用 M10 浆砌块石结构。

规划水平年 2011 年锦屏县城搬迁安置移民 3157 人，规划 2714 人在第一段～第六段防护区范围内抬高建房安置，408 人在防护区外安置，35 人分散安置。

锦屏县城防护区规划水平年过渡安置人口 2370 人，规划自主过渡安置 1028 人，统建过渡房安置 1342 人。其中：第五段防护区统建过渡房安置 858 人，第六段防护区统建过渡房安置 484 人。

按推算至 2011 年年底的实物量和 2011 年第 3 季度价格水平计算，白市水电站锦屏县城淹没区处理补偿总费为 29121.09 万元，其中：移民搬迁安置部分补偿费 12420.48 万元，过渡安置部分补偿费 1880.17 万元，专业项目补偿费 2044.67 万元，防护垫高工程建设费 6995.17 万元，防护区外安置移民工程建设费 2356.38 万元，独立费 2132.84 万元，基本预备费 1291.38 万元。

（3）白市水电站三门塘防护工程。三门塘村是沅江上游清水江边一个古老的侗族村寨，位于白市水电站库区天柱县坌处镇，该村是贵州省著名的侗族四十八寨之一。三门塘村历史悠久，古建筑风貌特别，石文化、树文化、水文化、侗族风情浓厚。三门塘村防护前概貌见图 2.3-7。

图 2.3-7 三门塘村防护前概貌

村中有两座造型别致的宗祠，分别为刘氏宗祠和王姓宗祠。刘氏宗祠是三门塘古建筑群之一，始建于清乾隆初年，是清水江沿岸绝无仅有的一座以中西建筑风格相结合的建筑，至今保存较好，艺术价值极高。刘氏宗祠占地 250m²，高立耸起的山墙，墙脊错落起伏。

相隔百米的王姓宗祠又名太原祠，建于 1908 年，占地 300m²，外墙用青砖砌成，白灰勾缝，十分坚牢。白粉刷的墙体上，用水墨画绘制各种花卉图案，大门上方，六棵白菜造型的泥塑浮雕，栩栩如生，分外瞩目。墙柱上，塑有巨龙缠绕图案，用江西景德镇的瓷器镶作龙鳞，在阳光下熠熠发光。门楣上方两侧，有各式人物造型浮雕和绘画。

走过村中修建于清代的两处石板走廊和两栏杆，便来到了村落的三圣宫。三圣宫是当年木商云集、生意兴隆的缩影。三圣宫修于明代，当地百姓早就利用它作为义学的学馆。宫门有一块高4.2m、宽1.5m的大石碑，正、反两面镌刻着密密麻麻的文字，记述修建三圣宫及倡修义学的过程。人们把石碑上的文字、上乘书法、传神雕刻称为"清江三绝"。

1984年4月、1995年4月和2002年4月，三门塘村古建筑群陆续被公布为天柱县文物保护单位。

白市水电站建成后，三门塘村刘氏宗祠和部分古民居位于淹没线以下，为减少淹没损失，保护此文物古迹和历史文化遗产，规划对三门塘村进行防护。

为做好三门塘防护工程，在建设征地移民安置实施规划过程中，贵州省、黔东南州人民政府领导、业主单位领导及设计单位中南院领导多次进行现场走访、查勘，讨论确定防护工程方案。

三门塘防护工程主要是通过工程措施将整个村寨防护达到"外防清水江河水和山溪洪水，内排防护区涝水"的目的，通过分析论证，合理确定防洪标准，从而有效提高抵御洪水的能力，最终实现三门塘的防洪保安。防护工程主要建筑物由"1堤、1渠、1泵"组成，即三门塘防洪堤、撇洪渠、排涝泵站等。防护堤设计标准为白市水电站20年一遇洪水回水标准。防护区防护人口12户57人，防护建筑面积2733.8m^2，防护区域面积0.07km^2。

三门塘防护工程等别为Ⅳ等，主要建筑物级别为4级，次要及临时建筑物级别为5级。

三门塘防护工程防洪堤堤线总长623.113m，撇洪渠总长668.59m，按当时的物价水平测算，防护工程静态总投资1058.81万元。

三门塘防护工程既减少了淹没损失，保护了当地少数民族文化和历史建筑，又进一步提升了三门塘村整体旅游资源，有助于移民生产生活条件的改善和生活水平的提高。防护工程建成后，2013年，以刘氏宗祠为代表的"三门塘村侗族古建筑群"被国务院列入第七批全国重点文物保护单位；2014年，三门塘村被国家民族事务委员会列入"中国少数民族特色村寨"之一。

(4)洪江水电站黔阳古城防护工程。黔阳古城位于沅江上游的省级历史文化名城洪江市黔城镇，是唐代"诗家天子"王昌龄的谪贬地。黔阳古城是全国保存最为完好的明清古城之一，三面环水，是湘楚苗地边陲重镇，素有"滇黔门户"和"湘西第一古镇"之称，比云南丽江大研古镇早1400年，较湖南省的凤凰古城早900年，各种文化在这里交融。"洛阳亲友如相问，一片冰心在玉壶"的经典诗句就是王昌龄写就于该古城的芙蓉楼前。

古城历史城区总面积0.8km^2，城内青石街巷纵横交错，明清建筑比比皆是。原有五个城门今尚存四门遗址，其中西门又称中正门，其城门及门楼保存完好。

依附南北两条主要街道而形成的鱼骨状道路系统保存完整，古称九街十八巷，现存较完好的历史街区有：以商业店铺为主的省级文物保护单位南正街；以会馆码头为主的上河街、下河街等。此外，县衙、书院、文庙、武祠遗址、古客栈、亭台楼阁、祠堂戏院等，罗列有致，功能齐全。

黔阳古城保存下来的明清古建筑群包括芙蓉楼、明清古街南正街、古龙标山钟楼钟鼓楼、城西红砂石拱门中正门、高桥古塔赤宝塔等。其中芙蓉楼被誉为"楚南上游第一胜迹"。芙蓉楼坐落在沅水、潕水汇流之处的湖南省洪江市黔城镇，为古典园林建筑，占地$4250m^2$。

洪江水电站建成后，黔阳古城部分古建筑位于洪江水电站淹没线以下，淹没深度一般为1.0~4.0m，为减少淹没损失，保护黔阳古城文物古迹和历史文化遗产，规划对黔城镇进行防护。

根据中南院完成的建设征地移民安置规划设计成果，黔城镇防洪堤线总长1.26km，堤顶宽度6.5m，堤顶高程195.00m，最大堤身高度约6m；新建排涝泵站一座，装机容量30kW；恢复一货运码头，挡墙最大高度9.5m，工程占地拆房$10754.56m^2$，搬迁人口250人。按当时的物价水平测算，防护工程规划静态总投资为2649.24万元。

2.3.6 部分专业项目建设投资进行了分摊

五强溪水电站县城迁建进行了投资分摊，个别重大复建项目计列补助费（沅陵大桥）；托口水电站库周交通工程投资进行了投资分摊。托口水电站湖南库区交通工程投资分摊方案如下：

根据《关于托口水电站建设和移民工作有关问题的会议纪要》（湘府阁〔2009〕122号）的有关要求，库周公路由中南院按照县乡公路和通畅公路标准进行设计，超出可行性研究报告确定的公路设计标准差额预算投资采取多渠道筹措。因此，实施规划按《关于托口水电站库区公路复建设计标准建议的函》（怀政函〔2010〕22号）中建议的道路标准对托口水电站湖南部分等外道路进行了设计，并对超出可行性研究报告确定的道路设计标准差额预算投资进行了测算。测算方法简述如下：测算分摊费用时不考虑道路等级提高后道路线形变好对投资的影响，主要考虑路基加宽、路面等级提高及路面加宽对投资的影响两部分。路基加宽部分增加投资，按提高标准前后路基宽度比例进行投资测算；路面等级提高及路面加宽部分增加投资，按水泥混凝土路面与泥结碎石路面差价计算。经测算，托口水电站湖南部分等外道路路线部分总费用为42067.04万元，应列入实施规划设计报告的费用（即按可行性研究标准测算的费用）为24155.96万元，超出可行性研究标准的费用为17911.08万元。由洪江市、芷江县、会同县承担14700.00万元，其余3211.08万元计入托口水电站移民安置实施规划设计报告或者从预备费中计列。托口水电站部分复建库周公路见图2.3-8。

2.3.7 移民规划注重经济合理性

由于沅江干流上水电项目淹没量大，效益相对较差，在建设征地移民安置规划及实施中，各方非常注重规划的经济合理性。

沅江干流已建的12个梯级水电站总装机容量514.8万kW，淹没影响涉及移民29.3

图 2.3-8　托口水电站部分复建库周公路

万人,规划移民总投资 191.5 亿元,移民投资为 0.4 万元/kW,其中移民投资最经济的为凌津滩水电站(1994—1998 年)、挂治水电站(2004—2007 年),移民投资为 0.1 万元/kW,最高的为白市水电站(2005—2013 年),移民投资为 1.0 万元/kW。

2.3.8　项目业主积极推动、全程参与移民安置工作

建设征地移民安置规划及实施过程中,项目业主积极参与移民安置工作,及时解决有关问题,极大地推进了移民工作进度,保障了工程顺利建设,比如托口水电站,在工程的项目论证、选址、规划、建设和竣工过程中,五凌公司领导班子成员亲力亲为给予了工程巨大的支持和帮助。五凌公司历任董事长、总经理等领导均先后多次到工地调研指导工作,与地方政府主要领导协商处理移民问题、督促搬迁进度。公司副总经理为成功解决托口水电站征地补偿标准等问题,与省政府及相关部门进行了大量的卓有成效的协调与沟通工作。具体分管工程建设的公司副总经理每月甚至一个月数次到工地或库区指导和协调工作,特别是在关键问题、宏观方向等方面给予托口水电站建设细心指导和支持。自工程 2009 年 10 月复工建设后,五凌公司领导数十次到托口工程建设工地,及时解决了移民安置补偿标准出台、库区公路超标准投资分担、耕地占用税缴纳、湖南土地补偿标准大幅提高、贵州不同意实质启动移民工作、贵州天柱县担心 2014 年存在安全度汛风险不同意蓄水等十余项重大问题。三年完成移民搬迁 3.6 万人,完成分期蓄水水位线下清库并通过了水电总院、国家环保总局分期蓄水验收,库区实现安全度汛并保持安宁稳定。2013 年年底,在分期蓄水水位线下所有移民搬迁和库底清理完毕并通过水电总院验收的前提下,贵州库区天柱县担心 2014 年存在安全度汛风险迟迟不同意下闸蓄水,经过电厂负责人近 1 个月的协调和工作,在相关工作基本满足地方政府要求的情况下,地方政府仍不同意下闸蓄水。最后在五凌公司相关领导的全力协调下,最终促成湖南、贵州 2 省副省长于 2014 年 1 月 2 日开展协商并确定

下闸蓄水时间,极大地支持了托口水电站建设。

白市水电站在蓄水前的移民搬迁关键时期,五凌公司创造性地采取将移民搬迁进度与耕地占用税及奖励挂钩,有效地调动了地方政府工作的积极性;采取现金补偿兑现、过度搬迁措施鼓励等办法,极大地提高了移民搬迁进度,移民搬迁高峰时期创造了日搬迁移民超千人,月搬迁移民超万人的优秀业绩。

2.3.9 重要移民专项工程施工实行业主返包

三板溪、白市、托口水电站库区移民集镇、等级公路等重要复建工程由项目法人五凌公司返包建设,推进了工程建设进展,确保了工程成功实现下闸蓄水的目标,并有效地控制了投资,对后续水电工程类似项目建设具有重大的借鉴意义。

五凌公司自1987年开始沅江五强溪水电站的建设,就一直承担着各项目进场公路施工的管理任务,在当时移民由政府统一包干模式下逐步积累了在地方施工的经验,初步形成并完善了"业主投资建设、地方征地拆迁"的进场公路管理模式。鉴于在长期进场公路施工管理过程中的经验,在2002年贵州地方政府提出由业主代为建设三板溪库区移民等级公路和桥梁时,五凌公司开始尝试承担移民工程代建任务,并一直延续至今。期间,先后承担了以下主要项目的移民工程代建任务:

(1) 三板溪水电站。完成库区部分等级公路和桥梁,1个集镇场坪建设。

(2) 白市水电站。自2008年年底开始,完成库区全部59km等级公路、31座库周公路桥梁、全部3个集镇场坪建设。

(3) 托口水电站。自2009年10月项目复工后,完成了托口集镇在内的7个集镇场坪、25km等级公路、渠水大桥在内的5座大桥建设。

五凌公司返包建设的部分库区工程项目见图2.3-9和图2.3-10。

图2.3-9 五凌公司返包建设的白市水电站库区远口大桥

2.3.10 注重移民矛盾纠纷排查化解,维护库区社会稳定

沅江干流水电工程淹没影响大,涉及范围广,移民诉求多样,维护库区社会稳定的压

图 2.3-10　五凌公司返包建设的托口水电站库区托口集镇场坪

力非常大,在水库淹没处理规划及移民安置实施过程中,电站建设有关各方尤其地方政府在两省、州(市)政府及移民局的领导下,高度重视移民矛盾纠纷隐患排查及化解工作,以保库区社会稳定。

三板溪、白市、托口水电站建设征地涉及的县(市)、乡(镇)政府均设立了各级矛盾纠纷调解处理机构。在水电站建设过程中,政府工作人员通过进村入户、走访群众、调查了解的方式及时排查矛盾纠纷隐患,并通过向移民群众耐心做思想宣传工作,组织移民学习行政法规,解释司法程序等方式方法化解移民矛盾纠纷,或引导移民正确运用法律手段维护自己的合法权益,提高移民群众法律意识,确保了库区社会稳定,保障了工程建设顺利进行。

第 3 章
移民安置政策

3.1 移民安置政策发展历程

3.1.1 五强溪阶段

3.1.1.1 国家主要移民安置政策

20世纪90年代初期以前,沅江干流建设的水电站为五强溪水电站和凌津滩水电站,执行的建设征地水库移民安置政策主要有《中华人民共和国土地管理法》(1986年颁布)、《湖南省土地管理实施办法》(湖南省1987年5月颁布)、《大中型水利水电工程建设征地补偿和移民安置条例》(国务院令第74号)、《水利水电工程水库淹没处理设计规范》(SD 130—84)及其他专业项目定额等,主要发展历程如下:

1984年,水利电力部制定和颁布《水利水电工程水库淹没处理设计规范》(SD 130—84),是中国第一部水库淹没处理规划设计规范。1986年12月,水利电力部又制定和颁布《水利水电工程淹没实物指标调查细则》(〔86〕水规规字77号)和《水库库底清理办法》(〔86〕水电水规字59号)作为SD 130—84的补充规定。

1986年6月,国家制定并颁布第一部土地管理法律《中华人民共和国土地管理法》,提出大中型水利水电工程建设征用土地的补偿费标准和移民安置办法,由国务院另行规定。该法于1988年12月由全国人民代表大会进行了修正。

1986年7月,国务院办公厅下发《国务院办公厅转发水利电力部关于抓紧处理水库移民问题报告的通知》(国办发〔1986〕56号),提出水库移民工作走开发性移民的路子。该通知同时提出:从1986年起,新建、扩建和续建水库工程的移民经费与工程概算一并审定,并在基建投资中安排包干使用。此后发生的移民问题,由基建投资中安排解决。

1991年2月,根据1988年修正的土地管理法,国务院制定并颁布第一部水库移民管理专项法规《大中型水利水电工程建设征地补偿和移民安置条例》(国务院令第74号),标志着我国水库移民政策体系基本形成。

1991年12月,能源部、水利部、水电总院印发《关于加强水库淹没处理前期工作的通知》(水规规〔1991〕67号),要求各方高度重视水库移民前期工作,提高水库淹没处理和移民安置规划设计的深度、精度和设计水平,扭转"重工程,轻移民"的被动工作局面。

3.1.1.2 湖南省主要移民安置政策

20世纪90年代中期以前,湖南省主要执行国家水库移民专业法律法规、规定及《中华人民共和国土地管理法》《湖南省土地管理实施办法》等有关普适性法律法规或通过湖南省级会议研究的方式处理移民问题,如根据五强溪水电站建设领导小组第十次会议纪要精神,中南院会同省、地、县有关部门开展了五强溪水库淹没处理补充规划设计和概算调整等几方面的工作。

湖南省人民政府根据五强溪水电站所处的时代特征及当地社会经济发展情况，实施过程中本着"放宽政策、广积资金、促进开发"的原则，在1988年颁发了《关于五强溪水库移民安置若干优惠政策的暂行规定》（湘政发〔1988〕48号），1992年颁发了《关于继续对五强溪库区开发性移民安置实行优惠政策的通知》（湘政函〔1992〕272号），这一系列的优惠政策，从税收减免、用电补贴、库区项目优先立项等多方面鼓励和促进库区移民后续的发展，极大地提高了移民搬迁的积极性和后续发展的动力。

（1）库区移民的茶、林、果、药从1988年起免征农林特产税7年，新垦殖的茶、林、果、药从受益之年起免征农林特产税5年。库区乡（镇）的木材生产按规定缴纳的育林基金，从1988年到1995年全部返还乡（镇），专项用于发展和保护库区林业生产。

（2）为安排移民新办的开发性农业企业（指安置移民人数占职工总数的60%以上的企业，以下同），从获得收益的年份起，5年内免缴产品税、所得税；免税期满后，纳税仍有困难的，按税收管理体制报经批准，可继续给予减免税照顾。为安置移民新办的其他企业，移民从事加工、运输、服务业和兴办的个体企业，免征产品税、营业税3～5年，为安置移民新办的企业免征所得税3年，移民个体企业有困难的，按税收管理体制报经批准后，可定期减免所得税。

（3）库区外的企事业单位或个人利用自有资金或贷款到库区投资办厂，在10年内一律享受移民企业待遇。

（4）搬迁企业、移民新办企业和移民电力用户，1995年前免收供配电改费，并安排专项指标照顾供电。五强溪水电站发电后，每年按水电站当年发电量的3%安排给库区和安置区，按国家定价供应。

（5）为了推进库区移民超前开发转产，从1988年起对移民建设占用耕地核减粮油定购任务。因淹没和占用耕地必须安排的农村移民，口粮不足500斤原粮的，经粮食部门核实后，由县安排供应统销粮。

（6）用移民经费安排的重点开发性建设项目结合搬迁进行的技术改造项目，其资金不影响移民迁移安置的，在同等条件下，优先审批立项，这些项目建设所需物资，属于计划分配的由湖南省计划和物资部门向湖南省移民办分配专项指标。

（7）搬迁企业、移民新办企业有困难的，可按税收管理体制申请免征能源交通基金。从1989年起至1995年止，不分配库区和移民新安置区国库券的认购任务，改由自由认购。

（8）因淹没、占用耕地免征农业税和库区企业搬迁所造成的所在县减收的税利，经省财政部门核实，由省予以补助。

（9）对库区和安置区迁建、改建企业及农业开发性生产项目，工商银行、农业银行在信贷计划中，应予优先安排指标和资金，必要时视项目情况由省给予贴息照顾。

3.1.2 三板溪阶段

1996年，国家电力工业部发布《水电工程水库淹没处理规划设计规范》（DL/T 5064—1999），水电工程建设征地移民安置规划及实施工作进入一个新的阶段。从1996年至 2006 年发布《大中型水利水电工程建设征地补偿和移民安置条例》（国务院令第 471 号），除国家制定并颁布了一系列水库移民法律法规及规程规范外，沅江干流水电工程涉及的湖南、贵州两省也陆续制定和颁布了一系列地方法规和文件，进一步完善了水利水电工程移民安置工作。该时期沅江流域在建水电站主要包括三板溪水电站、挂治水电站、洪江水电站等，此时期移民安置政策主要发展历程如下。

3.1.2.1 国家主要移民安置政策

1996 年 11 月，国家电力工业部以"国务院令第 74 号"为依据，在《水利水电工程水库淹没处理设计规范》（SD 130—84）的基础上，制定并颁布了《水电工程水库淹没处理规划设计规范》（DL/T 5064—1996）；2003 年 9 月，水利部在 SD 130—84 的基础上修订并颁布了《水利水电工程建设征地移民设计规范》（SL 290—2003）；两部行业规范进一步完善、规范了水电水利工程移民安置规划设计工作。

1998 年 8 月，全国人民代表大会全面修订并颁布了《中华人民共和国土地管理法》，在 1988 年土地管理法的基础上提高了土地征用补偿标准。

2001 年 11 月，根据 1998 年修订后的土地管理法中水利水电工程征地补偿标准由国务院另行规定的规定，国土资源部、国家经济贸易委员会、水利部联合发布了《关于水利水电工程建设用地有关问题的通知》（国土资发〔2001〕355 号），该通知明确在移民安置条例未修订前，水利水电工程建设征地移民安置补偿补助按土地管理法规定的标准执行。

2003 年，水利部制定并发布《水利水电工程建设征地移民设计规范》（SL 290—2003）。

2004 年 8 月，全国人民代表大会对《中华人民共和国土地管理法》进行修正，区分了土地征收与征用。

2004 年 10 月，国务院发布《国务院关于深化改革严格土地管理的决定》（国发〔2004〕28 号），文中指出，县级以上地方人民政府要采取切实措施，使被征地农民生活水平不因征地而降低。

3.1.2.2 湖南省主要移民安置政策

1998 年，湖南省政府出台《湖南省移民资金管理办法》（湘政发〔1998〕30 号），湖南省财政厅、湖南省移民开发局配套制定移民资金、移民项目管理规章制度，不断规范移民项目、资金管理，形成了"资金跟着项目走，项目跟着计划走，计划跟着规划走"的移民项目资金运行管理机制。

2003 年 11 月，根据国家有关法律、行政法规的规定，结合湖南省实际，湖南省人民政府制定并发布《湖南省大中型水库移民条例》。

2005 年，湖南省人民政府发布《关于深化改革严格土地管理的意见（湘政发〔2005〕4 号）》，提出工程建设占用基本农田的，征地补偿按法定最高标准执行。

3.1.2.3 贵州省移民政策

2001 年 2 月，贵州省移民办根据国家有关移民工作的政策、法规，结合贵州省实际，在广泛调研并充分征求贵州省有关部门和单位以及有关地、州、县、市、区政府（行署）、移民办（支重局）意见的基础上，制定并颁布《贵州省大中型水电工程水库移民安置实施管理试行办法》（黔移办发〔2001〕006 号），办法共七章，包括总则、组织机构及职责、项目管理、资金管理、移民监理、移民安置验收和其他。

2001年6月，中共贵州省委办公厅、贵州省人民政府办公厅联合发布《关于进一步加强全省大中型水电工程移民工作有关问题的通知》（黔党办发〔2001〕20号）。

2003年3月，鉴于在黔党办发〔2001〕20号的贯彻执行过程中，不同程度地存在库区移民跨县外迁安置和自谋职业无土安置工作审批程序不规范、安置手续不完备、把关不严等现象，致使少数移民搬迁后生产门路、生活出路不落实，影响了社会稳定和水电工程建设的情况，为认真贯彻落实黔党办发〔2001〕20号文件精神，进一步加强贵州省大中型水电工程移民跨县外迁安置和自谋职业无土安置的审批和管理，扎实稳妥地安置好移民，保障移民合法权益，维护社会稳定，确保贵州省"西电东送"工程顺利建设，贵州省人民政府制定并发布《贵州省人民政府办公厅关于加强大中型水电工程移民跨县外迁安置和自谋职业无土安置管理的通知》（黔府办发〔2003〕12号）。通知要求库区各级政府和移民工作机构切实加强移民跨县外迁安置的审批和管理、从严控制自谋职业无土安置移民。

2004年3月，贵州省人民政府发布《省人民政府关于加强重点建设项目征地管理工作的通知》（黔府发〔2004〕5号），通知提出"各级各有关部门要严格按照县级人民政府依法制订和公布实施的土地年产值标准，根据各地人均耕地状况和重点建设项目实际，按照不低于《贵州省土地管理条例》规定的中限水平，依法合理补偿被征地农民。对完全失去土地的，要按高限补偿。其中，青苗补偿费按土地年产值的一倍进行补偿，地上附作物按有关规定或者双方约定的标准补偿。对于用地量大、涉及面广、跨区域较多的重点建设项目，要在保证依法补偿的前提下，尽可能统一征地补偿标准"。对于失地农民安置问题，通知提出"国家和贵州省重点建设项目各级各有关部门要结合小城镇建设和扶贫开发，在充分尊重被征地农民意愿的基础上，根据项目的性质和特点，以'有土安置'为主，积极推行货币安置与留地安置、招工安置、农业安置、农村养老保险安置、带地入股安置和后期扶持相结合等多途径安置方式，确保被征地农民群众的生活水平不降低，解决好他们的长远生计问题"。

2005年9月，为认真贯彻落实"三个代表"重要思想，按照科学发展观和构建社会主义和谐社会的要求，妥善解决物价上涨因素对移民搬迁建房的影响，维护移民合法权益和库区社会稳定，保证西部大开发战略顺利实施，贵州省人民政府办公厅发布《贵州省人民政府办公厅关于调整我省大中型水电工程移民房屋补偿标准的通知》（黔府办发〔2005〕77号），对包括沅江干流三板溪水电站、挂治水电站等贵州省水电工程移民房屋补偿标准进行了调整。随后，贵州省移民办根据"黔府办发〔2005〕77号"文要求制定并发布了《关于调整我省大中型水电工程移民房屋补偿标准的实施意见》（黔移办发〔2005〕19号），要求各地各项目抓紧做好调整的各项工作，尽快落实调整资金，及时兑现补偿，促进移民工作正常开展。

为解决好三板溪水库移民的温饱和生产生活存在的实际困难，使移民长远生计得到保障，让移民共享改革发展成果，维护移民安置区、社会长期稳定，促进社会和谐，实现移民"搬得出，稳得住，能发展"的致富目标。黔东南州和相关县（市）机关职能机构相继出台了以现金支付到人，三板溪水电站征地移民补偿投资概算调整、新增项目补助费和长期补偿安置的优惠政策。加强对基本口粮及配套水利设施建设，加强交通、供电、通信和社会事业等方面的基础设施建设，加强生态建设、环境保护，加强移民劳动就业技能培训和教育，改善移民生产生活条件，促进经济发展，增加移民收入，使移民生活水平不断提高。

3.1.2.4 市（州）、县（市）移民安置政策

随着《湖南省大中型水库移民条例》、《贵州省大中型水电工程水库移民安置实施管理试行办法》（黔移办发〔2001〕006号）的颁布以及《水电工程水库淹没处理规划设计规范》（DL/T 5064—1996）的正式施行，水利水电工程移民安置工作内容得到了进一步的细化和明确，各省、市（州）、县（市）也开始设立移民安置管理的专职机构。为了进一步完善和落实水库移民安置工作，各市（州）、县（市）人民政府及移民管理部门也开始针对所涉及的大中型水利水电项目出台了一系列针对性的管理、激励、补充政策。如：

2002年4月，怀化市洪江市人民政府针对洪江水电站出台《洪江电站库区移民生产开发若干规定》。

2005年5月，怀化市洪江市人民政府出台《洪江市水库移民资金管理办法》。

2002年10月，黔东南州锦屏县人民政府出台《三板溪水电站移民生产安置实施办法（试行）》。

地方各市、县级移民主管部门在当时的移民政策框架下，结合地方的实际情况，在实践中探索出了一系列更为深入和细化的移民安置政策，逐步为未来的移民安置政策制定积累了宝贵的经验和丰富的理论基础。

3.1.3 托口、白市阶段

随着社会经济的发展和《中华人民共和国土地管理法》（2004年1月1日施行）、《国务院关于深化改革严格土地管理的决定》（国发〔2004〕28号）等法律法规及文件的颁布和实施，《大中型水利水电工程建设征地补偿和移民安置条例》（国务院令第74号）和《水电工程水库淹没处理规划设计规范》（DL/T 5064—1996）已难以满足水电工程建设征地移民安置工作的需要，必须进行调整。2006年3月，国务院常务会议讨论并原则通过了新修订的《大中型水利水电工程建设征地补偿和移民安置条例》草案和关于完善大中型水库移民后期扶持政策的意见，对水库移民安置补偿政策和后期扶持政策进行了全面调整、改革和完善。该时期沅江流域建设的水电站主要包括白市水电站、托口水电站、桃源水电站等。

3.1.3.1 国家主要移民安置政策

2006年5月，国务院颁布《关于完善大中型水库移民后期扶持政策的意见》（国发〔2006〕17号）；2006年7月，国务院颁布《大中型水利水电工程建设征地补偿和移民安置条例》（国务院令第471号），这两项政策法规的颁布实施，标志着中国水库移民政策在新的历史条件下的成熟和完善，具有划时代的意义，中国水库移民工作由此进入一个全新的历史时期。

2007年，为贯彻执行《大中型水利水电工程建设征地补偿和移民安置条例》（国务院令第471号），适应水电工程项目核准和水电工程建设需要，以及水电工程建设征地移民安置

规划设计工作需要，国家发展和改革委员会组织有关单位和部门对《水电工程水库淹没处理规划设计规范》(DL/T 5064—1996)进行了修订，颁布《水电工程建设征地移民安置规划设计规范》(DL/T 5064—2007)、《水电工程建设征地处理范围界定规范》(DL/T 5376—2007)等共8部规范，进一步系统地规范了水电工程建设征地移民安置规划工作，提高了移民安置规划的技术要求。

2009年7月，水利部依据"国务院令第471号"，组织对《水利水电工程建设征地移民设计规范》(SL 290—2003)进行了修订，发布《水利水电工程建设征地移民安置规划设计规范》(SL 290—2009)、《水利水电工程建设农村移民安置规划设计规范》(SL 440—2009)、《水利水电工程建设征地移民安置规划大纲编制导则》(SL 441—2009)、《水利水电工程建设征地移民实物调查规范》(SL 442—2009)4部规范。修订后的新规范增加移民安置规划大纲的编制要求，增加了项目建议书阶段，并对各设计阶段的主要工作内容、工作深度进行了调整和充实。

3.1.3.2　湖南省移民政策

2008年7月，湖南省人民政府修订颁布《湖南省大中型水库移民条例》。

2009年12月，湖南省人民政府制定并发布《关于公布湖南省征地补偿标准的通知》(湘政发〔2009〕43号)，公布了湖南省内各市县的征地区片价，该标准自2010年3月1日起施行。托口水电站湖南库区土地补偿采用该通知确定的标准。

2010年5月，湖南省人民政府制定并颁布《关于加强大中型水库移民安置工作的意见》(湘政发〔2010〕9号)。湘政发〔2010〕9号对移民安置规划设计深度、安置标准、安置方式及项目报批程序、安置验收、实施管理等内容进行了规范，其中规定：农村移民安置规划要达到移民安置实施的深度要求，规划内容须包括以村民小组为单位的土地调整（需调整土地的）和安置点具体位置的对接成果。10户以上的移民集中安置点须进行专项设计。城（集）镇规划要进行基础设施设计、编制城（集）镇修建性详细规划设计报告、进行城镇道路及竖向工程等重点项目设计。专项设施复建或迁建须基本达到相关行业规范的初步设计深度。农村移民安置以农业生产安置为主，其他安置方式为辅。所有安置方式，都要从实际出发，因地制宜，有利生产，方便生活，使移民生活达到或超过原有生活水平。采用有地安置的，人均安置耕地原则上不得低于0.7亩；主要生产资料被征占比例大于15%的，不得采用一次性货币补偿安置方式。采用长效实物安置方式的，要分别按各类土地征收时每亩地补偿费的1/16折算成稻谷重量标准，作为每亩每年的实物补偿标准。土地补偿、补助标准按照国家和湖南省人民政府公布的有关规定确定。

2011年11月，湖南省人民政府办公厅下发《湖南省大中型水库移民安置工作管理暂行办法》(湘政办发〔2011〕78号)，该暂行办法包括总则、移民安置工作主要任务、规划设计管理、安置实施管理、资金使用管理、安置验收管理、监督检查与责任追究、附则共8章。

2012年10月，湖南省水库移民开发管理局印发《湖南省大中型水库移民安置工程建设项目管理暂行办法》(湘移发〔2012〕10号)。该暂行办法对农村移民生产开发项目、居民点基础设施项目、城（集）镇基础设施项目、专业项目、防护工程等移民工程类项目的前期管理、实施管理、变更管理、竣工验收管理及监督检查等作了具体规定。

2012年10月,湖南省水库移民开发管理局印发《湖南省大中型水库移民安置社会稳定风险评估暂行办法》(湘移发〔2012〕11号),提出全省大中型水库要开展移民安置风险评估工作,移民安置风险评估成果是审查移民安置规划大纲的重要依据,未进行移民安置社会稳定风险评估的,不得审查移民安置规划大纲。

2012年12月,考虑经济社会发展的实际情况,湖南省人民政府对"湘政发〔2009〕43号"确定的全省各地征地区片价进行了调整,颁布《湖南省人民政府关于调整湖南省征地补偿标准的通知》(湘政发〔2012〕46号)。

2014年10月,湖南省人民政府办公厅印发《湖南省大中型水库移民安置工作管理办法》(湘政办发〔2014〕88号)。

2015年5月,湖南省水库移民开发管理局印发《湖南省大中型水库移民安置验收管理办法》(湘移发〔2015〕13号)。

2015年5月,湖南省水库移民开发管理局印发《湖南省大中型水库移民安置社会稳定风险评估管理办法》(湘移发〔2015〕16号)。

2015年11月,湖南省人民政府组织对《湖南省人民政府关于加强大中型水库移民安置工作的意见》(湘政发〔2010〕9号)进行了修订完善,重新颁布《湖南省人民政府关于进一步加强大中型水库移民安置工作的意见》(湘政发〔2015〕47号)。

3.1.3.3 贵州省移民政策

国务院令第471号颁布后,黔东南州人民政府向贵州省人民政府报送了《关于请审查批准三板溪水电站无法落实生产安置移民实行长期补偿方案的请示》(黔东南府呈〔2006〕108号)。2007年2月,贵州省人民政府办公厅下发《贵州省人民政府办公厅关于三板溪水电站移民补偿有关问题的复函》(黔府办函〔2007〕11号),同意对三板溪水电站难以通过"有土安置"等方式进行生产安置的移民实行长期补偿的方案,开启了沅江干流水电站建设征地移民实行长期实物补偿安置的先河。

2007年2—7月,贵州省移民办先后制定并发布《大中型水库农村移民后期扶持人口核定登记工作意见》的通知(黔移办发〔2007〕4号)、《贵州省大中型水库移民后期扶持方式确定办法》(黔移办发〔2007〕5号)、《贵州省人民政府关于深入贯彻落实国务院大中型水库移民后期扶持政策的意见》(黔府发〔2007〕7号)、《贵州省大中型水库移民后期扶持项目管理暂行办法》(黔移办发〔2007〕11号),对贵州省农村移民后期扶持政策及后期扶持项目管理进行了规范。

2007年9月,贵州省人民政府发布《贵州省人民政府办公厅关于移民示范新村建设有关问题的通知》(黔府办发〔2007〕105号)。

2010年,贵州省移民局发布《关于进一步规范新建大中型水库农村移民后期扶持人口核定工作的通知》(黔移发〔2010〕18号),对农村移民后期扶持人口核定作了进一步规范。

2011年11月,贵州省移民局发布《贵州省大中型水利水电工程移民安置建设项目管理暂行办法》(黔移发〔2011〕38号),对贵州省内大中型水利水电工程移民安置建设项目的设计、招投标、施工建设、竣工验收等全过程的管理进行了规范。

2012年10月,贵州省委、省政府制定并下发《中共贵州省委贵州省人民政府关于加快推进小城镇建设的意见》(黔党发〔2012〕25号),提出"水利水电工程移民要突出城镇化安置模式,尽量将移民搬迁安置到小城镇,促进小城镇建设,着力改善移民生产生活条件,提高自我发展能力"。

2013年5月,贵州省移民局根据"黔党发〔2012〕25号"要求,制定并下发《关于进一步做好水利水电工程移民城镇化安置的意见》(黔移发〔2013〕31号)。

沅江干流水电工程移民安置涉及国家和湖南、贵州两省历年政策文件见附录B。

3.1.3.4 市(州)、县主要移民政策

此时期,黔东南州根据项目建设实际情况,有针对性地对建设征地移民安置政策进行了细化,如:2008年,黔东南州先后印发了"关于水电站工程建设移民工作专题会议纪要"等,确定了库区复建公路、集镇等复建工程占地影响移民发放过渡安置费,并明确了发放范围、标准和期限。

2009年,黔东南州印发白市水电站天柱库区公路集镇工程建设协调会议纪要,明确复建交通工程应尽量少占耕地,如确需占用水田的,在征用水田时,如大部分被征收,剩余部分无法耕种的,一并纳入征收范围,该文件首次明确了征用后耕地的"边角余料"的处理原则,为后续同类项目处理提供了参考。

2009年,黔东南州印发了《白市水电站移民安置实施规划编制工作协调会议纪要》,首次明确将空闲宅基地、大型广告牌(石碑)纳入实物指标调查范围;同时,该文件首次明确对于无人口居住的房屋及公房,应按房屋面积计列基础设施恢复费。

2010年,黔东南州印发了《州移民局关于印发白市水电站工程建设征地移民安置实施规划报告预审意见的函》,首次明确公路复建工程占地影响耕地应纳入生产安置人口计算。

2012年,黔东南州印发了《关于下达白市水电站移民工作倒排工期计划的通知》,首次创新性地将地方政府的移民安置实施进度与项目法人缴纳税金的进度挂钩,有力地推动了移民安置实施进度,为白市水电站如期下闸蓄水创造了条件。

3.2 移民安置政策解读

3.2.1 五强溪阶段

3.2.1.1 国家重要政策解读

20世纪90年代初以前,沅江干流建设的水电站主要为五强溪水电站,执行的建设征地水库移民安置政策主要有《中华人民共和国土地管理法》(1988年12月颁布)、《湖南省土地管理实施办法》(1987年5月颁布)、《大中型水利水电工程建设征地补偿和移民安置条例》(国务院令第74号)、《水利水电工程水库淹没处理设计规范》(SD 130—84)及其他专业项目定额等。其中,1991年国务院令第74号颁布的《大中型水利水电工程建设征地补偿和移民安置条例》是水库移民的第一部专业法规,是大中型水利水电工程水库移民政策体系中最重要的法规依据。

国务院令第74号的依据是《中华人民共和国土地管理法》中"大中型水利、水电工程建设征用土地的补偿费标准和移民安置办法,由国务院另行规定"。国务院令第74号中

确定大中型水利、水电工程建设征地的移民补偿安置"采取前期补偿、补助与后期生产扶持的方法",移民安置与"经济发展相结合,逐步使移民生活达到或者超过原有水平"。

《水利水电工程水库淹没处理设计规范》(SD 130—84)是水库移民的第一部专业规范,对规范沅江干流五强溪水电工程建设征地移民安置工作起到了非常重要的作用,但也存在一定的局限,如枢纽工程建设区征地移民前期工作未纳入水库移民安置规划体系;规划设计工作深度要求较浅,移民补偿标准偏低(房屋补偿考虑利旧)等。

3.2.1.2 湖南省重要政策解读

20世纪90年代初以前,湖南省主要执行国家水库移民专业法律法规、规定及《中华人民共和国土地管理法》、《水利水电工程水库淹没处理设计规范》(SD 130—84)等有关普适性法律法规,1987年5月湖南省颁布《湖南省土地管理实施办法》,该政策文件更进一步明确了湖南省国家建设征用土地的补偿标准,但由于该补偿标准与《大中型水利水电工程建设征地补偿和移民安置条例》中规定的补偿标准存在较大幅度的差距(约比国务院令第74号标准高3倍),而在移民安置补偿实际实施时采用的仍然是国务院令第74号的补偿标准,从而造成因不同项目征地补偿标准的不一致产生了许多社会矛盾,出现移民搬迁后的生产生活水平不升反降的情况。为缓解这些矛盾,湖南省也同时出台了针对库区移民未来发展的优惠政策,如《关于五强溪水库移民安置若干优惠政策的暂行规定》等,激励和促进移民安置的实施和库区移民未来的发展。

3.2.2 三板溪阶段

3.2.2.1 国家重要政策解读

1996年11月,国家电力工业部以"国务院令第74号"为依据,在《水利水电工程水库淹没处理设计规范》(SD 130—84)的基础上,制定并颁布《水电工程水库淹没处理规划设计规范》(DL/T 5064—1996),2003年9月,水利部在SD 130—84的基础上修订并颁布《水利水电工程建设征地移民设计规范》(SL 290—2003);两部行业规范进一步完善、规范了水利水电工程移民安置规划设计工作。

与SD 130—84相比,DL/T 5064—1996和SL 290—2003具有以下主要特点。

1. 内容更完整

(1) DL/T 5064—1996规定水电工程处理范围包括水库淹没影响区、枢纽工程建设区,明确将枢纽工程建设区纳入处理范围;SL 290—2003规定水利工程建设征地处理范围还包括其他水利工程用地区。

(2) 关于水库回水末端的终点高程位置将原规定的"可按回水曲线高于同频率洪水天然水面线0.1m～0.3m范围内分析确定"修改为"水库回水末端的设计终点高程位置在回水曲线不高于同频率天然水面线范围内,是采取垂直斩断还是水平延伸应结合当地地形壅水历时和淹没对象的重要性等具体情况综合分析确定"。一般来说,如回水末端地形较为开阔,水面比降较缓,附近是良田沃土或城镇,宜采取水平延伸;反之,回水末端为峡谷山地又无重要经济对象,可采取垂直斩断。

2. 设计深度要求更高

DL/T 5064—1996、SL 290—2003各个设计阶段的工作深度较SD 130—84的要求有

所提高，更有利于保证规划设计成果的精度和质量，满足征地移民实施的要求。

3. 可操作性更强

DL/T 5064—1996、SL 290—2003 要求在招标设计阶段编制实施规划或实施计划，提高了规划设计的可操作性。

3.2.2.2 湖南省重要政策解读

20世纪90年代至21世纪初，湖南省颁布的最重要的移民安置政策为《湖南省大中型水库移民条例》，该条例是湖南省第一部移民专项地方法规，明确了湖南省水库移民工作的基本原则、管理体制、移民安置规划程序、移民补偿标准、移民后期扶持、移民资金管理等内容。《湖南省大中型水库移民条例》是全国首部由省立法机关制定的水库移民法规，对维护湖南省移民合法权益、做好移民安置工作、促进水利水电工程建设发挥了积极作用，产生了深远影响。

3.2.2.3 贵州省重要政策解读

20世纪90年代初至21世纪初，贵州省颁布的最重要的移民安置政策包括《贵州省大中型水电工程水库移民安置实施管理试行办法》（黔移办发〔2001〕006号）和《关于进一步加强全省大中型水电工程移民工作有关问题的通知》（黔党办发〔2001〕20号）。

2001年2月，为切实搞好贵州省水库移民安置工作，促进贵州省水电开发建设，保证"西电东送""黔电入粤"目标的实现，根据国家有关移民工作的政策、法规，结合贵州省实际，贵州省移民办在广泛调研并充分征求省有关部门和单位以及有关地（州）、县（市）、区政府（行署）、移民办意见的基础上，经过省内外有关专家的认真咨询，研究制定了《贵州省大中型水电工程水库移民安置实施管理试行办法》（黔移办发〔2001〕006号），办法共七章，包括总则、组织机构及职责、项目管理、资金管理、移民监理、移民安置验收和其他。该办法明确了水库移民安置工作的管理体制和管理方式，提出"水库移民安置工作采取'政府负责，投资包干，业主参与，移民监理'的管理体制和库区、施工区统一的管理方式"。办法还对移民安置实施规划的编制单位等作出了规定："移民安置实施规划是移民安置的总体设计文件，由省移民办委托电站设计单位，会同相关地、县人民政府（行署），依据国家审批的可行性研究阶段移民安置规划和有关政策法规、技术规范编制。其内容包括总报告、分期、分县报告和地质、环评专题报告等。报告经征求相关的交通、电力、电信等部门意见后，由省人民政府或委托省移民办主持审查。经审查批准的移民安置实施规划在实施中如需作重大变更，应专题逐级报审。"

2001年6月，中共贵州省委办公厅贵州省人民政府办公厅联合发布了《关于进一步加强全省大中型水电工程移民工作有关问题的通知》（黔党办发〔2001〕20号），提出进一步提高做好大中型水电工程移民工作重要性的认识，切实增强使命感和责任感；要自觉地把做好大中型水电工程移民工作作为一项重要的经济任务和重大政治任务，按照省委、省政府的要求，明确目标、分清职责、密切协作，使移民工作有序推进；要坚决克服官僚主义和形式主义，狠抓落实，通过深入细致的工作，扎扎实实地帮助移民解决生产生活中的实际困难和问题，把移民工作做得更好。该通知改革和完善了贵州省移民管理体制，强化移民工作责任制；从实际出发，调整和完善贵州省有关移民政策。该通知明确提出了"统一电站施工区与库区移民补偿标准"的要求。

3.2.2.4 市（州）、县移民安置政策解读

随着国家颁布《关于印发水电工程建设征地移民工作暂行管理办法的通知》（计基础〔2002〕2623号）以及《湖南省大中型水库移民条例》、《贵州省大中型水电工程水库移民安置实施管理试行办法》（黔移办发〔2001〕006号）的相继施行，标志着中国移民安置工作步入了新的规范化、科学化时代。地方移民主管部门也开始根据国家、省级移民安置政策框架积极努力地探索更完善合理的移民安置实施、管理以及移民未来发展的政策，因地制宜地结合当地的实际情况积累了许多为后来移民安置政策制定提供理论和实践依据的地方性政策。如：2002年洪江市出台的《洪江电站库区移民生产开发若干规定》，该规定通过减免移民开发项目的税收、开辟移民项目绿色通道、提供技术支持等方式，大力推进了移民搬迁后的后续发展，同时也开始逐步将移民安置的重心由"补偿"转移到"发展"，移民安置工作不再仅仅局限于实物指标补偿、移民搬迁等基础性工作，而是更加重视移民未来的生产生活发展。

三板溪水电站移民搬迁实施过程中，剑河县委、县政府制定了《剑河县城居民整体搬迁实施方案》《剑河县城居民整体搬迁办法》，明确了各级各部门干部的责任，要求领导干部垂范，党员和干部带头，各单位实行责任包干，对按时搬迁并腾空老城房屋的每户奖励1000元。

同时，各市（州）、县移民主管部门也出台了一系列更加细化和完善的移民安置实施管理办法，确保了移民安置任务在实施过程中能够得到有效的落实，也填补了一系列实施过程中可能存在的管理漏洞，如洪江电站库区洪江市出台的《洪江市水库移民资金管理办法》，该办法明确了水库移民资金的使用程序，有效地避免了在实施过程中可能存在的贪污、资金违规使用等问题。

随着三板溪、洪江、挂治水电站的陆续下闸蓄水，各级移民主管部门、移民安置规划设计从业者、水利水电项目业主都从中积累和探索出了许多宝贵的移民安置实践与管理的经验，为下一阶段的移民安置工作打下了坚实的基础。

3.2.3 托口、白市阶段

3.2.3.1 国家重要政策解读

21世纪初以来，国家就解决"三农"问题、统筹城乡发展、构建和谐社会等作出了一系列重大决策，这对大中型水利水电工程征地补偿和移民安置工作提出了更高的要求。在这种形势下，国务院组织有关部门对1991年的移民条例进行了修订。2006年3月29日，国务院第130次常务会议通过了《大中型水利水电工程建设征地补偿和移民安置条例》（国务院令第471号）。新条例共8章63条，从保护移民合法权益、维护社会稳定的原则出发，明确了移民工作管理体制，强化了移民安置规划大纲和移民安置规划的法律地位，特别是对征收耕地的土地补偿费和安置补助费标准、移民安置的程序和方式、水库移民后期扶持制度以及移民工作的监督管理、法律责任等方面作了比较全面的规定。为贯彻落实本条例，国家有关部委相继发布了系列规程规范，一些地方出台了法规规章。

2007年7月20日，国家发展和改革委员会以2007年第42号公告公布水电工程建设征地移民安置规划设计的8个规范，从2007年12月1日起施行。《水电工程建设征地移

民安置规划设计规范》(DL/T 5064—2007)衔接了工程报批程序,对建设征地范围界定、实物指标调查、移民安置规划大纲编制等程序作出了明确的规定;更加重视农村移民安置;城镇迁建规划、专项规划设计、库底清理规划设计要求加深。

3.2.3.2 湖南省重要政策解读

21 世纪初之后,湖南省发布的重要政策包括《湖南省人民政府关于公布湖南省征地补偿标准的通知》(湘政发〔2009〕43 号)、《湖南省人民政府关于调整湖南省征地补偿标准的通知》(湘政发〔2012〕46 号)、《湖南省人民政府办公厅关于印发〈湖南省大中型水库移民安置工作管理办法〉的通知》(湘政办发〔2014〕88 号)、《湖南省人民政府关于进一步加强大中型水库移民安置工作的意见》(湘政发〔2015〕47 号)以及《湖南省大中型水库移民安置社会稳定风险评估管理办法》(湘移发〔2015〕16 号)等重要政策法规。

1. "湘政发〔2012〕46 号"政策要点

为规范湖南省征地补偿安置工作,切实解决好被征地农民就业、住房、社会保障等问题,维护被征地农村集体经济组织和农民的合法权益,促进经济社会持续健康发展,湖南省人民政府于 2009 年 12 月颁布了《湖南省人民政府关于公布湖南省征地补偿标准的通知》(湘政发〔2009〕43 号),该通知共 6 条,首次系统公布了湖南省各县的征收耕地区片价及征收其他土地修正系数。

"湘政发〔2009〕43 号"公布的征地标准包含土地补偿费和安置补助费两项费用之和,并提出了"对国家和省兴建公路、铁路、水利工程等重大基础设施项目的征地补偿标准,省人民政府另有规定的,从其规定"。

2012 年 12 月,为进一步规范湖南省征地补偿安置工作,促进经济社会持续健康发展,切实维护被征地农村集体经济组织和农民的合法权益,湖南省人民政府对"湘政发〔2009〕43 号"公布的征地补偿标准进行了调整,颁布了《湖南省人民政府关于调整湖南省征地补偿标准的通知》(湘政发〔2012〕46 号)。"湘政发〔2012〕46 号"根据物价上涨的实际情况,在"湘政发〔2009〕43 号"的基础上提高了全省的征地补偿标准,同时删除了"对国家和省兴建公路、铁路、水利工程等重大基础设施项目的征地补偿标准,省人民政府另有规定的,从其规定"的规定。"湘政发〔2012〕46 号"的颁布施行,标志着采用征地区片价成为湖南省水库移民征地补偿的强制性标准,对湖南省水电工程建设征地补偿工作具有里程碑的意义。沅江干流托口水电站湖南库区采用"湘政发〔2012〕46 号"公布的征地补偿标准。

2. "湘政发〔2015〕47 号"政策要点

为强化水库移民搬迁安置工作依法移民、保障权益、维护稳定的管理目标和相关责任,更好地服务经济社会发展大局,湖南省继 2008 年 7 月修订颁布省移民条例后,湖南省人民政府于 2010 年 5 月 10 日出台了《关于加强大中型水库移民安置工作的意见》(湘政发〔2010〕9 号)。该文件高屋建瓴地规划了湖南省移民安置工作政策空间、管理环节、方法路径、组织领导和相关责任等方面的体制机制,并引领配套制定了一系列专项制度和办法,从而加速了湖南省移民安置工作制度化、规范化、专业化管理进程,促进了水库工程建设与移民安置的相适性,提升了移民安置管理对于经济社会发展的贡献度,成为湖南省移民安置工作领域一个高规格的纲领性文件。伴随着经济社会的发展进程,移民安置工作衍生出许多新情况、新问题，根据《湖南省规范性文件管理办法》的时效性规定，经组织修订完善，2015年11月30日，湖南省政府重新颁布《关于进一步加强大中型水库移民安置工作的意见》（湘政发〔2015〕47号）。

湘政发〔2015〕47号共分5个单元，就移民安置工作的"科学编制规划""严格报批程序""强化实施管理""规范安置验收""加强组织领导"等方面，对移民安置工作管理作出了实体性规定。

(1) 湘政发〔2015〕47号突出了规划编制的科学性、统筹性。

1) 强调了实物调查的基础地位。基于实物指标调查是移民安置规划编制的基础，湘政发〔2015〕47号对实物调查的工作依据、组织实施、成果认定进行了明确规定。

2) 对移民安置规划设计的深度和精度作出了翔实要求。一方面，规划设计工作必须坚持以人为本原则，坚持开发性移民方针，依据国家和省现行的政策法规和技术标准，保证规划设计深度和精度，为移民"搬得出，稳得住，逐步能致富"夯实基础。另一方面，编制移民安置规划，应根据实物调查结果，深入分析移民区、移民安置区经济社会情况和资源环境承载能力，全面对接国民经济和社会发展规划、土地利用总体规划、城市总体规划、村庄和集镇规划、生态环境保护规划、精准扶贫战略和全面建成小康社会目标，促进移民区和移民安置区可持续发展。

3) 明确了移民安置实行多元化路径。鉴于传统移民安置方式的情况和困境，湘政发〔2015〕47号紧密对接新农村建设、新型城镇化和征地制度改革等大政方针，对农村移民生产安置提出了"合理选择农业安置、自谋职业安置、长效实物补偿安置、养老保障安置、一次性货币补偿等多元化组合安置方式，有效破解了移民安置受资源、环境容量不足约束的难题。

4) 注重了规划确定的民意基础。湘政发〔2015〕47号指出：无论是农村移民生产安置还是搬迁安置的规划，其移民搬迁安置去向、移民居民点布局及生产方式等内容，必须在广泛征求移民和移民安置区居民代表意见的基础上确定，必要时采取听证的方式，以准确把握移民群众对生产生活安置的意愿和需求。

5) 实化了规划设计和补偿补助的主要政策标准。一方面，延展了复建规划的"三原"原则的政策空间。湘政发〔2015〕47号对需要复（迁）建的城（集）镇、交通、电力、通信、广播电视等专项设施，明确规定按照"三原"原则进行规划。原标准、原规模低于国家相关行业强制性标准下限的，要按国家规定的下限标准规划；高于国家相关行业强制性标准上限的，要按国家规定的上限标准规划；原有工程设施属于违法工程的，不予补偿。需要迁建或新建的中小学和医疗卫生设施，应当按照国家规定标准，衔接有关专业规划，兼顾移民安置区社会事业发展需要，合理确定建设标准和补偿费用。另一方面，明晰了移民安置补偿补助的有关标准与保障措施。在生产安置标准上，明确采用有土并外迁安置方式的，要以恢复建设征地影响的原有农业收入水平为原则分析确定土地安置标准，其人均安置耕地原则上不低于0.7亩。在土地补偿、补助标准上，明确严格执行国家和省政府规定的标准。以村民小组为单位的征地补偿补助费不能使需要安置的移民保持原有生活水平的，要以村民小组为单位计列相应生产安置措施补助费，确保移民不因搬迁安置致贫返贫。在移民房屋及附属建筑物的补偿标准上，明确应依据重置原则，按照典型设计成果确定标准。对农村移民户建房补偿费用不能达到湖南省规定的水库移民人均标准的,应当按相关规定计列建房困难户补助。

6)厘清了规划设计质量保障的关键节点。湘政发〔2015〕47号明确了移民安置规划编制的深度和精度要符合现行移民政策法规及行业规程规范的总体要求,并对规划设计质量保障的关键节点进行了强调:①农村移民生产安置方案要精确到组,搬迁安置方案要以户为单位落实到具体地点,并形成以村民小组为单位的农村移民搬迁安置人口和不搬迁只进行生产安置人口的分析表。②10户以上的移民集中安置点需进行专项设计。③城(集)镇复(改)建规划设计,要对新址进行地质灾害危险性评估和详细地质勘察,编制城(集)镇修建性详细规划,并编制场地平整及竖向工程、道路、给排水、供电、电信等基础设施工程初步设计文件。④专项设施复(改)建的规划设计成果需达到相关行业规范的初步设计深度要求。

(2)湘政发〔2015〕47号规范了前期工作有关事项的报批程序。湘政发〔2015〕47号对实物指标调查细则审查、"禁建通告"发布、移民安置规划大纲审批以及移民安置规划设计报告审批等工作进行了详细的规定,明确了移民安置前期工作阶段各具体事项报批的操作流程,并明确了各具体事项报批所需具备的前置性文本及有关要求,有利于各级移民主管部门严把操作流程,确保移民安置前期工作的质量。对照湘政发〔2010〕9号文件,湘政发〔2015〕47号规范有关设计文本报审报批的程序体现在:①结合清理政府行政许可事项,将实物指标调查细则报审申请人由项目法人调整为市(州)移民主管部门。②根据风险控制的需要,报审移民安置规划大纲、移民安置规划时需提交的前置文件中增加了"涉及移民安置的社会稳定风险评估报告"内容。③响应简化行政程序要求,取消了报审移民安置规划需提供"有资质的咨询单位对移民安置规划的咨询意见"的原有规定。④根据工作实际和国家有关部门要求,对原文件关于需上报国务院有关部门审核的移民安置规划,应报省水库移民管理部门初步审核后上报的规定,修订为"省水库移民主管部门按有关规定参与国务院有关部门组织的技术审查,并提出审核意见"。⑤对实物调查5年后或移民安置规划设计报告审核3年后,枢纽工程项目未获批准(核准)或未实施项目建设征地移民安置的特殊情况,明确规定需重新申请发布"禁建通告",全面复核实物指标,重新编制、报批移民安置规划大纲和移民安置规划设计报告。

(3)湘政发〔2015〕47号加强了移民安置实施各环节的管理措施。

1)调整并规范了各层面移民安置协议签订行为。根据简政放权的要求和外省的一些经验以及近几年来实际工作做法,为避免包管过多,湘政发〔2015〕47号把省移民局作为监管方参与移民安置协议签订的项目范围由"大中型水库"调整为"跨市(州)的大中型水库、国家和省重点工程的大型水库"。根据实际工作需要,对其他层面移民安置协议的签订行为进行了规范。即:签订协议的市(州)或县(市、区)人民政府,应与下一级有移民安置任务的人民政府签订移民安置责任书。县(市、区)移民主管部门或乡(镇)人民政府应与移民户签订移民搬迁安置协议,并根据不同安置去向、方式与有关农村集体经济组织签订移民生产安置协议。

2)强调了移民安置项目资金年度计划管理及依法公开的要求。湘政发〔2015〕47号明确参与签订移民安置协议的移民行政主管部门组织编制并下达移民安置项目资金年度计划，并根据政务公开的要求，由县（市、区）人民政府或其移民主管部门按有关规定公开年度计划。

3）规范了移民安置项目管理的主要节点。关于信息公开，移民安置项目实施前应由县（市、区）人民政府将批准的移民安置方案和补偿补助标准等在有关村组张榜公布，并发布搬迁安置公告；关于移民工程项目建设管理，湘政发〔2015〕47号明确需按有关规定严格实行项目建设责任单位负责制、招标投标制、建设监理制、合同管理制、决算审计制、竣工验收制等；关于项目变更，移民安置实施阶段，地方人民政府提高标准、扩大规模引起投资增加的移民安置项目，须落实其超规划概算投资来源后，方可调整项目规划并组织实施；关于项目验收，专项设施项目竣工验收合格后，要及时交付给相关行业部门或当地乡（镇）或村（组）管理，相关行业部门或工程建设所在地乡（镇）或村（组）须及时纳入管理范围；关于预备费的使用，需由县（市、区）移民行政主管部门提交申请，移民安置规划设计单位、移民监督评估机构和项目法人提出意见后，按管理权限报批。

4）强化了移民安置资金管理要务。湘政发〔2015〕47号对移民安置资金管理明确了三条硬性规定：①淹没补偿费实行专户存储、专款专用、专账核算，按计划使用，按进度拨付。②淹没补偿费不得经由指挥部、协调办等临时性机构转拨、核算。③淹没补偿费应接受各级财政、审计部门的监督检查。

5）明确了移民安置档案管理和统计报告工作制度安排。湘政发〔2015〕47号依据档发〔2012〕4号文件精神，要求将移民安置档案管理与移民安置工作同部署、同实施、同检查、同验收。同时，要求各级移民主管部门建立健全移民安置工作统计报告制度，定期逐级上报移民安置目标任务组织实施情况。

6）强化了移民安置实施监管机制。湘政发〔2015〕47号通过梳理国家和湖南省现行移民安置法规政策规定，并在总结、提炼省内外移民安置工作经验做法的基础上，新增了"移民安置实施监管"的内容。

7）增补了后期扶持人口登记审核的有关要求。湘政发〔2015〕47号指出，国家对2006年7月1日以后审批（核准）的大中型水库农村搬迁安置人口和不搬迁只进行生产安置的人口实行后期扶持，要求农村搬迁安置人口登记核定到户到人，不搬迁只进行生产安置的农村人口登记核定到村组。

（4）湘政发〔2015〕47号突出了移民安置验收管理的法定性。依据国家有关法规政策及规程规范，结合湖南省移民安置验收管理专项办法及实际工作做法，湘政发〔2015〕47号对移民安置验收类型划分、验收组织、工作程序、验收发现问题的处理责任以及不按规定履行验收程序的禁止性规定进行了明确。特别强调了"移民安置未经验收或验收不合格的，不得对工程进行阶段性验收或工程竣工移民安置验收，水库不得蓄水。移民安置经阶段性验收合格的水库蓄水高程不得超过验收报告确定的高程。水库蓄水至正常蓄水位后2年内，需完成该项目所有移民安置任务，并申请工程竣工移民安置验收。未经工程竣工移民安置验收或者验收不合格，属于项目法人责任的，需停止枢纽工程的运行；属于地方人民政府责任的，追究相关单位及责任人的责任"。这些规定对于促使项目法人和地方政府依法履行做好移民安置工作的义务具有极强的约束作用。

（5）湘政发〔2015〕47号对加强移民安置工作组织领导、落实工作责任、强化保障措施提出了更为务实的要求。

1) 明确了移民安置工作的管理体制。首先，强调了市（县）人民政府领导本行政区域内的大中型水库移民安置工作，县级人民政府是移民工作的责任主体、工作主体和实施主体。其次，对湖南省移民局、省发改委、省财政厅、省水利厅、省国土资源厅、省林业厅、省审计厅、省人社厅、省编办、省监察厅、省文物局等省职能部门在移民安置工作方面的职责分工作了明确规定。再次，增加了积极整合资源，用好政策资金，合力推进移民安置和库区建设工作的导向性意见和落实防汛度汛工作责任的要求。最后，强调了项目法人的工作责任和对社会应尽的义务，以及设计单位要增强设计归口和技术服务的作用。

2) 明确了各级移民管理部门行政执法的主体地位，并细化了移民安置违法违规行为的相应罚则，为移民安置工作做到有法可依、执法必严、违法必究提供了政策准绳。

3) 明确了移民安置工作信访维稳属地管理原则，强调了要加强政策宣传和舆论引导，完善信访维稳分析研判机制，建立干部包村包户、对口帮扶、重点包案和挂牌督办等制度，妥善解决移民群众合理诉求，提高群众工作能力。

4) 要求建立目标管理责任制，将移民安置工作纳入政府的绩效考核内容，并依据考核情况实行激励约束机制。

3. "湘政办发〔2014〕88号"政策要点

2014年，湖南省根据移民管理工作实践的新需求，对2011年颁布的《湖南省大中型水库移民安置工作管理暂行办法》（湘政办发〔2011〕78号）进行了修订完善，并以《湖南省大中型水库移民安置工作管理办法》（湘政办发〔2014〕88号）文件，予以重新发布。修订后颁布的管理办法既是对"湘政办发〔2011〕78号"实施效果的肯定，也是在承接与发展的基础上，进一步提炼了移民安置管理工作规律，并赋予了移民安置管理工作新的目标要求、管控重点和保障基准，从而标志着湖南省移民安置管理的制度化、规范化建设迈入了一个崭新的阶段。

通过对湘政办发〔2011〕78号的修订，吸纳了新常态下依法行政的新要求，呈现了若干亮点：①健全了管理体制。管理体制是水库移民开发管理的前提和核心，是实现移民安置工作目标的重要保障。湘政办发〔2014〕88号着重规范了移民安置工作的管理体制，强调实行政府领导、分级负责、县为基础、项目法人参与的管理格局，进一步厘清了各级人民政府、移民安置职能机构、项目法人、规划设计、监督评估和建设管理等单位的责权，有利于参建各方围绕移民安置规划目标，各司其职，各尽其责，形成移民安置工作的强大合力。②明晰了管理环节。基于移民安置管理的头绪多、节点多、情况复杂的特殊性，湘政办发〔2014〕88号强化了各工作环节控制性的管理规定和要求，使得规划设计、安置实施、资金使用、安置验收等管理节点环环相扣，为深化贯彻实施湘政发〔2015〕47号文提供了制度保障，并力求延伸管控层面和节点，消除管理空白和死角。③细化了操作层面。从细化操作层面上看，湘政办发〔2014〕88号对有关政策进行了节点化、具体化规范，注重从移民安置前期工作、组织实施及验收工作三个方面明晰方法路径、步骤标准，既从源头上为保障目标实现提供了支撑，也为安置工作分步推进的程序管控提供了依据，从而有效地拓展了具体操作的层面，丰富了实务工作的操作规程。例如，对移民安置规划设计的管理、移民安置的组织实施管理、资金使用管理、安置验收管理等均明确了具体性、规范性的要求，为依法依规推进移民安置工作提供了基本遵循和方法路径。④规范了管理行为。规范管理行为既是提升工作标准的基本要求，也是规范权力运行的基本尺度。湘政办发〔2014〕88号对安置工作实施的技术性要求实行了模块化，对操作性要求赋予了标准化。其目的就是通过规范管理行为，切实维护移民合法权益，确保移民得到妥善安置。⑤完善监督管理。湘政办发〔2014〕88号明确了移民安置工作目标管理责任制，并从绩效评估、监督管理、责任追究三个层面进一步健全了监管机制，为移民安置管理工作赋予了刚性化监管手段，体现了湘政办发〔2014〕88号的保障性、维权性和约束性。

湘政办发〔2014〕88号以完善管理格局、理顺事权关系、明确标准程序、规范管理行为、强化监管机制为构架，用8章53条的篇幅呈现了移民安置工作的运行机制、管理环节和行为规范。

(1) 关于移民安置工作遵循的原则和管理体制。

1) 呈示了方法目标。文件提出移民安置工作实行开发性移民方针，其目的在于通过采取前期补偿、补助与后期扶持相结合的办法，使移民生活达到或超过原有水平，并与当地经济社会协调发展。

2) 明确了工作原则。文件明确了移民安置管理的5条遵循原则，贯穿并体现了科学发展观的基本理念，即第一要务是发展，核心是以人为本，基本要求是全面协调可持续，根本方法是统筹兼顾。

3) 确定了管理体制。文件从总纲目上明确移民安置工作实行政府领导、分级负责、县为基础、项目法人参与的管理体制，并强调了有移民安置工作任务的县（市、区）人民政府是移民安置工作的工作主体、实施主体和责任主体，从而为移民安置工作的组织实施明晰了责权定位，也厘清了具体实施环节中参建各方事权关系。

(2) 关于移民安置工作参建各方的事权关系。

1) 对地方政府，明确了市（州）人民政府负有本行政区域内移民安置工作的组织和领导责任，明确了县（市、区）人民政府负责本行政区域内移民安置工作的组织实施责任。

2) 对县级以上政府有关行政职能部门，明确了移民管理机构具有组织实施和监督管理的主管职权及行政执法的主体地位，并明确了其他有关部门依据湘政发〔2010〕9号文件规定履行各自职责、做好配合性工作的责任。

3) 对省、市（州）、县（市、区）移民管理职能机构，明确了职责分工，界定了管理权限，区分了指导协调与执行落实、监督管理与实施管理的层级关系和具体责任，设置了经办事项的技术标准、质量标准并规范了报审报批的程序步骤。

4) 对参与移民安置工作的项目法人、规划设计及监督评估单位，明确了相关协议的规范性和约束力，界定了各方的权利和义务，明晰了具体承办、参与和配合的工作任务及质量标准。其中特别明确了监督评估单位的产生程序和主要职责，文件规定，移民安置监督评估单位由签订移民安置协议的省或市（州）移民主管部门和项目法人采取招标的方式产生，根据共同委托，负责对移民搬迁进度、移民安置质量、移民资金的拨付和使用情况以及移民生活水平的恢复情况进行监督评估，并将监督评估的情况及时向委托方报告。

(3) 关于规划设计管理工作的监管节点。

1) 对移民安置规划与勘测设计单位的资质要求。文件明确编制实物调查细则、移民安置规划大纲和移民安置规划的单位，须具有相应的水利水电工程勘测设计资质。单项工程设计须经具有相应设计资质的单位编制。

2) 对移民安置实物调查工作的要求。

a. 实物调查细则编制的总体要求。实物调查细则编制的依据、内容、方法，实物调查的组织方式，实物调查成果的精度和确认程序须符合国家和本省现行水库移民安置工作法规、政策及行业规程规范。

b. 开展实物调查的前置条件。文件规定，实物调查前必须满足规定的条件方可进场开展，即：实物调查细则通过审查；下达了"禁建通知"并发布实物调查告示；明确了水库淹没区、影响区和工程建设区范围；对征地范围打桩定界并设置明显标志；组织了实物调查登记人员业务培训等。

c. 认定实物调查成果的基本要求。实物调查成果须履行登记、公示、复核、汇总等程序，最终由有关县（市、区）人民政府予以确认。①公示时间。实物调查成果要三榜公示，每榜公示时间为7天。②公示范围。农村移民个人的实物量以户为单位在村民小组范围内公示；农村集体土地及附属设施，以村民小组为单位，在涉及的村范围内公示；城（集）镇移民个人的实物量，在居民委员会范围内公示；城（集）镇范围的集体财产、国有资产、独立于城（集）镇范围外的企事业单位的实物量，在城（集）镇政府所在地公示；专项设施在当地乡（镇）人民政府所在地公示。③异议诉求。文件规定，对所公示的实物调查成果有异议的，调查者应予复核；仍有异议的，按属地管理原则由所在县（市、区）人民政府或上一级人民政府组织协调。

3) 对报审移民安置规划大纲成果的质量要求。

a. 对移民安置规划大纲成果质量的总体要求。编制的内容及深度、精度达到国家和本省现行水库移民法规政策及行业规程规范有关要求。

b. 对移民安置方案确认的程序要求。①听取意见。移民安置方案应广泛听取移民和移民安置区居民的意见，并征求移民区和移民安置区县级以上地方人民政府的意见。②外迁对接。外迁农村移民以土安置的，应组织迁出地和安置地村组进行安置对接，其对接成果须经相关乡（镇）、村组签字盖章。③签署意见。农村移民出县安置方案须经迁出地及安置地的县（市、区）人民政府签署意见。

4) 对报审移民安置规划成果的质量要求。

a. 对移民安置规划成果质量的总体要求。编制的内容及深度、精度达到国家和本省现行水库移民法规政策、行业规程规范及经审批的移民安置规划大纲的有关要求。

b. 提出了移民安置进度计划编排原则。移民安置进度计划应当统筹考虑移民安置合理工期和大中型水库工程建设进度安排。

c. 强调了农村移民集中安置点的设计深度要求。文件规定，10户以上的移民集中安置点须进行专项设计。

d. 明确了专业设施项目处理的原则与设计标准。专业设施项目处理，按照"三原"原则进行设计，原标准、原规模低于国家相关标准下限的，按国家规定的下限标准设计，高于国家相关标准上限的，按国家规定的上限标准设计；国家和有关行业管理部门有强制性规定的,应予执行。

e. 明晰了移民补偿投资的编制依据与原则,即以相关行业概算编制办法和定额及编制期当地的物价水平为编制依据;按照省以上人民政府批准的政策标准和国家行业规程规范规定的内容及设计深度要求编制造价文件。

f. 细化了保障移民生产生活的概算底线和基本内容:①农村移民建房补助费、能源补贴费、道路补助费、环境保护设施构建费列入淹没补偿费概算。②以村民小组为单位的土地补偿费和安置补助费不能使需要安置的移民达到原有生活水平的,要以村民小组为单位计列生产安置措施补助费,并予以补足。③主要房屋类型补偿价格参照当地建设水平以重置价格确定,其补偿价格不得低于拆迁补偿标准。④对户口在库区和工程建设区且在库区和工程建设区以外没有住房、人均住房补偿费未达到 $25m^2$ 砖混结构住房补偿标准的农村移民,按人均 $25m^2$ 砖混结构住房补偿标准计列房屋补偿费。

5) 对农村移民搬迁安置规划的基本原则和安置方式补偿补助标准的规定。

a. 明确农村移民安置规划的基本原则。要合理规划农村移民安置点。有条件的地方,可以结合小城镇建设进行。采用城(集)镇集中安置的,其用地应当符合土地利用总体规划。

b. 提出了农村移民远迁与就近安置的区分标准。文件首次提出,远迁安置是指出组且新老住址距离超过 3km 的安置方式。就近安置是指远迁安置以外的安置方式。

c. 明晰了农村移民不同生产安置方式确立的原则与程序。文件要求,农村移民的生产安置方式应以农业生产安置为主。在经济发达和有条件的地方,可根据移民的技能和意愿,分别采取自谋职业、一次性补偿、长效实物补偿等方式安置,并对几种不同的安置方式明晰了前置条件和要求:①以土安置。选择以土安置的移民,其人均耕地安置标准原则上不得低于 0.7 亩。②自谋职业方式安置。对不从事农业生产且具有稳定的经济收入来源的移民,可选择自谋职业方式安置。但须由本人申请,并出具本人专业特长或 3 年以上从事第二、第三产业经历的证明,城镇房屋产权证或工商营业执照等凭证,经迁出地村民委员会审核,并与迁出地乡(镇)人民政府签订生产安置协议书,其生产安置标准原则上按原村民小组人均征地补偿补助费确定。③一次性补偿生产安置方式。主要生产用地被征占的比例低于 15% 的村民小组,可选择一次性补偿生产安置方式。采取一次性补偿生产安置方式的,由村民小组提出书面申请,经村民委员会签署意见,与所在地乡(镇)人民政府签订补偿安置协议。④长效实物补偿。土地资源匮乏,调整或开发农业资源难度大的地区,在充分征求移民意见的前提下,可采取长效实物补偿生产安置方式。以长效实物补偿方式进行安置的移民,应由项目法人与县(市、区)人民政府(或其授权机构)签订长效实物补偿协议。县(市、区)人民政府(或其授权机构)组织乡(镇)人民政府与相关村、组或移民户签订长效实物补偿合同。

6) 对规划设计的报审报批程序与规划调整设计管理的规定。

a. 明确了移民安置规划设计文件的报审报批要求。编制完成的实物调查细则、移民安置规划大纲、移民安置规划须按省政府湘政发〔2010〕9号文件的有关规定和程序履行报审报批手续。

b. 明晰了移民安置规划调整的主要事项与程序。移民安置规划在实施过程中因国家政策、物价、移民安置方案大幅度调整变化以及专业工程项目重大设计变更、重大自然灾害等情况确需调整的，原则上应由原移民安置规划编制单位编制规划调整报告，并按程序规定报请原规划审批机关批准。

c. 规定了移民安置规划应予重编的事项。实物调查成果经认定满5年或移民安置规划经审核满3年未实施的，应重新编制移民安置规划大纲和移民安置规划。审核部门应依据重新审批时的相关政策规定进行审核。

（4）关于规划实施工作、管理环节及基本流程。

1）强调了规划实施前的准备工作。

a. 做好实施管理人员和移民群众政策宣传。

b. 参与移民安置工作的有关单位应按照职责分工签订落实各项协议。

c. 委托监督评估机构。

2）明确了开展移民搬迁与生产安置的原则、工作责任。文件要求，实行集中安置的移民，按规划统一搬迁安置；实行分散安置的移民，宅基地选址由有关部门审定。移民房屋由移民自主建造，有关地方人民政府或者村民委员会不得强行规定建房标准。安置地人民政府及其有关部门应担负办理移民迁建、专项设施迁建项目用地手续，及时为移民办理户籍登记、子女就学、土地山林和房产确权发证及经营权变更登记等手续，并在就业方面提供帮助。

3）强化了移民合法权益保障。文件强调搬迁安置的移民依法享有与安置地村民同等的权利和义务，任何单位和个人不得以任何名义和方式损害移民的合法权益。

4）规定了项目资金申报下达时限与工作程序。县（市、区）应于当年11月上旬前编制完成下年度项目资金年度计划，经监督评估机构签署意见后报市（州）审核。市（州）应于当年11月下旬前将项目资金年度计划报省有关部门；省有关部门应于当年12月下旬前完成批复。

5）明晰了移民工程项目建设管理的基本制度要求与工作责任。

a. 落实工程管理制度。工程项目建设实行工程项目责任单位负责制、招投标制、工程监理制；工程指挥部、协调办公室等临时机构不得作为移民安置工程项目责任单位。

b. 强调过程监管节点。纪检监察部门、移民监督评估机构全程参与工程项目招标；项目法人必要时派员参与招投标工作；项目建设责任单位和勘测设计、施工、监理单位依法承担建设项目的相应质量安全责任；上级移民主管部门对项目建设给予指导和监督。

c. 严格验收规程。移民安置单项工程建成后，由项目建设责任单位提出验收申请，未经验收或验收不合格的，以及未通过工程审计的，不得办理工程结算，不得交付使用。

d. 实施信息档案管理。移民安置规划实施期间，市（州）及县（市、区）移民主管部门须将各移民户和专业项目的有关信息数据逐一立卷建档，规范管理，并建立健全移民安置工作统计分析报告制度，定期逐级上报移民安置工作信息。

6）明确水库库底清理工作要求。水库下闸蓄水前，县（市、区）人民政府应按照要求组织库底清理。

（5）关于移民资金拨付与使用管理。

1）明确淹没补偿费的项目划分和管理原则。

a. 项目划分。明晰淹没补偿费种类，主要包括农村移民补偿费，城（集）镇迁建补偿费，工矿企业、专业项目复建补偿费，防护工程项目资金，库底清理费，淹没区文物保护费，其他费用，预备费，有关税费等。

b. 管理原则。①专户管理。淹没补偿费须实行专户存储、专款专用、专账核算，按计划使用，按进度拨款，任何单位和个人不得截留、滞留、挤占和挪用。②统一核算。淹没补偿费由各市（州）、县（市、区）移民主管部门统一核算，不得交由临时机构转拨、核算。③签证评估。县（市、区）移民主管部门拨付和使用农村移民补偿费、城（集）镇迁建补偿费、工矿企业及专业项目复建补偿费、防护工程费、库底清理费等，经监督评估机构签证。④孳息管理。补偿费存储期间的孳息应用于移民安置工作，不得挪作他用，其使用预算须经省移民主管部门批准。

2）明确各种补偿费的费用构成及拨付与用途规定。湘政办发〔2014〕88号的第三十三条至第三十九条，明晰了农村移民补偿费，城（集）镇迁建补偿费，工矿企业、专业项目复建补偿费，防护工程项目资金，库底清理费，预备费以及其他费用的构成及拨付与使用规定，便于在具体实施过程中专款专用。

（6）关于验收工作及管理行为。

1）移民安置验收组织形式、验收依据与实施程序。移民安置验收组织形式和工作程序按湖南省政府湘政发〔2010〕9号文件执行。由省、市（州）移民主管部门和县（市、区）人民政府按照管理权限，依据有关政策法规、批准的移民安置规划和年度实施计划，根据枢纽工程建设进度和水库阶段性蓄水的要求，组织相关单位进行。在各阶段移民安置验收前，项目法人应提供建设工作总结报告，县（市、区）移民主管部门应提供移民安置实施总结报告，设计单位应提供设计工作报告，监督评估单位应提供监督评估工作报告。

2）移民安置验收阶段划分及主要内容。移民安置验收分为工程导（截）流阶段验收、下闸蓄水阶段验收和竣工验收。移民安置验收的主要内容包括农村移民安置、城（集）镇迁建、工矿企业迁建、专业项目复建、防护工程建设、库底清理、移民资金使用管理、移民档案管理、水库移民后期扶持政策落实措施、建设用地手续办理情况等。移民安置阶段性验收可根据实际情况确定验收内容。

3）履行验收程序的刚性要求。移民安置竣工验收须在水库蓄水至正常蓄水位后2年内完成。移民安置未经验收或验收不合格的，水库不得截流和下闸蓄水，并不得对水库枢纽工程进行验收。

（7）关于监督检查与责任追究。湘政办发〔2014〕88号从绩效评估、监督管理、责任追究三个层面对移民安置工作监管机制的基本构成和监管底线作了明晰。

1）绩效评估。主要在于考量移民安置工作的任务指标和质量效率，明确要求市（州）、县（市、区）人民政府建立移民安置工作目标管理责任制，将各市（州）人民政府移民安置工作任务完成情况适时纳入全省绩效评估体系。

2）监督管理。文件明确对移民安置实行全过程监督评估，涵盖移民搬迁进度、移民安置质量、移民资金拨付使用以及移民生活水平的恢复情况等多个方面，涉及参与移民安置工作的项目法人、设计单位、监督评估单位等责任主体。要求各级人民政府的移民、财政、监察、审计等部门要加强移民安置工作规划、计划、资金使用、项目实施的日常管理和监督检查，及时矫正移民安置工作中各行为主体的行为偏差。

3）责任追究。文件对移民安置工作的违规行为、法律责任分别明确并作出了条款性规定，即通过行政执法，认定违规事实，适用相应罚则，予以法定处置。

4. "湘移发〔2015〕16号"水库移民社会稳定风险评估办法要点

党中央、国务院高度重视社会稳定风险评估工作。2009年9月，党的十七届四中全会提出，建立健全重大事项社会稳定风险评估机制；党的十七届五中全会提出了推动建立重大工程项目建设和重大决策制定的社会稳定风险评估机制，从源头上预防和减少社会矛盾的发生；党的十八大报告指出，要建立健全重大决策社会稳定风险评估机制。国家"十二五"规划纲要提出：建立重大工程项目建设和重大决策制度制定的社会稳定风险评估机制，使其成为加强和创新社会管理的一项重要制度措施。2012年1月，中共中央办公厅、国务院办公厅印发中办〔2012〕2号文件《关于建立健全重大决策社会稳定风险评估机制的指导意见（试行）》，对社会稳定风险评估的基本要求、评估范围和内容等方面作出明确的规定。2012年11月15日，习近平总书记在《关于全面贯彻落实党的十八大精神要突出抓好六个方面工作的讲话》中明确要求：对涉及群众切身利益的重大决策，要认真进行社会稳定风险评估，充分听取群众意见和建议，充分考虑群众的承受能力，把可能影响群众利益和社会稳定的问题和矛盾解决在决策之前。国家"十三五"规划纲要提出对重要领域、重大改革、重大工程、重大项目、重大政策等进行安全风险评估。建立重点领域维护国家安全工作协调机制，加强国家安全工作组织协调。

水库移民安置工程是一项集自然、社会、经济、环境、工程技术等学科的系统工程，移民安置涉及社会结构的重组、区域经济的恢复重建。大中型水库工程建设事关移民切身利益，涉及地方政府、项目业主、移民等多方利益博弈，涉及成千上万，甚至几十万、上百万移民，协调难度大，稳定风险高。在过去的大中型水库工程建设过程中，不乏因风险稳控不到位而引发重大群体性事件。湖南省水能资源丰富，水库建设任务繁重，但耕地资源少，移民安置资源承载能力不足，移民工作难度大，极易引发社会稳定问题。在水库项目审批前开展社会稳定风险评估工作，充分征求移民的意愿、切实保障移民合法利益，是大中型水库工程顺利建设的前提。

湘移发〔2015〕16号共五章十五条，共分总则，评估依据、范围、内容及方法，评估报告审核，责任追究，附则五个部分，对大中型水库移民安置社会稳定风险评估的原则、依据、范围、程序、内容、方法、评估报告审核、责任追究、组织领导等方面作出了明确的规定。其主要特点如下：

（1）突出了移民安置工作维权维稳的政策基点。湘移发〔2015〕16号强调维护移民的合法权益，对移民安置方案的合法性、合理性、可行性进行全面的风险评估，在处理国家、集体和个人利益的关系上，强调依法维护移民的合法权益，是贯彻以人为本是维权和维稳基础的具体体现。

（2）细化了移民安置社会稳定风险评估的具体内容。发改投资〔2012〕2492号在全国层面对重大固定资产投资项目社会稳定风险评估提出了原则性的要求和一般性的规定，但缺乏具有操作性的工作规范或业务指南。为保证湖南省大中型水库社会稳定风险评估质量，湘移发〔2015〕16号根据大中型水库移民安置的特点，对大中型水库移民安置风险评估的内容、程序和方法等进行了详细规定，具有可操作性，也是重大固定资产投资项目社会稳定风险评估中的征地移民拆迁风险因素识别、处置的重要补充。

（3）提出了移民安置社会稳定风险评估的具体要求。湘移发〔2015〕16号围绕大中型水库移民安置的重要环节，紧扣湖南省移民安置工作实际，对社会稳定风险评估提出了具体要求：在移民安置风险评估方法及步骤中要求归纳潜在的风险构成要素，达到从源头上防范风险的目的；要求排查程序性工作关键点的缺失情况，梳理风险防范措施的薄弱环节，并采用清单法、类比法等方法分析研判风险因素，以达到全面识别、防范、化解风险的目的。

（4）确立了移民安置风险评估与规划大纲审查的承接关系。传统的项目评价和审查主要关注物质层面的投入产出，对人的关注度不够。湘移发〔2015〕16号明确预防和化解水库移民安置可能引发的社会稳定风险作为移民安置规划大纲审查必须具备的前置条件。

3.2.3.3 贵州省重要政策解读

21世纪初之后，贵州省发布的重要政策包括2007年9月发布的《省人民政府办公厅关于移民示范新村建设有关问题的通知》（黔府办发〔2007〕105号），2011年11月8日发布的《贵州省大中型水利水电工程移民前期工作管理暂行办法》（黔移发〔2011〕45号）及2013年5月发布的《关于进一步做好水利水电工程移民城镇化安置的意见》（黔移发〔2013〕31号）。

1. "黔府办发〔2007〕105号"政策要点

黔府办发〔2007〕105号决定开展移民示范新村建设工作。移民示范新村建设是贵州省逐步建立移民后期扶持长效机制，进一步推进社会主义新农村建设的一项重大举措，对改善库区和移民安置区基础设施建设条件，提升移民示范新村建设水平，使移民群众尽快脱贫致富，具有重要推动作用。沅江干流白市水电站天柱库区新市村移民集中安置点纳入了贵州省移民示范新村建设范畴。

2. "黔移发〔2011〕45号"政策要点

为切实做好贵州省大中型水利水电工程移民前期工作，提高移民安置规划质量，根据《大中型水利水电工程建设征地补偿和移民安置条例》和水利、电力行业建设征地移民安置设计规范等有关规定，结合贵州省实际，贵州省移民局于2011年制定并颁布《贵州省大中型水利水电工程移民前期工作管理暂行办法》（黔移发〔2011〕45号）。

黔移发〔2011〕45号共三十八条，对大中型水利水电工程移民前期工作主要内容、深度、程序，各方职责等作出了规定。

（1）实物指标调查。黔移发〔2011〕45号对实物指标调查范围、调查程序、调查内容、调查方法等作出了具体规定。

（2）移民安置规划大纲编制。黔移发〔2011〕45号对移民安置规划大纲编制的工作程序、编制主体、主要内容等作出了规定。明确大纲应包括以下内容：

1）工程概况及工程主要特征。
2）工程占地区、淹没区自然环境和经济社会发展状况。
3）编制依据、原则。
4）工程占地区、淹没区和淹没线以上受影响范围，其中应明确淹没线以上受影响范围的划定原则。

5) 实物调查的依据、内容、方法、成果认定程序和成果。
6) 移民安置规划编制的依据、指导思想和原则。
7) 移民安置任务和安置标准。
8) 在分析移民安置环境容量的基础上提出移民安置方案,包括农村移民生产安置方式、移民生活水平评价和搬迁后生活水平预测。
9) 城（集）镇迁建、企业迁建、专项设施迁建或者复建、防护工程建设、水土保持等项目采用的标准。
10) 水库移民后期扶持政策。
11) 征地补偿和移民安置资金估算编制的依据、原则和方法。
12) 移民安置规划的组织、分工和工作计划。

(3) 移民安置规划。黔移发〔2011〕45号对移民安置规划的原则、内容、程序、深度等作出了规定。其中对于农村移民安置规划明确提出了"农村移民安置规划应坚持以农业生产安置为主,其他安置为辅的安置原则。对移民安置耕地容量紧张且有条件的库区,可试行征占耕地长期补偿安置方式",为贵州省水利水电工程移民实行长期补偿安置方式提供了政策依据。对于移民安置规划补偿标准,明确提出：①建设征收耕地补偿遵照《大中型水利水电工程建设征地补偿和移民安置条例》有关规定执行。对土地补偿费和安置补助费不能使需要安置的移民保持原有生活水平或不能满足生产安置规划投资,需要提高补偿标准的,应根据市（州、地）人民政府（行署）公布的统一年产值和区片综合地价确定征地费用,采取计列生产安置措施费方式处理。②征收其他土地的土地补偿费和安置补助费,以及其地上的零星树木、青苗、建筑物等,遵照贵州省人民政府批复的各地征地统一年产值标准和征地区片综合地价成果、《贵州省人民政府关于修改〈贵州省征占用林地补偿费用管理办法〉的决定》（省政府令124号）有关规定执行。③对房屋（居住房）补偿费不足以修建人均20m^2砖木结构基本用房的贫困移民,按照人均20m^2砖木结构房屋的补偿标准计列投资。

对移民安置规划主要内容明确提出应包含：①工程占地区、淹没区和移民安置区经济社会发展、自然环境情况。②工程占地区、淹没区和淹没线以上受影响范围。③工程建设征地实物。④农村移民安置规划（含水库诱发地质灾害防治规划）。⑤城（集）镇迁建规划。⑥企业迁建规划。⑦专项设施处理规划。⑧防护工程建设规划。⑨水库水域开发利用规划。⑩水库库底清理规划。⑪移民安置区环境保护和水土保持规划。⑫水库移民后期扶持措施。⑬征地补偿和移民安置资金概（估）算。

(4) 审查程序。黔移发〔2011〕45号明确了移民安置规划大纲和规划报告的报审程序,并提出了"实物调查完成后超过5年项目未获批准或核准的,应当报原审批机关申请对实物进行复核或重新调查。移民安置规划大纲审批后超过3年项目仍未核准或实施的,应重新编制移民安置规划大纲并按规定程序报批。"

3. "黔移发〔2013〕31号"政策要点

黔移发〔2013〕31号指出："我省农村人地矛盾突出,耕地分散,环境容量不足,基础设施落后,产业结构单一,传统的农业安置方式已难以适应经济社会发展的需要,移民安置向城镇转移、向发展条件更好的地方转移已成为广大移民群众的新期待和新要求。"

黔移发〔2013〕31号提出："移民安置方式要结合移民城镇化安置特点，选择合适的移民安置方式。有条件的库区，要积极引导移民实行长期补偿，采取长期补偿与城镇化安置相结合的模式，使移民的长远生计得到有效保障；也可以采取少土、无土安置与城镇化安置相结合的方式，通过门面配置、摊位配置、工业园区（产业园区）安置、自主创业等多种形式，引导和扶持移民进镇务工经商办实体，解决移民的就业增收问题。"

根据黔移发〔2013〕31号的要求，沅江干流托口水电站实施阶段建设征地移民安置规划时大力引导农村移民进集镇安置，使进集镇安置移民人口数量占总移民人口的比重达到76.9%。

3.2.3.4 市（州）、县主要移民政策解读

黔东南州发布的移民政策主要是在国家、贵州省发布移民政策的基础上，结合项目特点和实施实际情况制定，具有明显的针对性和可操作性。

白市水电站项目得到国家发展和改革委员会核准后，黔东南州、天柱县即启动了白市水电站库区复建工程的工作，由于部分复建工程建设征地涉及移民房屋拆迁，因此，如何尽快完成移民搬迁成为制约工程复建进度的关键因素。2008年，黔东南州先后印发了相关纪要，确定了库区复建公路、集镇等复建工程占地影响移民进行临时过渡安置，对于建设征地涉及的搬迁移民及耕地，发放相应的过渡安置费，并明确了过渡费发放的范围、标准和期限。此政策有效化解了移民即时搬迁引起的各项矛盾纠纷，保障了工程顺利建设。

2009年，黔东南州印发了《白市水电站天柱库区公路集镇工程建设协调会议纪要》，明确复建交通工程应尽量少占耕地，如确需占用水田的，在征用水田时，如大部分被征收，剩余部分无法耕种的，一并纳入征收范围，该文件首次明确了征用后耕地的"边角余料"的处理原则，为后续同类项目处理提供了参考。

根据国家和贵州省的相关政策及规程规范要求以及流域其他水电工程经验，移民基础设施恢复费按移民人口计列，无人口的房屋则不计列基础设施恢复费。在白市水电站移民安置实施规划过程中，有多栋房屋的移民对此反映强烈，要求对无人居住的房屋计列基础设施恢复费，以便其日后复建。2009年，黔东南州移民办印发了白市水电站移民安置实施规划编制工作协调会议纪要，首次明确对于无人居住的房屋及公房，应按房屋面积计列基础设施恢复费。同时，该文件还首次明确将空闲宅基地、大型广告牌（石碑）纳入实物指标调查范围。

根据国家和贵州省的相关政策及规程规范要求，淹没影响区和枢纽工程建设区征地影响耕地纳入生产安置人口计算范畴，但对于复建工程占地影响耕地是否纳入生产安置人口计算无明确规定。2010年，黔东南州印发了白市水电站工程建设征地移民安置实施规划报告预审意见的函，首次明确公路复建工程占地影响耕地应纳入生产安置人口计算，为后续同类项目处理提供了依据。

白市水电站移民安置任务重，难度大，地方政府存在一定的畏难情绪，移民安置实施进度较慢。为提高地方政府工作积极性，推进移民安置实施进度，2012年，黔东南州印发了关于下达白市水电站移民工作倒排工期计划的通知，首次创新性地将地方政府的移民安置实施进度与项目法人缴纳税金的进度挂钩，并首次明确了对地方政府按进度实施一定奖励的政策，该政策有力地推动了移民安置实施进度，为白市水电站如期下闸蓄水创造了条件。

第 4 章
移民管理模式

沅江流域水电开发自 20 世纪 80 年代五强溪水电站启动至今，已历经近半个世纪，移民管理工作也经历了探索、形成、发展和完善的过程。沅江流域的管理模式广义上可以分为工程建设管理和移民管理两大类，但是从沅江流域整个区域各水电站的实践来看，又可以细分为开发建设管理、实施管理、设计咨询管理、监督评估管理四个方面。

4.1　五强溪阶段

4.1.1　开发建设管理

20 世纪 90 年代以前，沅江干流上无开工建设水电项目，仅五强溪等部分水电站开展了一些前期规划工作，主要成果有：1956 年完成沅江河流规划报告，1967 年完成清水江河流规划报告，1960 年 6 月提出《沅水五强溪水电站正常蓄水位 157 米方案的初步设计报告》，1979 年 12 月提出《五强溪水电站初步设计报告（正常蓄水位为 120 米）》。

在该时期，水电开发仍由国家基本建设委员会、国家水利电力部牵头组织，由国家进行统一开发和管理。但开始重视流域统筹规划，由国家对单个水电站指定开发转变为注重流域规划进行开发。该时期内沅江流域水电开发的代表为五强溪水电站。

为做好水电项目开发管理工作，五凌公司成立电厂筹建处，代表业主行使工程建设管理职能，实行"小业主、大监理"的管理模式。筹建处一般会成立工程办公室与综合办公室两个部门，分管后勤协调保障与工程建设管理工作。

4.1.2　实施管理

4.1.2.1　移民管理模式

改革开放后，随着投资体制的改革，水电工程和经营性水利工程开发从国家统一开发走向市场多元化，由过去的政府行为转向市场行为和企业行为。为了控制投资成本，对工程移民实行的是"政府负责、投资包干、业主参与、移民监理"的管理体制。地方政府负责移民投资和移民任务双包干，实际上类似工程建设中分包移民项目的"包工头"。由此带来的问题要么"包而不干"，要么留下大量移民遗留问题。

随着中国经济改革的逐步展开和责任制的建立，1981 年，国务院公布《国家建设征用土地暂行条例》。1984 年，水利电力部在总结国内外水库移民经验教训的基础上，第一次提出了开发性移民的概念和思路。1984 年 9 月，国家计划委员会等中央部门联合颁布了《基本建设项目投资包干责任制办法》（计基〔1984〕2008 号），并在此基础上于 1984 年 12 月颁发了《关于征用土地费实行包干使用暂行办法》〔(84) 农土字第 30 号〕，将水库移民安置实施的责任明确交由地方政府负责。1986 年，国务院正式确定了开发性移民的思路，并作为中国水库移民工作的基本方针，出台了一系列解决移民问题的政策措施和相关法律法规，使移民工作发展到了一个新的阶段，逐步走向依法行政、依法移民的轨道，进一步建立健全了各级移民管理机构。该时期，各建设项目均建立了较为固定的移民管理机构，且移民管理机构随着移民安置实施工作的不断深入，其人员编制及地位不断得到加强，"政府领导、分级负责"的管理模式逐步形成。

4.1.2.2　管理机构设置情况及职责分工

1. 湖南省

1958年，随着中央和湖南省投资的柘溪、双牌、水府庙等大型水库和地县一大批大中型水库兴建，为了做好水库移民工作，湖南省政府成立了湖南省移民委员会，由一名副省长兼任主任，省农业、水利、民政、公安、财政、粮食、林业、商业等厅局负责人任委员，下设移民办公室。湖南省移民委员会办公室成立之初在湖南省民政厅办公，后改设在湖南省农业厅农垦局办公，1959年迁回湖南省民政厅，1964年改迁湖南省水利电力厅。1980年3月，湖南省移民委员会办公室更名为湖南省移民领导小组，由一名副省长任组长，有关部委厅局和工程设计部门负责人为成员，领导小组下设办公室，为湖南省水利厅下设处室，由湖南省水利厅厅长兼任主任。

1958年，湖南省移民委员会办公室负责全省大中小型水利水电工程移民安置工作，省农业、水利、民政、公安、财政、粮食、林业、商业等厅局配合湖南省民政厅、湖南省农业厅农垦局做好管辖范围内的移民工作。1958年以后，有移民任务的地（州）、县成立了移民领导小组，把移民工作列入重要议事日程，并设有专门的移民办事机构，负责辖区内各类水利水电工程移民安置工作。

从1964年开始，各级移民工作职责得到大致明确，改迁至湖南省水利电力厅的省移民委员会办公室主要负责全省大型工程的移民安置工作，地（州、市）负责中小型工程的移民安置工作。

1980年3月，湖南省移民领导小组办公室成为湖南省水利厅下设处室，主要负责全省省部属大中型水利水电工程移民安置工作。

1995年9月7日，湖南省机构编制委员会印发《关于设立湖南省移民开发局的复函》（湘编〔1995〕6号），明确湖南省移民领导小组办公室改设为湖南省移民开发局，为湖南省人民政府办公厅归口管理的副厅级事业单位，是从事移民工作协调、移民区开发管理与综合服务的机构，也是湖南省移民领导小组的办事机构。

1995年湖南省移民开发局成立后，仍然负责湖南省省部属大中型水利水电工程的移民安置工作。

1996年8月9日，湖南省机构编制委员会印发《湖南省机构编制委员会关于省移民开发局机构编制方案的通知》（湘编〔1996〕24号），明确湖南省移民开发局工作职责及内设4个处室，配事业编制45名（含机关后勤服务编制6名），其中局长（副厅级）1名，副局长（正处级）3名，总会计师（正处级）1名，副处级领导职数4名，还明确了湖南省移民开发局的9条工作职责。

1997年2月18日，湖南省人事厅印发《关于省移民开发局实施国家公务员制度范围问题的复函》（湘人函〔1997〕3号），核定湖南省移民开发局国家公务员职位39个。

2. 贵州省

20世纪80年代初期，承担水电站枢纽工程建设的工程局承担了部分移民工作管理职能，很多工程局有专人管理移民工作，其工作内容：①支付移民补偿费用，②参与移民补偿费用概算、调整概算等审查工作。随着基本建设体制改革，工程局逐渐淡出移民工作，省级移民机构开始逐渐完善。

1986年中共贵州省委印发《对省政府办公厅〈关于建立贵州省水库移民办公室的报告〉的批复》[（86）省通字第1号]，该批复明确，贵州省委同意建立贵州省水库移民办公室，负责全省大中型水电工程的移民安置及库区维护工作。同年，贵州省人民政府办公厅下发《省人民政府办公厅关于建立贵州省水库移民办公室的通知》（黔府办〔1986〕7号），明确贵州省水库移民办公室下设秘书组、安置组、财务组，工作人员8人。办公室隶属于贵州省电力局，所需编制由贵州省电力局报水利电力部和贵州省编委审定。

20世纪80年代初至90年代初，移民安置规划开始受到重视。这个阶段，实物指标调查以设计单位为主、地方政府配合，移民安置规划方案以地方政府为主、设计单位配合。设计单位仍然扮演了代表国家控制投资的角色，以实物指标调查成果为基础，结合移民安置规划编制补偿投资。国家审查批准补偿投资，以控制投资为主，移民安置实施随意性大。

4.1.2.3 移民工程建设管理

20世纪80年代初至90年代初，基本建设体制开始探索"项目法人制，招标投标制，建设监理制"，但移民安置的实施仍由政府负责，移民费用由政府包干使用，政府使用移民资金随意性较大。除编制调整概算外，设计单位、工程建设单位极少参与移民安置实施阶段的工作。

该时期内，移民工程建设充分体现计划经济时代政府统筹的特点。对于水库移民建房所需的主要材料（如水泥、钢筋、砂石、砖、木材等）一般为政府统一调拨，房屋建造主要为移民自建，各公社、区、县逐级验收和审批；对于电站涉及的公路、库内交通、生活用水等移民工程均为建设单位承担，地方政府逐级验收。

这一时期，水库移民建设管理的创新模式为专业项目复建工程返包模式，并取得了初步成效。专业项目迁建或复建，指原有专项项目因水利水电工程建设影响而需要在新址进行重新修建的行为，主要包括交通、电力、电信、广播电视、水利等设施的迁建或复建。有时也将防护工程列入专项设施的范畴，防护工程是指在水库淹没影响区，对具备防护条件的大片农田、人口密集的村庄、集镇、城镇、工业企业、铁路、公路、文物等重要淹没或淹没影响对象采取的工程防护措施，一般可以分为筑堤防护工程、排水工程和护岸工程等。

进度滞后及投资超概算是各库区移民工程实施中普遍存在的突出问题，有的移民工程还存在质量方面的问题，导致移民不能如期进点建房，移民区域或安置水、电、路、通信等基础设施不能按期完成，安置点不具备安置的条件，影响了移民搬迁安置的进度，造成移民工作往往滞后于枢纽工程建设，给水利水电工程的顺利实施带来了一定的影响。特别是在水库蓄水阶段影响较大，有的工程蓄水后因为移民问题没有及时处理不能开闸放水，甚至停工等待，这些问题都直接影响和制约到工程的顺利建设和工程效益的发挥。

这些问题的原因是多方面的，就水库淹没处理来讲，移民的搬迁安置比较复杂，移民选择安置地点和安置方式要有一个不断思考和反复比较的问题，移民建房也需要一定的时间，库区的移民工程项目涉及各行各业，各种利益关系错综复杂，每一个项目都要按照基本建设管理程序进行并要做大量的协调工作，因此，移民安置客观上需要一个合理的工作周期。此外，国家投资体制改革以后，项目的核准或审批程序更加规范，核准或审批的周期比以前要长一些，但工程建设仍然按照以前的做法，在项目尚未核准或审批前实际上已开工建设，待到项目核准前，水电站建设已经到了相当的进度，离水库蓄水的时间已经不远了。但在项目核准前，按依法移民的要求，移民搬迁安置还不能大规模地开展，只能开展试点搬迁或开展移民项目的前期规划设计等前期准备工作，从一开始两者就不在同一起跑线上，造成了两者之间进度的不协调。从主观上看，移民工程项目的组织管理也是一个主要原因，工程实施中普遍存在多头管理、无人负责的现象，地方政府缺乏较大工程项目的管理经验和管理人才，施工组织管理不力，施工队伍层层转包，都会对工程项目的进度、资金、质量、安全造成影响。

因此，积极探索和实践科学合理的移民工程项目管理模式以适应新时期水库移民工作的形势和需要，是非常必要的。

4.1.2.4 后期扶持管理

我国后期扶持政策发展可以从 20 世纪 80 年代开始，以建立库区维护基金为标志，逐渐形成"谁主管谁负责、谁受益谁承担"的管理模式。

20 世纪 80 年代，库区维护基金的建立是国家专项后期扶持政策开始实施的标志。我国在 1981—1986 年期间，陆续下发多项文件，1981 年 6 月，电力工业部、财政部联合下发了《关于从水电站发电成本中提取库区维护基金的通知》（电财字〔81〕第 56 号），设立了库区维护基金，用于水库维护和解决库区的遗留问题；该通知明确自 1981 年 1 月 1 日起对电力工业部直属水电站试行从发电成本中提取每千瓦时一厘钱的库区维护基金，"应用于解决水电站在投产后运行、使用过程中出现的问题，凡是按照设计应由基本建设投资中解决库区移民安置、土地征购、防护工程和交通设施等费用，均在基本建设投资中解决，不得在库区维护基金中开支"，"库区维护基金由大区电管局和省属电力局集中掌握"，量入为出，专款专用。该阶段，水库移民遗留问题开始得到重视，扶持力度也逐步加大，期间出台的相关政策文件涉及多项用于后期扶持发展的资金类型，包括库区维护基金、水费外附加库区移民扶助金和库区建设基金，均以解决库区遗留问题、进行库区建设为主要用途，用于项目扶持及基础建设。但这一时期政策主要针对电力工业部直属水电站移民，对其他水库移民扶持力度较小，受多种因素的影响往往落实不到位。

1986 年，国务院办公厅转发水利电力部《关于抓紧处理水库移民问题报告的通知》（国办发〔1986〕56 号），进一步充实了后期扶持政策的基本内容，提出：移民的遗留问题应从工程效益中得到合理补偿，有计划、有步骤地加以解决；要变救济生活为扶助生产，走开发性移民的路子，处理移民遗留问题，应帮助移民调整产业结构，因地制宜地发展种植业、养殖业、工副业等多种经营，提高移民自身发展能力，支持他们开发创业；进一步明确资金渠道，除从水电站的电费和库区经营其他收入中提取库区建设基金、收取水费外附加库区移民扶助金外，还规定了地方所属水电站的库区建设基金提取办法由所属省

(自治区、直辖市)人民政府确定,若有些水库不发电或其他直接收益不多,解决移民遗留问题仍有困难的,应按水库隶属关系分别由水利电力部和地方安排资金适当解决;明确了多渠道资金扶持方式,即农田水利资金、水土保持补助费、造林补助费、扶贫资金、小水电贷款、农业贷款等,要适当照顾移民安置区;明确了"谁主管谁负责、谁受益谁承担"的原则,水利电力部直属水库的移民遗留问题,由水利电力部负责协调规划,提供经费资助,由有关地方人民政府组织实施,地方所属水库的移民问题由省、自治区、直辖市负责安排解决。这一阶段,后期扶持政策基本确立,扩展了后期扶持适用范围和政策对象,提出了开发性移民方针和解决资金的渠道,资金仍以解决库区建设、帮助移民生产发展为主,并且按照"谁主管谁负责、谁受益谁承担"的原则进行管理,对于推动水库移民遗留问题的解决起到了积极作用。但这一阶段政策实施仍存在发展不平衡的问题,主要对部属水库扶持力度较大,地方水库扶持力度较小。

1991年,《大中型水利水电工程建设征地补偿和移民安置条例》(国务院令第74号)颁布,首次以行政法规的形式确认了水库移民后期扶持政策,明确提出"国家提倡和支持开发性移民,采取前期补偿、补助与后期生产扶持的办法"以及"国家设立库区建设基金,用于大中型水利水电工程库区维护和扶持移民发展生产""国家安排支农、扶贫资金和交通、文教卫生等经费时,对移民安置区应当适当照顾,以扶持移民安排生活和发展生产"。该阶段主要针对1986年之后建成投产的水电站水库移民后期扶持政策确立。进一步细化了后期扶持基金的范围、标准、年限、监督管理责任等内容。相比于之前出台的政策规定,除延续了资金转款用、扶持资金用于解决遗留问题及库区建设的原则之外,还明确了扶持标准、扶持资金提取年限,更进一步明确库区移民生活安置及生产扶持责任主体,并提出应开展后期扶持统一规划。由此可见,该阶段后期扶持政策较之前有了突破性发展。

4.1.3 设计咨询管理

4.1.3.1 设计咨询管理模式

在20世纪80年代初以前,沅江流域水电开发移民安置设计管理遵循国家关于基建管理的统一规定,受国情影响,缺少专业的设计规范,"边勘察、边设计、边施工"的"三边"现象比较严重。

在20世纪80年代至90年代期间,移民安置法律政策、规程规范从无到有、逐步完善,由1958年的《国家建设征用土地办法》修改为1982年的《国家建设征用土地条例》和1986年的《中华人民共和国土地管理法》,由行政法规逐步发展为法律。1984年,水利电力部颁布了移民规划设计的第一个专业规范《水利水电工程水库淹没处理设计规范》(SD 130—84)。移民安置规划设计从此变得有法可依、有章可循,遵从水电工程设计管理相关规定,对移民设计管理、咨询管理越加重视。开始实行"省政府领导,有关市(州)、县参与,业主积极配合,设计单位主导"的管理模式。

20世纪80年代初期,逐步建立健全各项技术管理规章制度。20世纪80年代中期,库区规划工作的深度和广度都得到了较大提高和发展,尤其是开发性移民工程课题的提出,使库区规划和设计跨进了一个理论与实践相结合的新阶段。淹没实物指标除了恢复早期的实地详细调查外,还利用先进的遥感技术进行控制和核验。移民安置规划则将建库前后水库区和库周地区的有关社会经济条件联为一个整体，按系统工程的原理和方法，对移民和非移民区的生产力诸要素进行科学预测，按照区域经济学的观点来进行移民安置区的综合经济发展规划，从而科学地优选移民安置方案，正确处理水库兴建与地方政府和其他国民经济部门的关系，合理计算移民投资，研究制定保证库区经济繁荣的政策措施等，已在东江、五强溪和龙滩等库区规划设计中初步尝试，并不断改进。

从 20 世纪 80 年代后期开始，水库移民工程已成为水利水电工程立项开工的制约因素。库区移民规划设计工作，除深入细致地做好淹没实物指标调查外，还需做好移民安置和受淹专业项目复建规划设计。在总结诸多水库移民后遗症问题经验教训的基础上，移民安置规划侧重于对移民环境容量的分析研究，以合理确定移民安置的范围和建库后的移民生产、生活安置方案；移民安置方式则从比较单一的粮食性生产转为开发性大农业安置，乡村工业、副业安置和第三产业安置等多方式、多渠道安置，并特别注重移民居民点的选址和交通、水利、用电、就医、子女上学等综合规划。对于受淹的城（集）镇复建新址，要进行多方案比选后报地方人民政府批准，并编制总体规划或详细规划。对受淹的专业项目，根据建库后变化情况和受淹没影响程度，提出合理的复建方案。对淹没补偿投资，需根据淹没损失的实物数量、移民安置规划和专业项目复建方案，严格按照 1991 年"国务院令第 74 号"的规定进行编制。上述规划设计方案已在三板溪、凌津滩、向家坝、五强溪、龙滩、东江等工程得到全面的体现。

1988 年，水电工程行业推行全面质量管理。设计管理的主要工作按以下内容进行：①逐级审查产品。②建立健全各项技术管理规章制度，使生产人员的工作规范化、标准化。③开展优质产品的评选奖励。④进行产品质量抽查。⑤收集用户对产品质量的意见。⑥组织质量事故现场参观。⑦组织科技论文报告会。⑧召开以质量为中心内容的技术管理工作会议。

五强溪水电站水库移民安置规划综合报告于 1988 年 6 月通过了湖南省人民政府组织的审查，审查决定"五强溪库区移民安置实行投资承包责任制，省政府将 7 亿元的移民经费和整个安置开发任务层层承包"。

在 1991 年国务院颁布的《大中型水利水电工程建设征地补偿和移民安置条例》（国务院令第 74 号）中规定：水利水电工程建设单位，应当在工程建设的前期工作阶段，会同当地人民政府根据安置地的自然、经济等条件，按照经济合理的原则编制移民安置规划。移民安置规划应当与设计任务书（可行性研究报告）和初步设计文件同时报主管部门审批。没有移民安置规划的，不得审批工程设计文件、办理征地手续，不得施工。可见，移民安置规划已经成为项目审批、办理征地手续和施工的前置条件。

总体而言，该时期移民设计咨询管理模式主要表现出"地方政府主导，设计单位配合，相关成果统一咨询"的管理模式。主要表现为以下两方面特点：

（1）移民设计规范从无到有，设计管理逐步完善。对水库淹没范围确定、实物指标调查、移民安置规划、集镇及专项处理、库底清理标准、补偿投资费用计算等，从培训教材逐步上升到行业标准，设计工作有据可依。对于移民设计管理，在《水利水电工程水库淹没处理设计规范》（SD 130—84）中，将设计阶段划分为初步设计、技术施工设计两个阶段，对设计规范有了技术要求，移民安置前期规划设计不再是"边勘察、边设计、边施工"的"三边"工程现象。在 1993 年，根据电力工业部电计〔1993〕567 号文《关于调整水电工程设计阶段的通知》,将初步设计、技术施工设计两个阶段调整为预可行性研究报告、可行性研究报告(等同初步设计)、招标设计、施工详图四个阶段,移民规划设计管理遵从水电工程设计管理的统一规定。

(2)从国家层面、省政府层面缺乏前期规划设计管理和规定,虽然出台了专业规范,但设计领域出现重工程、轻移民的现象并未得到改变,移民工程设计深度仍然严重滞后于枢纽工程设计深度,移民专业队伍也没有得到明显的发展与壮大。当时,对移民安置、城镇及交通、输变电、小水电站、水轮泵站、抽水机站等项目一般以地方政府为主开展设计,设计单位配合。该时期虽然出台了移民专业规范,但在国家、地方层面都缺乏针对移民设计管理的具体规定。

4.1.3.2 设计单位中南院组织机构

1954年,中南院规划处成立的经济调查队,开始开展移民调查及移民规划工作,依托传统水库移民业务,经济调查不断发展壮大。1993年3月,水库移民和环保专业从规划处分出,设立水库环保工程处,是水利水电系统内第一家成立水库环保工程处的勘测设计单位,其中移民专业设有库区规划设计室和工程室,是中国最早开展库区移民工程设计的单位。

4.1.4 监督评估管理

20世纪80年代初,中国进入改革开放的新时期,传统的工程建设管理模式各种弊端逐渐显露出来。在建设领域,投资开始有偿使用,投资主体呈现多元化,逐步实行了招投标承包制,施工单位开始摆脱行政附属地位,向相对独立的商品生产者转变,工程建设各参与者之间的经济关系得到强化,追求自身利益的趋势日益突出。这种格局的出现,迫切需要建立和健全新的管理体制。

20世纪80年代中期,中国建设项目开始实行监理制度,在建设监理蓬勃发展的背景下,作为水利水电工程重要组成部分的移民工程,也在探讨如何引入监理制度。借鉴建设项目监理的做法,在水库移民工程中,也逐渐引入了监理机制,并在长江三峡、黄河小浪底、万家寨等一批大中型水利水电项目中实施了移民监理。

20世纪80年代后期,随着社会主义市场经济体制的不断发展和完善,中国的水利水电工程建设体制逐步与国际接轨,并建立了"业主负责制、工程监理制、招标投标制、合同管理制"的管理体制。1988年7月,建设部颁布的《关于开展建设监理工作的通知》标志着中国工程建设领域的改革进入一个新的阶段,既参照了国际惯例,又结合了中国国情,是具有中国特色的建设监理制度。

该阶段,中国其他水利水电工程鲜有开展移民监督评估,对移民权益实现、生活水平恢复、公共设施享有等方面不够重视。沅江流域开工建设的五强溪和凌津滩水电站尚未开展移民综合监理,也未开展独立评估。

4.2 三板溪阶段

4.2.1 开发建设管理

1995年5月,五凌公司正式注册成立,由湖南省电力公司、湖南省经投实业有限责任公司、华中电网有限公司共同投资组建,是全国最早成立的水电流域开发公司之一。

1996年4月,国务院印发了国阅〔1996〕76号会议纪要,授权五凌公司全面负责整个沅江流域梯级水电站的开发、建设与运营,并将沅江流域列为国家水电滚动综合开发的试点。至此,沅江流域梯级水电站的开发开始由国家统筹开发管理向项目业主承担开发管理转变。

1997年,五凌公司制定了《沅水流域梯级水电站开发规划》,介绍了沅江流域开发的战略布局。12月,国家计划委员会批复《沅水流域梯级水电站项目建议书》,批准洪江、碗米坡水电站作为沅水梯级滚动开发一期项目。五凌公司以五强溪、凌津滩两水电站为母体电站,以洪江、碗米坡两个项目为开端,拉开了沅江流域梯级滚动开发序幕。五凌公司在做好沅江流域开发的同时,还跨流域接手了停工两年之久的衡阳市衡南县湘江近尾洲水电站工程。

为做好水电项目开发管理工作,五凌公司成立电厂筹建处,代表业主行使工程建设管理职能,实行"小业主、大监理"的管理模式。筹建处一般会成立工程办公室与综合办公室两个部门,分管后勤协调保障与工程建设管理工作。

4.2.2 实施管理

4.2.2.1 移民管理模式

20世纪90年代初至21世纪初,国民经济和社会事业进入全面调整发展阶段,国家对水库移民工作政策作出重大调整,出台了一系列水库移民工作政策法规。1991年,国务院首次颁布实施《大中型水利水电工程建设征地补偿和移民安置条例》(国务院令第74号);1992年,国务院印发《国务院批转国家计委关于加强水库移民工作若干意见的通知》(国发〔1992〕20号);2002年,国家计划委员会发布《关于印发水电工程建设征地移民工作暂行管理办法的通知》(计基础〔2002〕2623号);同年,湖南省第九届人民代表大会常务委员会第三十二次会议审议通过了《湖南省大中型水库移民条例》。

这几个文件的重大意义在于国家和地方根据时代背景的要求对移民安置工作的政策、标准与管理形态作出了重大调整,并对管理要素进行了梳理。一是确立了开发性移民方针。国务院办公厅文件要求水库移民工作必须从单纯安置补偿的传统做法中解脱出来,改消极赔偿为积极创业,变救济生活为扶助生产,即从保障水利水电事业发展和维系移民的利益出发,将单纯的救济补偿转变为扶持移民生产,并给出了移民安置与工程建设并重、前期补偿与后期扶持相结合的统一政策。开发性移民方针逐步转化为移民安置工作显性的政策基点和制度安排。二是明确了移民工作的重要地位。《国务院批转国家计委关于加强水库移民工作若干意见的通知》(国发〔1992〕20号)强调指出,大中型水利水电工程建设涉及成千上万,甚至几十万、上百万移民。而移民工作的好坏与成败,关系到党和国家的政策能否得到贯彻落实,关系到党在人民群众中的威信,关系到广大移民的生产、生活和社会安定问题,也关系到水利水电建设能否顺利发展的问题。因此,各级领导必须明确移民工作与工程建设的关系,把移民工作和枢纽工程建设同等对待。三是形成了移民工作管理体制。1992年,《国务院批转国家计委关于加强水库移民工作若干意见的通知》(国发〔1992〕20号)指出,水库移民工作采取"条块结合、以块为主"的管理体制。2002

年,《湖南省大中型水库移民条例》第三条规定:移民工作实行政府领导、部门主管、分级负责、县为基础的管理体制。对理顺移民管理体制,健全管理机构,管好用好移民资金提出了原则性的要求。四是规范了移民补偿安置。在管理形式上开移民立法先河,从而解决了中国大中型水利水电工程建设征地补偿和移民安置工作无法可依的问题。国务院移民条例和省移民条例明确了征地补偿费和安置补助费标准,规定了移民安置规划的编制程序和编制原则,规范了安置实施过程的主要管理环节和管理行为。五是出台了移民后期扶持资金政策。通过这一时期的政策调整,国家和地方逐步将移民安置的管理形式纳入法制化、规范化的轨道,管理水平和效能得到相应提高。

在此时期,为做好"西电东送"水电工程水库移民工作,理顺移民工作关系,贵州省委、省政府提出了"党委统一领导,政府全面负责,移民部门指导协调,相关部门密切配合,全社会共同参与"的移民工作管理思路。进入新世纪后,贵州省在移民工程项目管理模式上探索和创新出专业项目复建工程返包模式,概括起来讲就是"地方政府管民生,电站业主管工程"的协作机制。工程返包模式充分发挥了地方政府和电站业主各自的优势,避开了各自的不足,取长补短,扬长避短,符合新形势下移民工作的需要,达到"双赢"的目的。这一时期的移民安置方式,主要可以概括为"大分散小集中有土安置"和长期补偿试点。

2001年6月,贵州省委、省政府出台了《关于进一步加强全省大中型水电工程移民工作有关问题的通知》(黔党办发〔2001〕20号),决定实行"省政府统一领导、分级负责、县为基础、业主参与、综合监理"的移民工作管理体制。至此,贵州省移民办与贵州省电力公司脱钩,解除了二者的隶属关系,与此同时,充实了地(州、市)、县移民机构,移民工作任务重的地(州、市)、县还配备分管移民工作的政府副职,选配政治强、业务精、作风正、有群众基础的得力干部充实移民部门的领导班子,在移民工作任务重的乡(镇),还设置了移民工作站,全省上下建立和健全了比较完善的移民工作管理机构和体制,有力地保障了移民工作的顺利推进。

这段时期的水电移民管理模式的特点是:管理机构较为固定,且不断得到加强。相关规章制度不断建立健全,水电移民安置工作逐步进入依法移民的轨道。各级政府加强了对移民安置规划的实施和管理,实物指标调查、安置规划等前期工作不断得到重视。"政府领导、分级负责"的管理模式逐步形成,随着相关工程外资的引入,移民搬迁安置管理机制开始逐步与国际接轨,移民监理、监测和后评估等相关制度逐步建立。

4.2.2.2 管理机构设置及职责分工

1. 湖南省

2000年12月,湖南省人民政府办公厅文件《湖南省人民政府办公厅关于印发省移民开发局职能配置、内设机构和人员编制规定的通知》(湘政办发〔2000〕95号),对湖南省移民开发局职能职责进行补充完善,明确湖南省移民开发局为湖南省人民政府办公厅管理的副厅级事业单位,主管全省移民安置和开发工作。湖南省移民开发局机关人员编制和领导事业编制为33名,其中局长(副厅级)1名,副局长(正处级)2名,总工程师1名;副处级领导职数6名。

2005年10月14日,湖南省印发《关于湖南省移民开发局更名为湖南省水库移民开发管理局并升格为正厅级事业机构的通知》(湘办〔2005〕51号),将湖南省水库移民开

发管理局调整为正厅级事业机构,并明确了湖南省水库移民开发管理局工作职责:

(1) 贯彻执行党和国家的移民工作方针、政策,研究拟订全省移民工作法规、规章和政策,经批准后组织实施。

(2) 适应社会主义市场经济需要,探索开发性移民的新机制,总结推广典型经验,抓好开发性移民工作。

(3) 综合编制移民安置规划。负责新建大型水利水电工程的移民安置规划的初审,协同有关部门制订重点移民区开发的中长期规划;制订并组织实施年度安置、开发计划;按规定管理由移民经费开支的移民开发工程项目,督查验收移民开发工程项目。

(4) 会同有关部门拟定移民资金管理办法;按有关规定管理移民资金,指导全省移民机构的财务会计工作;会同有关部门对移民资金使用情况进行监督检查;负责移民资金收缴等工作的政策和业务指导;负责移民开发有关的统计工作。

(5) 负责省直有关部门和各市(州)有关移民工作的协调;会同湖南省直有关部门做好移民对口帮扶工作。

(6) 负责移民口粮补贴款的发放与管理工作。

(7) 负责移民信访接待工作,协调、指导市(州)、县(市、区)做好库区、移民安置区的社会稳定工作。

(8) 指导全省移民区移民工作干部和移民区基层骨干的培训。

湖南省水库移民开发管理局内设4个职能处(室)。

(1) 办公室(对外可使用人事处印章):负责局机关政务综合协调工作;负责综合性、政策性问题调研和重要文件、法规、规章起草工作;负责文秘、保密、档案、信访、提案、信息和宣传工作;负责局机关及直属单位的机构编制、人事劳资、劳动和社会保障工作;负责局机关和直属单位的国有资产监管及机关财务工作;协助做好库区社会稳定工作;检查监督有关移民工作的政策法规执行情况。总结推广开发性移民工作典型经验。

(2) 安置开发一处:负责老水库库区的移民安置、开发工作;负责编制老水库区移民安置规划,协同有关部门编制重点库区开发规划;拟订年度工作计划;会同有关部门组织好开发性项目可行性论证工作和工程设计的审查;指导、检查和督促库区及外迁安置区的移民搬迁、基础设施建设和开发性生产项目的实施;组织和参与老水库诱发性灾害的调查及突发性事件的处理;参与接待老水库库区移民的来信来访工作。

(3) 安置开发二处:负责新水库库区移民安置、开发工作;负责三峡库区迁入湖南省移民安置、生产和开发工作;会同有关单位编制新水库库区移民安置和开发规划;协同有关部门编制重点库区开发规划,拟订年度工作计划;会同有关部门组织好开发性项目可行性论证工作和工程设计的审查;指导、检查和督促库区及外迁安置区的移民搬迁、基础设施建设和开发性生产项目的实施;组织和参与新水库诱发性灾害的调查及突发事件的处理;参与接待新水库库区移民的来信来访工作。

(4) 计划财务处:汇总编制全省移民安置和开发的中长期规划及年度计划;会同有关部门拟订全省移民资金管理办法并组织实施;按有关规定管理移民资金,会同财政部门做好移民资金的催缴工作;指导全省移民机构的财务会计工作;负责移民专项资金管理与使用情况的监督检查;负责移民开发统计工作;承办移民粮食补贴款的发放。

2. 贵州省

2001年6月，贵州省委、省政府出台了《关于进一步加强全省大中型水电工程移民工作有关问题的通知》（黔党办发〔2001〕20号），明确将"贵州省水库移民办公室"改为"贵州省大中型水电工程移民开发领导小组办公室"（以下简称"贵州省移民办"），作为贵州省政府直属正厅级事业单位，履行全省大中型水电工程移民开发行政管理职能。贵州省政府办公厅下发《省人民政府办公厅关于印发贵州省大中型水电工程移民开发领导小组办公室机构编制方案的通知》（黔府办发〔2001〕73号），同时明确贵州省移民办内设综合办公室、移民规划安置处、后期扶持处、财务审计处4个处（室），编制35名。其中，主任1名，副主任3名，巡视员或助理巡视员1名；正（副）处长8名，调研员或助理调研员4名，并明确移民任务分别超过2万人的地（州、市）和5000人的县（市、区），各增设1名专管移民工作的副市（州）长和副县长，不占同级政府领导职数。至此，贵州省移民办与贵州省电力公司脱钩，解除了二者的隶属关系。

2001年12月，贵州省机构编制委员会办公室、省移民办公室联合行文各地（州、市）编办、移民办发布《关于进一步做好移民机构设置工作的意见》（省编办字〔2001〕105号），要求全省9个地（州、市）和38个移民任务较重的县（市）都要尽快组建移民工作机构，并明确为政府直属事业单位，配备与工作任务相适应的人员编制，人员列入参照公务员制度管理。

2005年，贵州省下放了大中型水电工程移民安置建设项目审批管理权限。

贵州省移民办主要职责如下：

（1）贯彻执行党和国家关于水电工程移民开发工作的方针政策和法律、法规；研究拟定地方性法规、规章和政策措施并组织实施。

（2）组织开展省内大中型水电工程对所在地域综合影响的对策研究，及时向省委、省人民政府反映情况，提出建议。

（3）组织编制全省大中型水电工程移民开发工作规划和年度计划，负责移民开发项目的前期准备和开发中的组织实施及监督检查工作。

（4）负责安排大中型水电工程移民开发资金和物资，并对资金和物资使用情况进行监督检查。

（5）负责大中型水电工程移民开发的调查研究和宣传教育工作，协调解决移民开发工作中的重大问题。

（6）负责大中型水电工程库区移民安置对口支援和经济技术合作项目的组织协调工作。

（7）会同有关部门对大中型水电工程移民工程质量进行监督、检查。

（8）指导、检查、监督全省水电工程移民开发工作。

（9）承办省委、省人民政府交办的其他事项。

根据上述职责，贵州省移民办设4个处。

（1）综合处：协调机关政务，负责工作计划、总结、地方性政策法规等重要文稿的起草工作；管理贵州省移民办的机构编制、干部人事工作；负责机关文秘、机要、档案、保密、信访、信息、目标管理、社会治安综合治理及后勤管理工作；承担机关党组织的日常工作。

（2）移民规划安置处：负责大中型水电工程移民安置前期工作及在建项目移民安置工作。拟定移民安置规划和实施方案，提出移民安置和搬迁年度计划并组织、协调，督促落实；负责移民开发项目的前期准备及开发中的实施管理工作；负责移民开发工作的调查研究和宣传教育工作。

（3）后期扶持处：负责已建成的大中型水电工程移民后期扶持工作。组织对库区移民安置及项目建设的对口支援工作，对经济技术合作项目进行协调，帮助解决库区移民后期的相关问题。

（4）财务审计处：负责移民开发经费管理及内部审计工作。负责移民开发资金、物资的计划安排；对各级移民开发机构、移民资金使用单位的移民资金年度投资计划执行情况和移民经费收支及其有关经济活动情况进行审计；建立健全有关财经管理规章和内部控制制度，对负责人离任或其他形式的经济责任和移民工程建设项目招投标、承包合同及投资计划执行情况进行监督、检查。

4.2.2.3 移民工程建设管理

20世纪90年代初至21世纪初，随着电力管理体制的改革，设计单位由事业单位改制为企业，其控制投资的作用逐渐削弱。实物指标调查仍以设计单位为主、地方政府配合，移民安置规划方案由设计单位和地方政府共同编制。设计单位在实物指标调查的基础上，结合移民安置规划编制补偿投资，国家审查批准移民安置规划和补偿投资。2002年12月，国家计委印发《国家计委关于印发水电工程建设征地移民工作暂行管理办法的通知》（计基础〔2002〕2623号），明确了水电工程建设征地移民安置工作管理体制为"政府负责、投资包干、业主参与、综合监理"，方式为"省级人民政府全面负责，以县为基础、分级负责"，理顺了水电工程移民管理的体制，协调了各方关系。同时，实物指标调查、移民安置规划均由设计单位会同地方政府进行编制，主体设计单位技术归口的概念逐渐形成，主体设计单位在移民安置规划设计方面的技术主导作用不断增强。

这一时期，项目法人制度逐渐完善，项目法人、设计单位开始参与到移民安置实施工作中，特别是电力工业部在1996年发布了《水电工程水库淹没处理规划设计规范》（DL/T 5064—1996），规定移民安置实施阶段必须开展实施规划设计，并计列相关费用，设计单位逐渐深入参与移民安置实施规划设计工作。"计基础〔2002〕2623号"明确了省级人民政府为水电工程移民安置的责任主体，并要求业主参与，水电工程项目法人也逐渐深入参与到移民安置实施工作中，同时移民安置综合监理工作的开展，使地方政府实施移民安置的行为开始受到来自项目法人的监督。

4.2.2.4 移民资金管理

移民资金作为水库移民工作中的一项重要组成部分，其使用与管理都必须具有严格和规范的制度。在沅江流域梯级水电站的建设与发展过程中其资金制度的制定和完善一直处于循序渐进的状态，在最初的《大中型水利水电工程建设征地补偿和移民安置条例》（国务院令第74号）实施以后到《大中型水利水电工程建设征地补偿和移民安置条例》（国务院令第471号）颁布之前这一阶段，根据其相关指导意见与精神，1996年国家计委、财政部、原电力工业部、水利部联合准备设立水电站和水库库区后期扶持基金，随之相应的移民资金管理办法等一系列相关规章政策相继出台,以规范水库专项资金的使用与管理。湖南省和贵州省依照国家相关政策法规,针对全省大中型水电工程移民资金的分配、使用与管理出台了相应的制度规章。

沅江流域水库移民资金管理办法见表 4.2-1。

表 4.2-1　　沅江流域水库移民资金管理办法（20 世纪 90 年代至 21 世纪初）

序号	时间	名　　称	相　关　内　容
1	1996 年	《关于设立水电站和水库库区后期扶持基金的通知》（计建设〔1996〕526 号）	为了保持库区移民的可持续发展,保证库区社会的稳定,设立后期扶持基金,主要用来扶持库区移民发展生产和解决库区有关移民遗留问题
2	1998 年	《水库移民补偿经费管理办法（试行）》（电综〔1998〕90 号）	对水库移民补偿的使用范围、计划与分配、项目管理、财务管理以及检查监督进行了详细的说明,并明确了农村移民生产安置经费的管理
3	1999 年	《库区建设基金项目管理办法》（水移〔1999〕113 号）	明确了库区建设基金的审批以及各省移民主管机构对库区建设基金项目年度计划执行的监督和管理,对项目验收书进行严格把关
4	2002 年	《水库移民专项资金管理办法》（水移〔2000〕40 号）	指出处理水库移民遗留问题贯彻"谁主管谁负责、谁受益谁承担"的原则,中央直属水库（水电站）的移民遗留问题由水利部负责协调规划,提供经费资助,由有关地方人民政府组织实施。同时,明确了专项资金管理的基本原则、来源和使用范围、计划管理、项目管理、财务管理和监督检查
5	2003 年	《库区建设基金征收使用管理办法》（财企〔2003〕57 号）	明确了库区建设基金的来源,库区建设基金的征收、使用制度
6	2004 年	《库区建设基金县级报账制实施办法》（水移〔2004〕55 号）	对库区建设基金的管理实行专账管理,明确报账支付程序、报账凭证以及监督检查
7	2004 年	《库区建设基金会计核算办法》（水移〔2004〕154 号）	规范库区建设基金的会计核算,全面反映库区建设基金的预算执行和使用情况
8	2005 年	《库区建设基金内部审计办法》（水移〔2005〕73 号）	规定库区建设基金内部审计工作实行统一管理,分级负责。水利部水库移民开发局负责统一管理全国库区建设基金内部审计工作,各省局级移民管理机构负责本行政区域内库区建设基金的内部审计工作。库区建设基金一般由水利部移民局和各省级移民管理机构进行审计。根据工作需要,也可组织或委托有资质的社会中介机构对本级有关部门及下级移民管理机构库区建设基金的管理使用情况进行审计
9	1998 年	《湖南省移民资金管理办法》（湘政发〔1998〕30 号）	明确移民资金是用于水利水电工程移民安置和帮助库区移民发展经济的专项资金,实行财政专户管理,遵守"统一政策、分级管理、先收后支、专款专用、讲究效益"的原则； 移民资金不得用于平衡财政预算和非移民项目,当年结余资金结转下年度使用； 移民资金包括按国家规定和省人民政府批准建立的库区建设基金、库区后期扶持基金、库区维护基金、移民扶助金、水库淹没处理补偿费（简称"淹没补偿费"）、库区开发专项资金、电力附加费、水费附加、移民定销粮差价补贴款以及其他专项用于移民工程和移民生产生活的资金

续表

序号	时间	名称	相关内容
10	2012年	《湖南省大中型水库建设征地补偿和移民安置资金管理暂行办法》（湘移发〔2012〕8号）	为规范大中型水库移民资金管理，提高资金使用效益，包含移民资金筹措和计划、资金使用、工程项目资金拨付管理等内容
11	2015年	《湖南省大中型水库建设征地补偿和移民安置资金管理办法》（湘移发〔2015〕18号）	对全省行政区域内的大中型水库建设淹没补偿费的管理和监督，明确了资金筹措和计划管理、资金拨付和使用管理、工程项目资金拨付管理、监督检查和法律责任等内容
12	2018年	《湖南省大中型水库库区基金征收使用管理实施细则》（湘财综〔2018〕11号）	库区基金从全省境内有发电收入的大中型水库发电收入中筹集，根据水库实际上网电量，按8厘/(kW·h)的标准征收
13	1998年	《贵州省人民政府办公厅关于贵州省水电站和水库库区后期扶持基金征收管理有关问题的通知》（黔府办发〔1998〕7号）	对贵州省水电站和水库库区后期扶持基金的征收进行明确说明，明确其中存在的问题
14	1999年	《贵州省人民政府进一步加强我省大中型水电站（含界河）库区维护基金和后期扶持基金使用管理》（黔府办发〔1999〕95号）	明确了"两金"使用的范围和对象以及使用的原则和方式、计划管理和项目管理、监督检查等
15	2007年	《贵州省大中型水库移民后期扶持资金使用管理暂行办法》（黔财企〔2007〕19号）	明确了用于移民后期扶持工作的专项资金，对其征收和缴库、使用、监督管理作出明确的解释

4.2.2.5 后期扶持管理

按照《大中型水利水电工程建设征地补偿和移民安置条例》（国务院令第74号）要求，该阶段开工建设的三板溪水电站和洪江水电站都开展了后期扶持工作。

2002年《湖南省大中型水库移民条例》中对移民后期扶持工作进行了细化，明确提出：移民后期扶持的主要任务是对移民后期生产进行扶持，逐步提高和改善移民的生活水平。移民安置区县级以上人民政府应当编制大中型水库移民后期扶持规划，报上一级人民政府或者其移民管理机构批准后实施。移民后期扶持的期限、标准和方式按照国务院和省人民政府的规定执行。各级人民政府在安排用于移民后期扶持项目的资金时，应当优先考虑本条例实施以前已建成的大中型水库库区中的移民贫困地区。各级人民政府及有关部门应当大力支持库区经济建设和社会事业发展，采取各种措施，扩大生产门路，并在安排交通、水利、文化、教育、卫生等建设项目，分配支农、扶贫等各类资金时，对库区及移民安置区予以优先照顾。县级以上人民政府应当整合扶贫、以工代赈、农业综合开发和土地整理等支农资金，统筹库区内资源开发收益等财政性收入，加大对大中型水库库区移民生产项目开发、生产扶持和库区遗留问题的解决。各级人民政府及有关部门应当向库区和移民安置区引进农业优良品种，推广适用技术，加强对移民科学文化知识和应用科学技术的培训，提高移民的素质。为安置移民修建的公共基础设施工程竣工后，当地县级人民政府应当及时组织竣工验收，办理决算手续，验收合格的，应当按照规定移交有关部门管理。

4.2.3 设计咨询管理

4.2.3.1 设计咨询管理模式

1993年,根据电力工业部电计〔1993〕567号文《关于调整水电工程设计阶段的通知》,将初步设计、技术施工设计两个阶段调整为预可行性研究报告、可行性研究报告、招标设计、施工详图四个阶段,移民设计管理遵从水电工程设计管理的统一规定。

在此时期,针对设计管理相关政策规定,没有移民安置规划的,不得审批工程设计文件、办理征地手续,不得施工;承担实施规划编制任务的设计单位要派代表驻移民安置实施现场负责设计交底并配合做好移民安置规划的实施;在移民安置实施中发生重大设计变更的,设计单位应分析原因并提出处理意见,经移民监理单位签署意见后按有关规定逐级上报审批。有关具体的规划设计成果按设计单位"院长及所属单位行政负责人领导的,以院(总工程师)、处(专业总工程师或生产单位总工程师)、室(主任工程师)负责实施的3级技术质量管理"模式,并结合水电水利工程勘测设计实行项目管理,"以项目为中心,以技术质量管理作保障,以专业管理为基础的项目部与生产单位及专业室相结合的矩阵式管理模式"进行编制。

在《国家计委关于印发水电工程建设征地移民工作暂行管理办法的通知》(计基础〔2002〕2623号)中规定:国务院投资主管部门负责审批建设征地移民安置规划和补偿投资概算,省级人民政府负责审批建设征地移民安置实施规划,省级移民管理机构负责移民安置实施规划和建设征地移民安置实施年度计划的审查与协调工作。明确建设征地移民安置规划设计是水电工程设计的重要组成部分,项目法人应按照规程规范的要求组织有相应资质的设计等单位做好相应阶段的建设征地移民安置规划设计工作,建设征地移民安置规划应由项目法人委托设计单位会同地方政府进行编制,报国务院投资主管部门审批。移民安置实施规划较原审批的移民安置规划发生重大变更的,应按有关规定逐级上报审批。承担建设征地移民安置实施规划编制任务的设计单位,要派设计代表驻移民安置实施现场,负责设计交底,并配合做好移民安置规划的实施工作。在移民安置实施过程中,发生重大设计变更的,设计单位应分析原因并提出处理意见,经移民综合监理单位签署意见后,按有关规定逐级上报审批。

该时期设计咨询管理继续实行"省政府领导,有关市(州)、县参与,业主积极配合,设计单位主导"的模式。

2001—2002年,水电咨询公司对三板溪水电站补充可行性研究阶段水库淹没处理规划成果进行了4次咨询并提出了相关咨询意见。2001年11月19—22日,受国家经济贸易委员会的委托,中国水电工程顾问集团有限公司在长沙市主持召开审查会,对设计单位编制完成的《三板溪水电站可行性研究补充报告水库淹没处理规划设计专题报告》(送审稿)进行了审查并印发了审查意见。中南院根据审查意见,对报告送审稿进行了修改、补充和完善后,形成了审定本。

4.2.3.2 设计单位中南院组织机构

经过20多年的发展,为适应新形势下的移民工作要求,2013年3月,中南院水库环保工程处将移民工程业务和环保安评业务拆分,同步成立移民工程院,设有征地移民规划所、城乡和经济规划所、监督评估中心、交通工程所、水利市政工程二所、经营管理室及综合管理室等 7 个专业服务和管理科室。

4.2.4 监督评估管理

1996 年 8 月，水利部（水建〔1996〕396 号）发布《水利工程建设监理规定》，明确：在中国境内的大中型水利工程建设项目，必须实施建设监理，小型水利工程建设项目也应逐步实施建设监理。明确定义水利工程建设监理是指监理单位受项目法人委托，依据国家有关工程建设的法律、法规和批准的项目建设文件、工程建设合同以及工程建设监理合同，对工程建设实行的管理。水利工程建设监理的主要内容是进行工程建设合同管理，按照合同控制工程建设的投资、工期和质量，并协调有关各方的工作关系。

1998 年，在前期开展移民综合监理试点的基础上，国务院电力管理部门（原电力工业部）出台了《水电工程水库移民监理规定》（电综〔1998〕251 号），建立了水库移民监理制度，并对相关工作进行了规定。

这一时期开工建设的沅江流域三板溪水电站和洪江水电站都引入了移民综合监理，但未开展独立评估及移民验收工作。

4.3 托口、白市阶段

4.3.1 开发建设管理

随着社会经济的迅速发展，该阶段水电开发开始逐步面向社会化。此时期内，具有代表性的开发管理模式主要包括：流域水电开发向项目业主承担开发管理转变，进入多元化发展时期。如：安江水电站项目业主为广水安江水电开发有限公司，铜湾水电站项目业主为湖南湘投铜湾水利水电开发有限责任公司，清水塘水电站项目业主为湖南湘投清水塘水电开发有限责任公司，大洑潭水电站项目业主为辰溪大洑潭水电开发有限公司，除此之外的其他梯级水电站项目业主均为五凌公司。

2003 年 7 月，水电水利规划设计总院、湖南省计划委员会、贵州省计划委员会共同主持召开沅水流域规划复核报告审查会议，会议同意将洪江以上河段规划调整为革东、三板溪、挂治、白市、托口五级水电站。五凌公司先后完成了三板溪、挂治、白市、托口 4 个水电站的开发。三板溪水电站是沅江干流上唯一具有多年调节能力的龙头水电站，于 2002 年 11 月开工建设，2006 年 12 月机组全部投产发电；挂治水电站于 2005 年 1 月开工，2007 年 8 月实现首台机组投产发电，2007 年 9 月 3 台机组全部投产发电；白市水电站于 2005 年开始筹建，2013 年 4 月 3 台机组全部投产发电；托口水电站于 2005 年开始筹建，2014 年 3 月实现 6 台机组全部投产发电。托口水电站的建成投运，标志着五凌公司全面完成了国务院授权的沅江流域梯级开发任务。

白市水电站和托口水电站是沅江干流第四个和第五个梯级水电站，建设征地均涉及湖南和贵州两省。为推进水电开发和维护移民合法权益，在移民安置实施工作中，由项目业主牵头建立了两省协调机制，统筹协调两省移民工作。此模式的优势在于从省级的层面对实施中存在的重大问题进行了宏观把控和政策支持，有利于水电站工作的积极推进。

此时期项目法人参与移民工作的主要职责如下：

(1) 委托有勘测设计资质的单位编制实物调查细则、移民安置规划大纲、移民安置规划。

(2) 提请有关市（州）人民政府向省人民政府申请下达"禁止在工程占地和淹没区新增建设项目和迁入人口"的通告。

(3) 根据批准的移民安置规划，与省人民政府或市（州）及县（市、区）人民政府签订移民安置协议，并明确移民安置投资额度。

(4) 与移民安置监管方共同委托有资质的单位开展移民安置监督评估工作。

(5) 委托有资质的单位开展移民安置规划实施阶段的相关设计工作并委托设计单位派出移民安置现场设计代表。

(6) 根据移民安置规划和移民安置实施进度要求，于当年10月上旬，向签订移民安置协议的市（州）或县（市、区）人民政府提交下一年度移民安置任务及资金使用计划建议书。

(7) 根据项目资金年度计划及时足额将淹没补偿费缴入签订监管协议的省或市移民资金财政专户。

(8) 负责申报枢纽工程占地和淹没区的用地手续。

(9) 根据需要委托设计单位编制移民安置规划调整报告。

(10) 参与移民安置的阶段性验收和竣工验收工作，配合移民安置实施检查及国家、省有关部门对淹没补偿费使用情况的审计工作。

(11) 参与处理移民安置实施过程中出现的问题、突发事件和水库移民遗留问题，协助做好移民稳定工作。

(12) 承担水库运行造成的滑坡、塌岸、浸没、泥沙淤积等问题的处理费用，防护工程运行管理费用和违规超蓄的责任。

为做好水电项目开发管理工作，五凌公司成立电厂筹建处，代表业主行使工程建设管理职能，实行"小业主、大监理"的管理模式。筹建处一般会成立工程办公室与综合办公室两个部门，分管后勤协调保障与工程建设管理工作。

4.3.2 实施管理

4.3.2.1 移民管理模式

2006年7月，国务院新修订的《大中型水利水电工程建设征地补偿和移民安置条例》（国务院令第471号），首次对移民管理体制作了明确和规范，规定"移民安置工作实行政府领导、分级负责、县为基础、项目法人参与的管理体制"，在具体条款中还规定移民区和移民安置区县级以上地方政府负责移民安置规划的组织实施，并与项目法人签订移民安置协议，未再强调投资包干的责任；同时《国务院关于完善大中型水库移民后期扶持政策的意见》（国发〔2006〕17号）确定，坚持"中央统一制定政策，省级人民政府总负责"的原则。国务院水利水电工程移民行政管理机构（以下简称"国务院移民管理机构"）负责全国大中型水利水电工程移民安置工作的管理和监督。县级以上地方人民政府负责本行政区域内大中型水利水电工程移民安置工作的组织和领导；省、自治区、直辖市人民政府规定的移民管理机构，负责本行政区域内大中型水利水电工程移民安置工作的管理和监督。

2011年5月，国家能源局颁布《关于加强水电建设管理的通知》（国能新能〔2011〕156号），对做好建设征地移民安置管理从落实地方政府责任、移民安置实施、建设单位参与、设计管理和综合监理、移民安置技术管理和政策研究、移民干部培训和移民生产技能培训、建立移民突发事件应急管理机制等方面提出明确要求。

这一时期沅江流域建设的大中型水电工程较多，随着国家、地方各项配套政策规定逐渐完善，逐渐形成了现有的"移民安置工作实行政府领导、分级负责、县为基础、项目法人参与的管理体制。"在运行机制上，湖南、贵州两省移民工作管理方式不断创新，先后建立了移民前期工作管理制度、移民工作目标管理责任制度、移民工作调度会议制度、移民安置建设项目管理制度、移民安置监督评估制度、移民安置风险评估制度、移民长期补偿制度、移民工程项目返包制度、移民后期扶持长效机制、移民信访管理制度、移民档案管理制度、移民资金使用管理制度、移民资金稽查审计制度、移民安置验收管理制度、移民安置工作技术服务管理制度等一系列覆盖工作方方面面的规定或办法，湖南、贵州两省移民工作步入制度化、规范化、程序化、法制化轨道。

4.3.2.2 管理机构设置及职责分工

1. 湖南省

2000年12月，湖南省人民政府办公厅印发《湖南省人民政府办公厅关于印发省移民开发局职能配置、内设机构和人员编制规定的通知》（湘政办发〔2000〕95号），明确湖南省移民开发局机关事业编制为33名，其中局长（副厅级）1名，副局长（正处级）2名，总工程师（正处级）1名，副处级领导职数6名（含机关党委、纪检监察负责人各1名）。离退休人员管理服务的编制按有关规定核定并实行单列，管理人员实行公务员制度。机关后勤服务编制暂维持现状。湖南省移民开发局机关党委负责机关和直属单位的党群工作，纪检监察机构按有关规定设置，人员编制在机关编制总额内单列。截至2002年年底，湖南省移民开发局设置办公室（对外可使用人事处印章）、安置开发一处、安置开发二处、计划财务处4个职能处（室）和省移民培训中心二级机构1个，机关共有工作人员58人，其中机关42人，省移民培训中心工作人员16人。

湘政办发〔2000〕95号对湖南省移民开发局职能职责进行补充完善，具体明确湖南省移民开发局职能职责主要为10个方面：

（1）贯彻执行党和国家的移民工作方针、政策，研究拟订全省移民工作法规、规章和政策，经批准后组织实施。

（2）适应社会主义市场经济需要，探索开发性移民的新机制，总结推广典型经验，抓好开发性移民工作。

（3）综合编制移民安置规划。负责新建大型水利水电工程移民安置规划的初审，协同有关部门制订重点移民区开发中长期规划；制订并组织实施年度安置、开发计划；按规定管理由移民经费开支的移民开发工程项目，督查验收移民开发工程项目。

（4）会同有关部门拟定移民资金管理办法；按有关规定管理移民资金，指导全省移民机构的财务会计工作；会同有关部门对移民资金使用情况进行监督检查；负责移民资金收缴等工作的政策和业务指导；负责移民开发有关的统计工作。

（5）负责协调处理三峡库区迁入湖南省移民的有关工作，指导其生活安置、生产和开发工作。

（6）负责省直有关部门和各市（州）有关移民工作协调；会同省直有关部门做好移民对口帮扶工作。

（7）负责移民口粮补贴款的发放与管理工作。

（8）负责移民信访接待工作，协调、指导市（州）、县（市、区）做好库区、移民安置区社会稳定工作。

（9）指导全省移民区移民工作干部和移民区基层骨干的培训。

（10）承办省委、省人民政府交办的其他事项。

根据国家有关部委政策规定和《湖南省大中型水库移民条例》，湖南省移民开发局履行两项审批、一项审核事项的职权。

1）审批权。湖南省移民开发局对库区建设基金50万～100万元、后期扶持基金50万元以上项目的可行性研究报告、初步设计和省部属水库移民使用预备费投资项目具有审批权。其审批程序为：由县级移民管理部门提出项目建设报告，并经同级人民政府核准后报市（州）移民管理部门，经市（州）移民管理部门审查提出意见并经同级人民政府核准后报湖南省移民开发局，先由湖南省移民开发局相关业务处（室）组织对项目进行初步审查，最后经湖南省移民开发局局长办公会议审定、批准，并列入年度实施计划。

2）审核权。湖南省移民开发局对中央直属水库移民遗留问题处理规划、新建水库移民安置规划、后期扶持基金规划具有审核权。其审核程序为：由县级以上地方人民政府提出规划报告，湖南省移民开发局组织评估并审核汇总，形成总项目规划文件，报送国家有关部门或省人民政府批准。

到2002年，全省共有市（州）移民机构（移民开发局或移民办）13个，县（市、区）移民机构68个，有移民专干600多人。其中资兴市、沅陵县的移民管理机构为副县级事业单位。

《湖南省大中型水库移民条例》规定：省人民政府移民管理部门负责全省的移民工作，指导、协调、检查、督促下级人民政府移民管理部门的移民工作。

湖南省政府办公厅湘政办发〔2014〕88号文件规定：有移民安置工作任务的市（州）人民政府组织领导本行政区域内移民安置工作；有移民安置工作任务的县（市、区）人民政府是移民安置工作的工作主体、实施主体和责任主体，负责本行政区域内移民安置工作的组织实施。

湖南省移民安置工作的职责分工如下：

（1）省移民主管部门。

1）推动贯彻实施国家和湖南省有关水库移民工作的法律法规、政策标准，研究拟定全省移民工作法规，经批准后组织实施。

2）负责组织审查本行政区域内大中型水库建设征地实物调查细则，按管理权限审查移民安置规划大纲，审核移民安置规划设计报告及规划调整报告。

3)受省政府委托,作为监管方与跨市(州)行政区域的大中型水库及属国家、省重点工程的大型水库的项目法人、有关市(州)人民政府签订移民安置协议。

4)按有关规定管理淹没补偿费,审批下达参与签订移民安置协议的大中型水库移民安置项目资金年度计划。

5)督促签订协议的大中型水库项目法人筹措淹没补偿费,按审批的项目资金年度计划和实施进度及时拨付淹没补偿费。

6)会同有关部门对大中型水库淹没补偿费使用情况进行监督、检查和审计。

7)按管理权限主持移民安置的阶段性验收和竣工验收。

8)组织本行政区域内移民干部业务培训。

9)协调处理移民安置工作中的重大问题,及时向上级和有关部门反映移民安置工作中出现的问题,协助本级和下级人民政府做好库区和移民安置区社会稳定工作。

10)组织对市(州)移民安置工作的绩效考核。

(2)市(州)移民主管部门。

1)研究拟定本行政区域的移民安置管理实施办法。管理、指导、协调、检查和监督本行政区移民安置工作。及时向上级和有关部门反映移民安置中出现的问题,妥善处理有关问题。

2)指导、协调县(市、区)人民政府配合项目法人编制实物指标调查细则、移民安置规划大纲、移民安置规划报告,并对上述文本提出书面审查意见。

3)对于省移民主管部门作为监管方的大中型水库,应协助市(州)人民政府与项目法人签订移民安置协议,并协助市(州)人民政府与县(市、区)人民政府签订移民安置实施协议。受市政府委托,作为监管方与管理权限内的大中型水库的项目法人、有关县人民政府签订移民安置协议。

4)根据移民安置规划和项目法人的年度移民安置计划建议,在与项目法人充分协商的基础上,按管理权限组织和审核本行政区移民安置项目及资金年度计划。

5)编报移民安置实施进度及资金使用统计报表。

6)会同项目法人共同委托有专业的单位开展移民安置监督评估工作。

7)管理、拨付本行政区内淹没补偿费。监督、检查本行政区内淹没补偿费管理使用情况,配合有关部门对淹没补偿费管理使用情况的审计工作。

8)按照管理权限负责本行政区内的移民工程项目建设管理工作。

9)指导下一级人民政府及移民主管部门对移民安置进行阶段性验收和竣工验收的自验工作;组织有关单位对本行政区域内移民安置进行阶段性验收和竣工验收的初步验收工作。

10)组织开展本行政区域内的移民安置执法和移民干部的培训工作。

11)负责本行政区域内移民来信来访调解处理工作,配合有关部门及时处理突发事件并做好库区、移民安置区的社会稳定工作。

(3)县(市、区)移民主管部门。

1)研究拟定本行政区移民安置工作管理实施办法。管理、指导、协调、检查和监督本行政区移民安置工作。及时向上级和有关部门反映移民安置中出现的问题,妥善处理有关问题。

2) 协助县（市、区）人民政府提出移民安置初步方案；配合项目法人编制实物指标调查细则、移民安置规划大纲和移民安置规划。配合项目法人和县级人民政府进行实物指标调查、复核、分解和公示工作；协助县人民政府确认实物指标调查成果。

3) 根据批准的移民安置规划和实物指标进行细化分解，并协助县人民政府在有关村、组和权属单位公布补偿范围、补偿标准以及安置方案。

4) 协助县（市、区）人民政府与上一级人民政府及项目法人签订移民安置实施协议；协助县级政府与乡（镇）人民政府签订移民安置责任书；指导乡（镇）政府与村组签订征地补偿协议并与移民户签订搬迁安置协议，并做好移民与安置点的对接工作。

5) 编报移民安置项目资金年度计划，按批准的年度计划，协助县政府完成本行政区的移民安置实施任务；编报移民安置实施进度和资金使用统计报表。

6) 根据批准的移民安置规划，拨付和使用移民资金，接受有关部门的检查和审计。

7) 按照国家基本建设程序组织实施移民工程项目建设，并组织移民安置工程竣工决算审计。

8) 接受移民监督评估机构的监督，配合做好相关工作。

9) 协助项目法人和土地管理部门办理土地征收（用）手续。

10) 协助县（市、区）人民政府进行本行政区域内移民安置阶段性验收和竣工验收的自验工作。

11) 组织本行政区域内移民安置执法和移民生产技能培训工作。

12) 深入宣传国家有关移民方针、政策，做好移民来信来访工作，及时向上级和有关部门反映移民安置中出现的问题，妥善处理移民安置工作中出现的问题、矛盾和突发事件，维护库区和安置区的社会稳定。

2. 贵州省

2001 年 6 月，贵州省委、省政府出台了《关于进一步加强贵州省大中型水电工程移民工作有关问题的通知》（黔党办发〔2001〕20 号），明确将"贵州省水库移民办公室"改为"贵州省大中型水电工程移民开发领导小组办公室"，作为贵州省政府直属正厅级事业单位，履行全省大中型水电工程移民开发行政管理职能。政府办公厅下发《省人民政府办公厅关于印发贵州省大中型水电工程移民开发领导小组办公室机构编制方案的通知》（黔府办发〔2001〕73 号），同时明确贵州省移民办内设综合办公室、移民规划安置处、后期扶持处、财务审计处 4 个处（室），编制 35 名。

2006 年，贵州省编办下发《关于省移民开发办增加内设机构和人员编制等事项的批复》（省编办发〔2006〕176 号），同意贵州省移民办规划安置处更名为安置处，并增设规划处和政策法规处。同时，同意贵州省移民办增加人员编制 10 名。至此，贵州省移民办内设机构为综合处、安置处、规划处、政策法规处、后期扶持处、财务审计处。

2009 年，贵州省大中型水电工程移民开发领导小组办公室更名为贵州省水利水电工程移民局。

2010 年，贵州省水利水电工程移民局再次调整科室设置，设 8 个处（室），分别为办公室（人事处）、业务一处、业务二处、业务三处、业务四处、政策法规处、财务审计处、稽查处。

2014年，根据《中共贵州省委贵州省人民政府关于省人民政府职能转变和机构改革的实施意见》（黔党发〔2014〕3号），贵州省水利水电工程移民局更名为贵州省水库和生态移民局，为贵州省人民政府正厅级直属事业单位，划入原贵州省水利水电工程移民局和原贵州省扶贫生态移民工程领导小组办公室。

其中，2009年政府机构改革时，把水利工程移民管理职能划入，贵州省大中型水电工程移民开发领导小组办公室名称改为贵州省水利水电工程移民局，统一履行全省水利水电工程移民管理和监督职责。截至2015年2月，贵州省已在全部9个市（州）建立市级专职移民机构，并在全省88个县（市、区）设立县级专职移民机构，并在部分移民任务较重的地区设立了乡（镇）移民工作站。

由于各市（州）、县的实际移民情况有差异，移民任务与负担也有不同，因此各地建立专职水库移民机构的时间也有先后。不同条件下建立的机构由于各地具体情况的差异以及历史原因在机构名称上也有不同。在2014年贵州省水利水电工程移民局更名为贵州省水库和生态移民局后，各市（州）、县的水库移民机构也开始了机构的更名，大部分市（州）、县的移民机构也统一更名为"水库和生态移民局"（部分行政区域为"水库和生态移民办公室"）。然而由于贵州省级机构更名时间不久，部分市（州）、县的移民机构的名称还未来得及更改，有的称为"水利水电工程移民局"，有的称为"扶贫生态移民局"，有的称为"水库和扶贫生态移民局"，显示了其在职能上的微小差异，但总的来说，贵州省已经形成了一套完整的自上而下的移民工作体系。

贵州省移民管理机构见图4.3-1。贵州省水库和生态移民局设11个内设机构，具体见图4.3-2。

贵州省现行管理体制下的职责分工如下：

（1）贵州省人民政府。贵州省实行"政府领导、分级负责、县为基础、项目法人参与"的移民工作管理体制。贵州省人民政府对全省移民工作全面负责，主要职责是：①根据国家有关政策和规定，制定本省的政策和规定；②领导、组织和协调建设征地移民安置工作；③发布停建令；④授权移民机构与水电工程项目法人签订移民安置协议；⑤监督移民资金的使用；⑥及时处理移民工作中出现的重大问题；⑦组织或授权有关部门进行移民验收。地方各级人民政府在省人民政府的领导下，负责做好本行政区的建设征地移民工作，并根据需要设置相应的移民机构，配合项目法人开展移民安置前期规划设计工作，组织和实施本辖区内的移民搬迁安置，维护库区和移民安置区社会稳定。

（2）贵州省水库和生态移民局。为提高行政效能，优化发展环境，贵州省人民政府法制办公室组织对贵州省教育厅等部门实施的行政权力进行了全面清理、依法确认。经省人民政府审查批准和授权，公布了贵州省水库和生态移民局权力

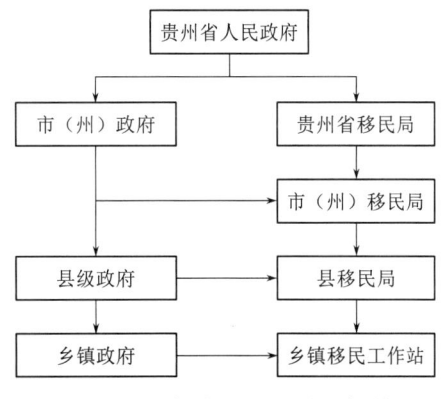

图4.3-1 贵州省移民管理机构图

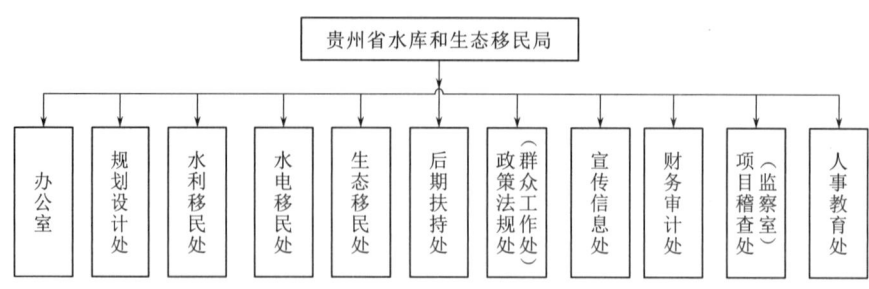

图 4.3-2 贵州省水库和生态移民局机构设置图

清单和责任清单。

权力清单和责任清单的公布，明确了贵州省水库和生态移民局的职责，也规定了其权限范围。一来保证了其职能的发挥，避免了移民部门"失位""缺位"的现象，也避免了在发生问题时各单位、各部门互相推卸责任的"踢皮球"现象。同时，对于权力的限定也杜绝了"越位"行为的发生，可以有效制止执法不当、过度执法等行为，更能够从体制上消除部分官员贪污腐败的活动空间。

贵州省遵循了《大中型水利水电工程建设征地补偿和移民安置条例》（国务院令第471号）的相关原则建立了"政府领导、分级负责、县为基础、项目法人参与"的移民工作管理体制。其中，贵州省人民政府负责全省范围内大中型水利水电工程移民的组织和领导工作，并下设贵州省水库和生态移民局代为行使相关职能和权力；贵州省各市（州）人民政府主要是在贵州省人民政府的领导下，做好本行政区域内大中型水利水电工程移民的监督和管理工作，在市级人民政府的授权下成立市（州）级移民管理机构负责本行政区域内大中型水利水电工程移民工作的指导、协调与监督工作；贵州省各县级人民政府是移民工作的"实施主体"，在县级人民政府的授权下成立县级移民管理部门负责本行政区域内大中型水利水电工程移民的组织和实施工作。

在具体的运行过程中，贵州省各级地方人民政府和移民管理机构围绕水利水电工程移民管理三个阶段的主要职能见表 4.3-1。

表 4.3-1　　　　贵州省各级水利水电工程移民管理机构职能分解表

移民安置阶段		移民行政管理机构	行政服务职能	非行政许可职能
移民安置规划阶段	实物指标调查阶段	省级人民政府	负责颁发"停建令"并组织地（市）、县（区）、乡（镇）人民政府及相关部门召开动员大会	
		省级移民管理机构		负责审核封库令的相关申请材料，确认大型及跨州（市）的中型水利水电工程的实物指标调查大纲
		地（市）级人民政府		确认除省移民局权限外的其他中型水利水电工程项目的实物指标调查大纲

续表

移民安置阶段	移民行政管理机构	行政服务职能	非行政许可职能
实物指标调查阶段	县级人民政府	负责在建设征地涉及的镇、村公布"停建令"，会同项目主管部门测设界桩并办理相关手续；负责会同专业设计单位、政府相关部门及群众代表组成实物指标调查工作组；实物指标调查结束后，还要负责实物指标调查结果的行政确认及张榜公布	
	县级国土、电力、交通、发展改革委、教育、通信、农业等部门	国土部门提供用于实物调查的基础资料以及地类和面积量算工作；电力、交通、教育、通信等部门则负责提供专项设施和城（集）镇的基础调查资料	
移民安置规划阶段	移民安置规划大纲编制及审批阶段	省级人民政府		负责大型和跨市（州、地）的中型水利水电工程项目的移民安置规划大纲进行审批
		省级移民管理机构		负责会同有资质的专业机构对移民安置规划大纲进行审查，并对除大型和跨市（州、地）的中型水利水电工程项目的移民安置规划大纲进行审批，报人民政府备案
		地级人民政府	负责设计单位针对移民安置规划大纲的编制提出相关意见	
		县级人民政府	负责会同设计单位共同完成移民安置规划大纲的编制，并负责配合完成大纲编制过程中的意见征询工作	
		县级国土、电力、交通、发展改革委、通信、农业等部门	负责提供相应职能部门的社会经济基础资料	
	移民安置规划编制阶段	省级移民管理机构		负责大中型水利水电工程的审查和审核
		地（市、州）级人民政府	要配合设计单位针对移民安置规划大纲的编制提出相关意见	
		县级人民政府	负责会同设计单位共同完成移民安置规划的编制，并负责配合完成大纲编制过程中的意见征询工作	
		县级国土、电力、交通、发展改革委、教育、通信、农业等部门	配合移民安置规划编制单位做好农村移民安置部分、城（集）镇迁建部分、专项项目迁建部分、水土保持和环境影响等篇章的编写工作	

续表

移民安置阶段		移民行政管理机构	行政服务职能	非行政许可职能
	移民安置协议签订阶段	省级移民管理机构	负责同电站业主单位签订移民安置任务投资包干协议	
		地（市）级移民管理机构	负责在市级人民政府授权下，代表市级人民政府与省移民办签订移民安置任务及投资包干协议，并与本地区所辖县（市、区）签订移民工作责任资金分包协议	
		县级移民管理机构	负责在县级人民政府授权下，代表县（市、区）级人民政府与上级移民部门签订移民安置任务资金包干协议	
移民安置实施阶段	移民安置规划实施阶段	省级移民管理机构	负责组织各市（地、州）人民政府、县级人民政府及移民管理机构编制移民安置实施规划；负责组织库区地、州、县（市、区）及电站设计单位编制移民安置实施年度计划及资金使用年度计划；负责按国家审查批准的移民安置实施规划及补偿投资完成移民安置任务，负责移民资金的落实、使用管理和拨付工作，按计划及时向地（州、市）、县（市、区）拨付资金，负责对移民资金的使用进行全面监督检查，并配合国家和省有关部门对移民资金使用的审计，负责移民安置实施的项目管理，主持重要或重大移民安置项目的设计评审、招投标和验收工作，负责指导、协调、检查和监督地（州、市）人民政府（行署）、县级人民政府及移民机构的移民安置工作，及时处理移民安置工作中出现的问题，负责组织有关部门、业主、设计及监理单位，对移民安置进行检查验收，编制检查验收报告，负责协助业主单位办理水库淹没土地征用手续，组织有关部门及时处理移民突发事件	
		地级移民管理机构	负责配合设计单位完成本行政区内移民安置实施规划的编报工作，负责组织完成本行政区内的移民安置实施任务，负责组织编制本行政区内移民安置实施年度计划及资金使用年度计划，并编报实施进度及资金使用的统计报表，负责本行政区内移民资金的拨付、监督、检查工作，负责配合有关部门对移民资金使用的审计，负责按照项目管理权限做好项目管理工作，负责指导、协调、检查和监督本行政区内移民安置工作，及时向上级和有关部门反映移民安置中出现的问题，妥善处理有关问题，负责审核、汇总并编报本行政区内移民安置验收报告，负责接受移民监理，配合其做好相关工作，负责协助业主单位办理土地征用手续，并及时处理突发事件	

续表

移民安置阶段		移民行政管理机构	行政服务职能	非行政许可职能
移民安置实施阶段	移民安置规划实施阶段	县级移民管理机构	负责与设计单位共同完成本行政区移民安置实施规划和实施计划的编制，负责与设计单位共同编报本行政区移民安置实施年度计划及资金使用年度计划，并组织编制实施进度和资金使用统计报表，负责完成本行政区的移民安置实施任务，负责本行政区移民资金的管理（包括分解、兑现和结算），负责移民资金的使用和管理工作，接受有关部门的检查和审计，负责按项目管理权限做好项目管理工作，负责国家有关移民方针、政策的宣传，做好移民群众思想政治工作，及时妥善处理移民安置工作中出现的问题和矛盾，维护库区和安置区的社会稳定，负责接受移民综合监理，配合做好相关工作，负责编制本行政区移民安置的检查验收报告，负责协助业主单位办理土地征用手续	
	移民安置竣工验收阶段	省级移民管理机构	负责大型及跨市（州、地）中型水利水电工程移民安置阶段性验收	
		地（市）级人民政府	负责大型及跨市（州、地）中型水利水电工程移民安置验收的初验及跨市（州、地）外的中型水利水电工程项目的阶段性验收	
		县级人民政府	负责大型及跨市（州、地）中型水利水电工程移民安置验收的自验及跨市（州、地）外的中型水利水电工程项目的阶段性验收的自验	
后期扶持阶段	后期扶持规划的编制及审批阶段	省级人民政府		主要负责后期扶持规划的审批
		省级移民管理机构		负责后期扶持方式审批
		地（市）级人民政府		负责后期扶持规划的审核
		县级人民政府	负责后期扶持规划的编制	
	后期扶持规划实施阶段	省级人民政府		负责审核全省后期扶持移民人口的动态变化情况
		省级移民管理机构	负责协同省财政部门向市（地、州）财政部门拨付后期扶持资金	负责项目年度计划的审查，负责会同相关部门对100万元以上（含100万元）的移民后期扶持项目进行审批及最终验收，负责审查年度项目实施的工作总结、项目资金决算和年度统计报表

续表

移民安置阶段		移民行政管理机构	行政服务职能	非行政许可职能
后期扶持阶段	后期扶持规划实施阶段	地（市）级人民政府		负责本行政区域范围内后期扶持移民人口的审核和报批
		地（市）级移民管理机构	负责检查、汇总的项目年度计划并上报省财政厅和移民管理机构，负责上报年度项目实施的工作总结、项目资金决算和年度统计报表，负责协同市（地、州）财政部门向县（市、区）财政部门支付后期扶持资金	负责30万元以上（含30万元）100万元以下的移民后期扶持项目的审批及最终验收
		县级人民政府		负责项目年度计划的审查
		县级移民管理机构	负责本行政区域范围内后期扶持移民人口的核定和报批工作，负责会同财政部门编制项目年度计划并上报市（地、州）移民和财政部门，负责上报年度项目实施的工作总结、项目资金决算和年度统计报表，负责会同财政部门下发期扶持资金	负责30万元以下的移民后期扶持项目的审批及最终验收
	后期扶持监测阶段	省级移民管理机构	负责委托有资质的单位对选定的监测评估点进行监测，并将监测评估情况上报国家有关部门	
		地（市）级移民管理机构	负责向监测评估机构提供后期扶持监测评估的相关数据和文件	
		县级移民管理机构	负责向评估机构提供后期扶持监测评估的相关数据	

注 本表来自2016年4月河海大学中国移民研究中心编制的《贵州省依法移民实践与展望专题报告》。

4.3.2.3 移民工程建设管理

在国务院2006年7月新修订的《大中型水利水电工程建设征地补偿和移民安置条例》（国务院令第471号）中，规定移民安置工作实行"政府领导、分级负责、县为基础、项目法人参与"的管理体制，在具体条款中规定移民区和移民安置区县级以上地方政府负责移民安置规划的组织实施，并与项目法人签订移民安置协议，未再强调投资包干的责任。

在《国务院关于完善大中型水库移民后期扶持政策的意见》（国发〔2006〕17号）中规定，坚持"中央统一制定政策，省级人民政府总负责"的原则。国务院水利水电工程移民行政管理机构负责全国大中型水利水电工程移民安置工作的管理和监督；县级以上地方人民政府负责本行政区域内大中型水利水电工程移民安置工作的组织和领导；省、自治区、直辖市人民政府规定的移民管理机构负责本行政区域内大中型水利水电工程移民安置工作的管理和监督。

在沅江流域，移民工作管理方式不断创新，先后建立了移民前期工作管理制度、移民工作目标管理责任制度、移民工作调度会议制度、移民安置监督评估制度、移民后期扶持长效机制等一系列覆盖工作方方面面的规定或办法，移民工作进入制度化、规范化、程序化、法制化的轨道。

1. 移民安置工作的过程管理

（1）前期工作。

1）省级移民管理部门对移民安置规划设计成果组织技术评审并出具审查（审核）意见。对移民安置规划设计成果组织技术评审，是省级移民管理部门审查（审核）移民安置规划设计成果的前置程序。省级移民管理部门根据技术评审的需要，组建技术评审委员会及技术评审专家组。其实务工作包括技术评审的依据、内容、方法及工作要求。

省级移民管理部门就移民安置规划大纲、移民安置规划报告和移民安置规划设计调整报告出具的审查（审核）意见，是行政审批（核准）的基本依据。

2）水库建设项目所在地人民政府提交移民安置风险评估报告。水库移民涉及政治、经济、环境、社会等诸多方面，由于给移民和社会带来损失事件发生的不确定性与严重后果，水库移民潜藏着一定风险。对移民安置风险分析报告进行评估论证是规避风险、增强水库建设工程项目决策的科学性，并提高工程所在地政府防控移民安置社会稳定风险能力的一项重要措施，也是省级移民管理部门审查移民安置规划大纲的重要依据。

3）项目审批部门审批（核准）移民安置规划。

（2）实施工作。

1）市（州）、县人民政府与项目法人规范签订移民安置协议。

2）市（州）、县人民政府作为责任主体负责组织实施移民安置工作。

3）省或市级移民主管部门作为监管方全程指导、协调、督促、检查移民安置实施工作。

4）项目法人筹措移民安置资金，委托设计单位开展现场综合设代工作、监督评估单位开展综合监理和监测评估工作，并参与移民安置实施相关问题的处理。

5）水库建设征地补偿和移民安置资金的筹措、拨付、使用的过程管理。

资金由农村移民补偿费、城（集）镇迁建补偿费、工矿企业迁建费、专业项目复建补偿费、库区防护工程费、库底清理费、其他费用（含勘测规划设计费、实施管理费、技术培训费、监督评估费等）、预备费、有关税费等构成。

资金筹措、拨付和使用实行计划管理；淹没补偿费实行项目资金年度计划管理。

项目资金年度计划一经批复，必须严格执行；确需调整的，须按上述程序重新履行报批手续。经批复的项目资金年度计划应及时在本级移民主管部门网站和县（市、区）人民政府门户网站公布。

6）移民安置工程项目建设的过程管理。

移民工程项目包括农村移民生产开发项目、移民集中安置点基础设施建设项目、城（集）镇基础设施建设项目、专业复（改）建项目、库区防护工程建设项目等。

移民工程项目的建设管理实行项目建设责任单位负责制、招投标制、建设监理制、合同管理制、决算审计制、竣工验收制等。

省级移民管理部门负责全省移民工程项目建设的管理和监督；市（州）、县（市、区）移民主管部门负责本行政区域内移民工程项目的管理和监督；县级以上人民政府发展改革委、财政、住建、水利、交通等有关部门，按照各自职能负责移民工程项目建设实施有关工作的管理和监督。

移民安置工程项目建设过程管理的具体节点包括项目设计管理、项目实施管理、项目变更管理、项目验收管理。

7)依法实行移民安置全过程的监督评估。

受委托的监督评估单位对移民安置总体进度、移民安置综合质量、水库建设征地补偿和移民安置资金(以下简称"淹没补偿费")拨付和使用情况以及移民生产、生活水平恢复情况进行监督评估。

监督评估包括移民安置综合监理(以下简称"综合监理")和移民安置监测评估(以下简称"监测评估")。

综合监理的基本任务:对农村移民安置、城(集)镇迁建、工矿企业处理、专业项目复(改)建、库区防护工程、库底清理等项目实施的总体进度、综合质量,以及淹没补偿费拨付和使用管理情况进行全过程监督、检查、审核、记录、协调,并定期向项目法人和有关移民主管部门报告情况,促进移民安置规划的顺利实施。

监测评估的基本任务:对移民安置前后的生产生活水平状况、移民合法权益保障情况、移民安置规划实施效果等进行监测评估,并定期向项目法人和有关移民主管部门报告情况。

8)组织开展移民安置工作稽查。

移民安置工作稽查实行省、市两级责任制,基本任务是对大中型水库移民安置工作实行全程监督检查。省级移民管理部门负责全省移民安置稽查工作;市级移民管理机构负责本行政区域移民安置稽查工作。

移民安置工作稽查的主要内容:移民安置前期工作管理情况,移民安置规划实施管理情况,移民安置资金的拨付、使用和管理情况,移民安置验收管理情况,担负大中型水库移民安置工作任务的有关单位履职履约情况。

9)建立健全移民安置档案。

移民安置档案是指水库建设移民安置前期工作、实施工作和验收工作中形成的具有保存价值的文字、图表、声像等不同形式和载体的历史记录。

移民安置档案包括移民安置文书档案、移民安置规划设计档案、移民安置分户档案、移民安置工程项目建设档案、建设征地补偿和移民安置资金会计档案,以及非纸质文件资料等,均有具体的立卷归档内容和要求。

移民安置档案管理作为移民安置工作的重要组成部分,与移民安置工作同部署、同实施、同检查、同验收。

a. 各级移民主管部门负责本行政区域内移民安置档案工作的管理、监督,并推行移民安置档案管理数字化建设和技术标准,做好本级移民安置档案收集归档和利用保管工作。

b. 项目法人和移民安置规划设计、移民安置监督评估等单位负责收集、整理、归档本单位参与移民安置工作所形成的移民安置档案资料。

c. 各级移民主管部门及与移民安置工作有关单位的移民安置档案管理工作,接受同级档案行政管理部门的指导和监督。

10)实行移民安置实施工作定期统计报告制度和年度目标任务完成情况绩效考核

制度。

（3）验收工作。为规范全省大中型水库移民安置验收管理，规范验收行为，维护国家、集体利益和移民合法权益，完成移民安置规划目标任务，促进水利水电工程建设顺利进行，根据《大中型水利水电工程建设征地补偿和移民安置条例》（国务院令第471号）、《湖南省大中型水库移民条例》、《大中型水利水电工程移民安置验收管理暂行办法》（水移〔2012〕77号）、《水利水电工程移民档案管理办法》（档发〔2012〕4号）、《湖南省人民政府关于加强大中型水库移民安置工作的意见》（湘政发〔2010〕9号）、《湖南省人民政府办公厅关于印发〈湖南省大中型水库移民安置工作管理暂行办法〉的通知》（湘政办发〔2011〕78号）、《湖南省人民政府办公厅关于印发〈湖南省大中型水库移民安置工作管理办法〉的通知》（湘政办发〔2014〕88号）以及国家有关法规和技术标准，2013年湖南省移民开发局印发了《湖南省大中型水库移民安置验收管理暂行办法》（湘移发〔2013〕5号）；2015年5月20日，湖南省水库移民开发管理局印发了《关于印发〈湖南省大中型水库移民安置验收管理办法〉的通知》（湘移发〔2015〕13号）。

移民安置验收由水库枢纽工程建设阶段性移民安置目标任务完成情况验收和水库枢纽工程建设竣工移民安置总体目标任务完成情况验收组成。阶段性移民安置验收分为水库建设枢纽工程导（截）流、水库下闸蓄水（包括分期蓄水）等阶段的移民安置验收。工程竣工移民安置验收，应在水库蓄水至正常蓄水位后2年内进行。

阶段性移民安置验收和工程竣工移民安置验收应以自验、初验、终验为序，依次组织进行。移民安置验收的自验、初验和终验组织单位，均应成立验收委员会，对其组织的移民安置验收工作负责。移民安置自验由承担移民安置任务的县（市、区）人民政府组织进行，移民安置初验由市（州）移民主管部门组织进行，移民安置终验由湖南省移民开发局组织进行。

移民安置验收内容：农村移民安置、城（集）镇迁建、工矿企业迁建或处理、专项设施迁建或者复建、库区防护工程建设、水库库底清理等项目实施情况，建设征地补偿和移民安置资金拨付、使用管理和审计情况，移民安置档案管理情况，水库移民后期扶持政策落实情况，征地手续办理情况等。

移民安置验收行为包括验收组织、验收依据及条件、验收方法与程序、验收评定及成果运用。

（4）后期扶持人口登记审核。为规范大中型水库农村移民后期扶持人口登记审核管理行为，贯彻落实水库移民政策，维护移民合法权益，根据《大中型水利水电工程建设征地补偿和移民安置条例》（国务院令第471号）、《国务院关于完善大中型水库移民后期扶持政策的意见》（国发〔2006〕17号）和《国家发展和改革委员会关于印发〈新建大中型水库农村移民后期扶持人口核定登记暂行办法〉的通知》（发改农经〔2007〕3718号）有关规定，2015年8月，湖南省水库移民开发管理局印发《湖南省在建大中型水库农村移民后期扶持人口登记审核工作管理暂行办法》（湘移发〔2015〕23号）。

水库建设项目的后期扶持人口登记审核工作是承接移民安置与后期扶持的一项重要基础工作。后期扶持人口的申报对象分为搬迁安置的农村移民后期扶持人口和不搬迁只进行生产安置的农村移民后期扶持人口，其登记工作分类进行。

移民后期扶持人口登记审核工作按照相应的界定条件和方式分类进行。后期扶持人口登记审核工作应以水库建设项目为单位，以审批（核准）的水库建设项目文件和经批准的移民安置规划设计（含调整规划设计）报告为依据组织实施。后期扶持人口登记审核工作实行"政府领导、分级负责、县为基础、归口管理"的管理体制。湖南省人民政府统一领导全省后期扶持人口登记审核工作。湖南省移民开发局具体负责全省的后期扶持人口登记审核管理工作；市（州）人民政府及其移民主管部门负责本行政区域内的后期扶持人口登记审核管理工作；县（市、区）人民政府及其移民主管部门负责本行政区域内后期扶持人口登记和审查工作的组织实施。

后期扶持人口经登记并逐级审核汇总后，上报国务院有关部门核定。经核定后的水库建设项目后期扶持人口，不再重新登记和申报审核。

新建大中型水库建设征地移民安置工作管理示意图见图4.3-3。

2. 项目业主（五凌公司）移民工程管理

（1）移民工程管理体制及职能。由于五凌公司开发的沅江流域各电站大都是上下游相连或互为相邻，为保持各项目间补偿平衡、标准统一，防止移民和地方政府间相互攀比，五凌公司在建大中型水电的移民工作采用集中管理模式，筹建处是现场业主代表。

2000—2009年，五凌公司全面实行"小业主、大监理、招投标、总价承包、监管结合"的工程建设管理模式，先后完成了沅江流域的洪江、三板溪、挂治3个水电站的移民搬迁和工程建设任务。2009年以后，因移民政策调整，移民搬迁异常艰难，导致白市、托口水电站项目建设滞后，五凌公司对工程建设管理进行新的调整，重心向移民关注倾斜，提出"先移民、后工程""移民工作与枢纽工程进度相协调"等管理方式，形成"项目负责、预算控制、前后台协同、建管结合"的管理模式。

2000年起，五凌公司确定由计划工程部负责移民管理工作；因五凌公司对移民工作和移民任务的艰巨性认识逐步提高，考虑五凌公司发展及移民与工程不能分开管理，2009年，五凌公司成立工程管理部和计划发展部，由工程管理部负责移民管理工作。各部门主要职能如下：

计划发展部：主要负责可行性研究阶段的移民设计报告及相关核准文件的编制与审查，部门人员编制9人。

工程管理部：负责指导、组织在建电厂和已建电厂的建设征地及移民工作，组织实施规划阶段的移民设计与专项报告的编制与审查；负责移民超标准、超规划、超概算项目方案立项审查；组织移民安置方案变更及重大移民安置问题协调；审核移民资金的拨付；组织工程截流、下闸蓄水、竣工阶段移民安置验收；联系省级及以上政府部门，负责试运行期间库区重大险情的协调，组织协调已投产电厂重大遗留移民问题处理协调。部门人员编制10人，其中移民管理人员1~2人。

电厂筹建处：负责库区移民现场工作及省级以下项目文件的手续办理；协调督促省级以下地方政府的协调；负责签订各种移民安置协议，负责移民安置实施全过程管理（包括设计、监理单位的协调与管理、实物指标调查、公示、复核、移民安置问题协调及移民上访处理等）；负责各种开工许可及用地手续办理；负责建设用地（市、州）县手续办理；负责林地采伐许可证、采矿许可证、取水许可证等办理；负责可行性研究阶段移民实物指

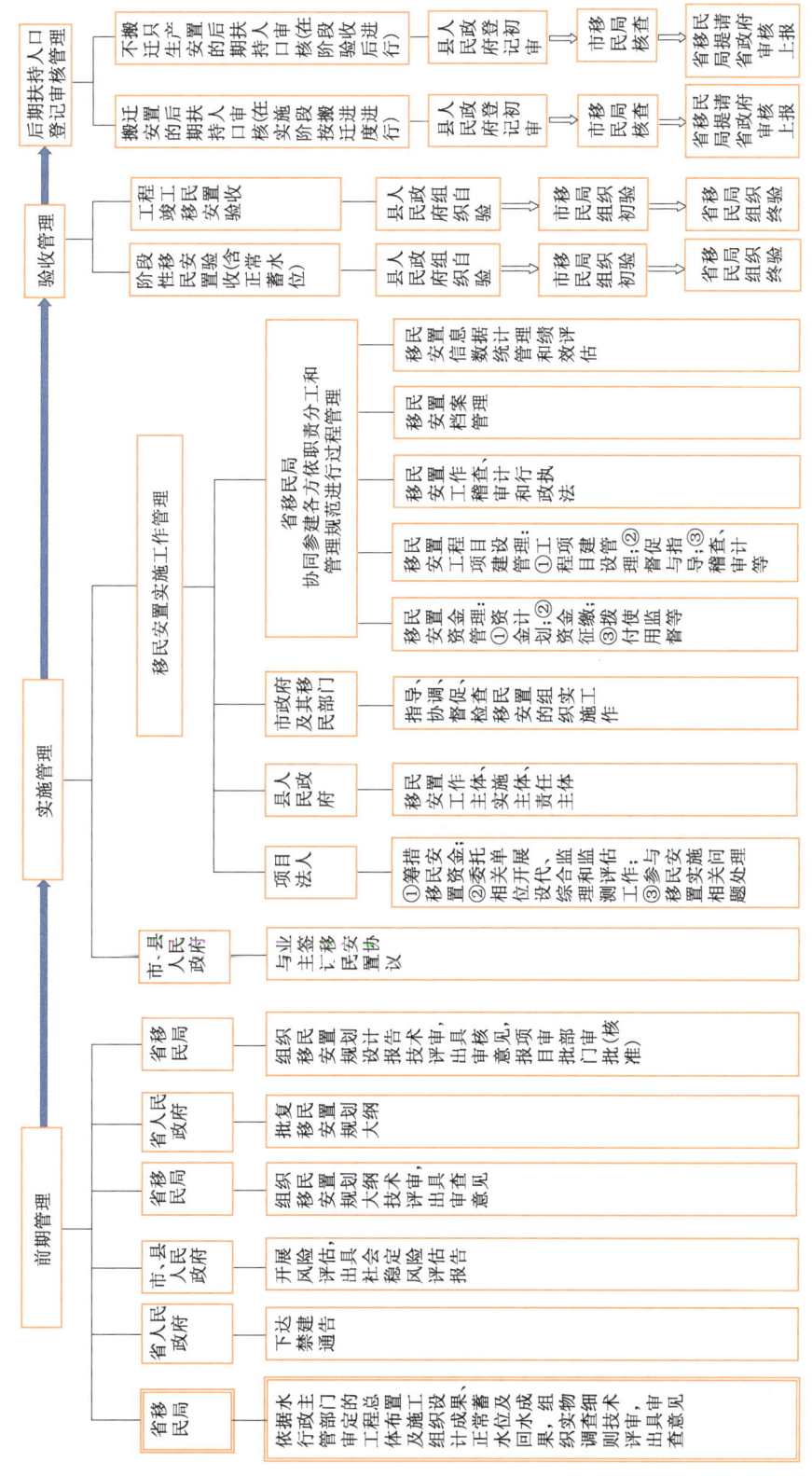

图 4.3-3 新建大中型水库建设征地移民安置工作管理示意图

标调查，负责移民专项工程设计的编制协调和审查；负责移民资金的审核、拨付管理，监督移民资金使用状况；负责工程截流、下闸蓄水、竣工阶段移民安置验收的工作；负责蓄水初期（库区）滑坡塌岸和移民搬迁的现场管理；负责与市（州）及以下各级政府部门协调及设计、监理（含监测评估单位）、施工单位的协调与管理；负责处理工程项目及电力送出工程各种突发事件、纠纷、矛盾和移民上访等，及时处理移民遗留问题，建立预警机制，维护正常的施工环境。

（2）公司代建移民工程项目历史沿革及基本情况。五凌公司自 1987 年沅江五强溪水电站建设开始，就一直承担着各项目进场公路施工的管理任务，在当时移民由政府统一包干模式下逐步积累了在地方施工的经验，初步形成并完善了"业主投资建设、地方征地拆迁"的进场公路管理模式。

鉴于在长期进场公路施工管理过程中的经验，在 2002 年贵州地方政府提出由五凌公司代为建设三板溪库区移民等级公路和桥梁时，五凌公司就开始尝试承担移民工程代建任务，并一直延续至今，其间，先后承担了以下主要项目的移民工程代建任务：

1）三板溪水电站：库区部分等级公路和桥梁，1 个集镇。

2）白市水电站：库区全部等级公路和桥梁，等外道路桥梁，全部 3 个集镇。

3）托口水电站：托口集镇在内的 7 个集镇场坪、部分村集中安置点、25km 等级公路、渠水大桥等 5 座桥梁建设。

（3）公司代建移民工程项目的主要体会。自 2006 年 7 月国家开始实行《大中型水利水电工程建设征地补偿和移民安置条例》（国务院令第 471 号）以来，移民工作环境发生重大变化，其间移民、土地、税费政策调整及各类标准规范调整日益趋紧，政府作用日益突出，移民意愿日益强化，物价波动日益扩大，移民投资和搬迁进度控制极严，也给项目业主代建移民工程管理带来前所未有的挑战。

1）项目业主代建移民工程的主要优势。项目业主承担移民工程任务与地方政府相比较而言，特别是对长期从事大中型水电开发建设的项目业主来说主要存在以下几个方面的优势：

a. 技术优势：长期从事大中型水电开发建设的业主单位大多归属中央企业，多年来培养了一批从事水电开发建设工程管理的技术管理人员，一般具有丰富的工程建设管理经验，完全有能力承担一般性民用建筑、路桥工程的管理任务。而大中型水电站所在地政府往往处于国内多山的尚不发达地区，与大中型水电建设项目业主相比，其技术管理能力相对薄弱。

b. 管理优势：长期从事大中型水电开发建设的业主单位，其本身组织架构就是按工程管理特点设置的，具备相对成熟的施工组织管理模式、规章制度、业务流程，亦熟悉国内基本建设市场的规律、了解施工单位特点、善于处理施工单位合同关系。而地方政府的优势在于用行政和法律手段来处理工程建设有关问题。

c. 程序优势：一是审查简化，由于是项目业主承建，地方政府一般只对项目进行技术性审查，而不再对工程概算、预算等进行审查；二是设计技术方案变更程序简化，在满足地方政府要求的前提下，一般只在项目业主内部履行相关流程；三是资金拨付简化，不再通过地方政府进行支付。

2) 公司代建水电移民工程存在的困难和主要问题。

从五凌公司近几年实施的移民代建工程来看，主要存在以下困难和问题：

a. 施工环境复杂。与地方政府比较而言，项目业主和施工单位处理征地拆迁的能力相对较差，诸多问题与矛盾只能依靠地方政府解决，且还需要与地方林业、国土、水保、环保、建设等多个职能部门进行协调。

b. 进度难以控制。由于施工环境复杂，五凌公司代建的移民工程工期普遍严重滞后，给公司造成极大的压力。

c. 投资控制困难。由于施工环境复杂，代建移民工程窝工、设备闲置、分包等现象十分普遍，施工单位索赔、合同纠纷频繁，投资大幅增长。

d. 工程移交困难。代建工程完工后，往往难以及时移交，工程破损修复、维护等任务十分繁重，后续工程投资不容小视。

3) 公司代建水电移民工程管理的主要经验教训。

多年来，五凌公司在移民代建工程上既有经验，也有教训：

a. 高度重视移民工作。托口水电站移民投资均已超过枢纽工程投资，白市水电站、托口水电站历时十余年，各类矛盾突出，移民积怨较深，阻工现象时有发生。移民成为制约投产发电最为关键的因素，必须在意识上、实践中充分高度重视移民工作。

b. 要充分依靠地方政府。在移民管理体系中，在忍辱负重中也必须坚定而执着地依靠政府开展移民工作，按照国家移民安置条例，地方县（市）政府负责移民安置实施规划的具体实施。政府既是工作的主体，也是责任的主体，更是权力的主体，在泥泞蹒跚中更必须整合各类公共关系资源，多方面、多层次地加强与各级政府的沟通协调。在时间紧、安置任务重的情况下，按照下达的既定目标，库区地方政府高度重视，把移民搬迁安置作为一项重要的政治任务来抓，主要领导亲自抓，亲自把关目标计划，各级政府、部门层层签订责任状，明确负责人。

c. 宜快不宜慢。近年来，无论是国家土地、税费、移民政策调整方面，还是技术标准、审批流程上的变化均变化较快、较大，项目业主常常面临着移民规划设计报告及成果编制尚未完成，移民搬迁安置尚未开始就需要重新修改设计、调整投资概算的尴尬境地，进度已成为影响移民投资控制的第一要素。

d. 宜粗不宜细。水电移民实物指标种类繁多、移民意愿千差万别，国家政策、规范、标准难以完全规范移民补偿项目，可在实物指标的自然增长率、机械增长率、精度等方面给予地方政府更大的裕度和空间，争取使用典型调查推算、抽样调查推算、综合单价平均等方法，采取由地方政府包干实施的办法，避免陷入反复"分解、复核"的局面。

e. 原则性与灵活性相结合。坚持原则，是在涉及面大、存在普遍性时，坚持按照政策标准和统一协商的原则处理问题，尽量保持补偿标准的统一。保持灵活性，是在涉及个案问题时，可以采用变通的方式给予老百姓补偿，以加快移民搬迁进度。

4.3.2.4 后期扶持管理

进入21世纪，中国后期扶持逐步走向规范化运作，大致分为政策调整发展阶段及政策改革完善阶段，该阶段移民后期扶持实行"属地管理，省级人民政府负总责，地方各级人民政府分级负责"的管理模式。

1. 政策调整发展阶段

以 2002 年《国务院办公厅转发水利部等部门〈关于加快解决中央直属水库移民遗留问题的若干意见〉的通知》（国办发〔2002〕3 号）为主要标志，就加快解决 1985 年年底前投产的中央直属水库移民遗留问题提出以下意见：移民扶持资金用于解决移民所需的基础设施和生产扶持项目，不能发放或补助给个人；中央设立库区建设基金，用于解决水库移民遗留问题；解决移民遗留问题的工作责任在移民安置所在地的地方政府；各级地方政府要把解决移民遗留问题列入重要议程，根据本地水库移民的实际情况，制定出切实可行的规划，规划实施要具体到村，扶持项目的受益者要落实到户；解决中央直属水库移民遗留问题工作的归口管理工作由水利部负责，主要任务是做好协调，研究制定有关法规，监督检查规划实施等。

这一阶段，对后期扶持方式、资金来源、政策实施责任机构、规划编制与实施等问题进一步深化，明确了扶持资金不能用于直接发放或补助移民个人，中央直属水库遗留问题由水利部统一负责，各级地方政府负责各行政区内的移民安置工作，规划实施应具体到村，扶持项目的受益者要落实到户。

2. 政策改革完善阶段

水库移民后期扶持政策趋于完善，以《国务院关于完善大中型水库移民后期扶持政策的意见》（国发〔2006〕17 号）的发布以及《大中型水利水电工程建设征地补偿和移民安置条例》（国务院令第 471 号）的修订为标志。

国发〔2006〕17 号文针对大中型水库后期扶持工作作了系统的政策规定，明确了后期扶持范围为大中型水库农村移民，扶持标准为每人每年 600 元，扶持期限为 20 年。除此之外，相比于此前的各项政策，国发〔2006〕17 号文有所革新和深化的规定条例包括：①后期扶持资金能够直接发放到移民个人的应尽量发放到移民个人，用于移民生产生活补助；也可以实行项目扶持，用于解决移民村群众生产生活中存在的突出问题；还可以采取两者结合的方式。②现行的库区建设基金并入完善后的水库移民后期扶持资金；现行的库区后期扶持基金并入库区维护基金，并相应调整和完善库区维护基金的征收、使用和管理。③自完善后的水库移民后期扶持政策实施之日起，现行关于征收库区建设基金和后期扶持基金的政策即行废止，各地自行批准向水利、水电和电网企业征收的涉及水库移民的各种基金、资金一律停止收取。④要以水库移民村为基本单元，按照优先解决突出问题的原则，抓紧编制库区和移民安置区基础设施建设和经济发展规划，作为国家安排扶持资金和项目的前提与依据。⑤移民工作实行属地管理，省级人民政府对本地区移民工作和社会稳定负总责，地方各级人民政府主要负责同志是第一责任人，要有一位负责同志分管移民工作，实行一级抓一级，逐级落实责任，做到责任到位、工作到位。⑥要抓紧研究组建统一的国务院移民管理机构，在新机构组建之前，由国家发展和改革委员会牵头，会同有关部门建立部际联席会议制度，及时协调解决水库移民后期扶持政策实施中出现的问题。

由此可见，在此之前的水库移民后期扶持政策有些只针对中央直属水库移民，有些只针对水电移民，扶持标准、期限等都不统一，国发〔2006〕17 号文的出台使全国水库移民后期扶持政策得到了统一。

《国务院关于完善大中型水库移民后期扶持政策的意见》（国发〔2006〕17 号）印发

以来，水库移民后期扶持工作取得显著成效，水库移民温饱问题基本解决，生产生活条件明显改善，库区和移民安置区总体稳定。但水库移民遗留问题和长远发展问题还没有得到根本解决，仍有相当数量的水库移民存在生存环境恶劣、居住环境不安全、生活贫困等突出问题。为促进库区和移民安置区经济社会发展，加快水库移民脱贫致富步伐，2015年3月国家发展和改革委员会、财政部、水利部联合发布《关于进一步加强大中型水库移民后期扶持工作的通知》（发改农经〔2015〕426号）。

为巩固和深化移民后期扶持政策实施成果，进一步提高移民后期扶持工作的精确性和有效性，根据国家发展和改革委员会、财政部、水利部、国务院扶贫办《关于切实做好水库移民脱贫攻坚工作的指导意见》（发改农经〔2016〕770号），2017年，湖南省移民局印发《关于进一步加强大中型水库移民后期扶持规划计划工作的意见》（湘移发〔2017〕6号）。随着一系列后期扶持政策的出台，移民后期扶持工作已逐步趋于完善。

4.3.3 设计咨询管理

4.3.3.1 设计咨询管理模式

2007年，国家发展和改革委员会颁布了《水电工程建设征地移民安置规划设计规范》（DL/T 5064—2007）。水电移民规划设计工作分为规划阶段、预可行性研究阶段、可行性研究阶段和移民安置实施阶段，技术管理重点针对可行性研究及移民安置实施阶段。在可行性研究阶段要求科学确定建设征地范围、省级人民政府发布"停建公告"、实物指标调查、编制移民安置规划大纲、移民安置规划报告等；《水电工程建设征地移民安置规划设计规范》及配套规范规定了规划设计深度，审查单位对成果的审查越来越严格；地方政府对不同成果都需要逐级确认。伴随水电开发进程加快，移民政策、法规进一步完善，补偿补助标准进一步提高，移民前期规划设计工作更加受到重视，设计管理更加规范。

《关于加强水电建设管理的通知》（国能新能〔2011〕156号）要求加强设计管理和综合监理工作，发挥主体设计单位和综合监理职能。《国家发展改革委关于做好水电工程先移民后建设有关工作的通知》（发改能源〔2012〕293号）中明确提出"先移民，后建设"的水电开发方针，要求强化主体设计单位的技术责任，发挥技术归口单位作用。移民安置各阶段的设计管理工作日渐规范，实行"政府领导、分级管理"的管理模式，重工程轻移民现象得到一定程度的改变。

本时期移民安置规划设计单位的主要职责如下：

（1）编制实物调查细则、移民安置规划大纲和移民安置规划。

（2）协助地方人民政府编制移民安置实施计划、分解各项实物指标及补偿投资。

（3）在移民安置实施过程中负责技术牵头和设计归口；按有关规定承担农村移民生产安置、居民点基础设施、集镇基础设施、专业项目、防护工程等施工图设计工作，交付设计文件材料。

（4）委派现场设计代表，负责移民安置规划设计交底、设计变更及技术指导等工作。

（5）编制移民安置规划设计工作报告，参与移民安置验收工作。

（6）根据委托编制移民安置规划调整报告。

（7）接受省移民主管部门和委托方的监督，并配合做好有关工作。

在此阶段，移民设计成果的咨询评审更加规范，出台了相关政策规定，咨询评审工作有据可依、有章可循，更加规范化、科学化。2006年9月，在《大中型水利水电工程建设征地补偿和移民安置条例》（国务院令第471号）颁布后，建设征地移民安置规划还需要单独编制《移民规划大纲》和《移民规划报告》报相关部门审批、审核后，再行报批项目《可行性研究报告》。经批准的《移民规划大纲》和审核的《移民规划报告》作为项目《可行性研究报告》审查和《项目申请报告》评估的前置条件。

从国家层面来看，2011年中央一号文件《关于加快水利改革发展的决定》提出，推动水利事业跨越式发展，力争随后10年全社会水利工程建设年平均投入比2010年高出一倍（即未来10年的水利投资将达到4万亿元）。为规范湖南省大中型水库建设项目移民安置规划设计成果技术评审行为，提高移民安置规划设计质量，2013年，湖南省移民局制定了《湖南省大中型水库移民安置规划设计技术评审工作管理暂行办法》（湘移发〔2013〕3号）。办法施行2年多来，对于规范湖南省移民安置技术评审工作，提升评审工作实效，保障规划设计成果质量，维护库区移民合法利益，乃至推动全省水利水电事业健康持续发展都发挥了积极作用。

但湘移发〔2013〕3号施行2年多来，在技术评审工作中也存在一些问题需要进一步改进，一些有效做法与经验要进一步总结、提炼。2015年5月，湖南省移民开发局出台了《湖南省大中型水库移民安置规划设计技术评审工作管理办法》（湘移发〔2015〕19号）对全省大中型水库建设项目移民安置规划设计成果技术评审行为进行了规范，水库建设项目移民安置规划设计成果包括水库建设项目征地移民实物调查细则、移民安置规划大纲、移民安置规划设计报告和移民安置规划调整报告等。

湘移发〔2015〕19号进一步明确了技术评审组织形式及工作职责，评审委员会由省移民局、省直有关部门、有关市（州）人民政府和县（市、区）人民政府及其移民主管部门、项目法人代表及专家组成。湘移发〔2015〕19号对省移民局专家库的建设与管理、专家组及专家工作职责、项目评审专家组构成等作出了明确规定。专家库应在省移民局门户网站公示，构成人员每两年更新一次。这些规定将有效保证参与技术评审活动专家的相应专业工作能力，以及满足评审工作需要的专家的人数和专业构成，保障了专家工作的独立性和客观性，有利于切实发挥专家在技术评审中的技术把关作用。

湘移发〔2015〕19号全面梳理和公开了建设征地实物调查细则、移民安置规划大纲、移民安置规划以及移民安置规划调整报告技术评审须提供的资料，以及技术评审的主要内容，评审的工作程序与基本要求、评审期限规定，并明确了省局工作节点的量化要求，同时，为地方和项目建设单位办事提供了目录、程序清单及操作指南，有利于地方和项目建设单位做好技术评审准备基础工作、落实评审意见，有利于相关单位衔接配合，有利于促进整个技术评审工作效率的提升。

加强移民安置前期管理制度建设，构建管理格局清晰、前置条件明确、程序规范、权责明晰、决策科学、监督有力的移民安置前期工作管理运行体系，是保障移民安置前期工作透明高效运行、成果科学合规的根本之要。这些文件、技术标准的出台和修订，进一步丰富、完善了移民安置规划设计文件技术评审工作管理政策和技术标准的政策依据。

4.3.3.2 设计单位中南院组织机构

2018年3月,中南院移民工程院业务范围扩展调整,拆分出交通设计院。2019年4月,为适应新的经营形势,突出战略定位,移民工程院更名为城乡发展工程院。城乡发展工程院下设市场开发部、综合管理室、征地移民规划所、城乡和经济规划所、移民监督评估中心、水利市政工程所、工程管理部、国际水务室、信息数字室、重庆分公司共10个科室,专业配置齐全,业务多元,战略定位突出,属于中南院综合服务类二级单位,可独立承揽和完成多类型的业务。

截至2021年6月,城乡发展工程院共有在职员工89人。按学历分,硕士研究生59人,本科28人,大专2人。按职称分,正高级工程师13人,高级工程师31人,工程师25人,助理工程师及其他职称20人。员工持有一级结构工程师、注册土木工程师、注册城乡规划师、注册电气工程师、注册咨询工程师、一级建造师、住建部监理工程师等各类执业资格证共计81个。团队平均年龄36岁,员工持证率较高,是一支年龄结构合理、做事高效、执行力强的团队。

4.3.4 监督评估管理

2006年7月,国务院颁布《大中型水利水电工程建设征地补偿和移民安置条例》(国务院令第471号)明确:国家对移民安置和水库移民后期扶持实行全过程监督。省、自治区、直辖市人民政府和国务院移民管理机构应当加强对移民安置和水库移民后期扶持的监督,发现问题应当及时采取措施。国家对移民安置实行全过程监督评估。签订移民安置协议的地方人民政府和项目法人应当采取招标的方式,共同委托有移民安置监督评估专业技术能力的单位对移民搬迁进度、移民安置质量、移民资金的拨付和使用情况以及移民生活水平的恢复情况进行监督评估;被委托方应当将监督评估的情况及时向委托方报告。

在国务院令第471号的基础上,各省(市)不断研究、细化独立评估管理规定。

2010年,水利部发布《大中型水利工程移民安置监督评估管理暂行规定》(水移〔2010〕492号)。2015年5月,水利部以2015年第34号公告批准发布《水利水电工程移民安置监督评估规程》(SL 716—2015)为水利行业标准,作为《大中型水利工程移民安置监督评估管理暂行规定》(水移〔2010〕492号)的配套技术标准,SL 716—2015主要内容包括总则、移民安置监督评估组织、移民安置监督评估主要工作、移民安置实施情况监督评估、移民生活水平恢复情况监督评估、监督评估报告制度等内容。

2014年6月,国家能源局颁布《水电工程建设征地移民安置综合监理规范》(NB/T 35038—2014),明确要求移民综合监理单位应依法履行移民综合监理合同,依据国家及省级人民政府颁发的相关法规政策、规程规范和审批的移民安置规划、专题设计文件、移民安置实施计划以及签订的移民安置协议,按照《水电工程建设征地移民安置规划设计规范》(DL/T 5064—2007)的要求确定补偿补助兑付、农村移民安置、城(集)镇迁建、专业项目处理、库底清理等分类目标和内容,并依据《水电水利工程项目建设管理规范》(DL/T 5432—2009)和《建设工程监理规范》(GB 50319—2013)对项目实施的综合进度、综合质量和资金拨付使用情况等进行全过程监督、检查、记录、审核、协调和报告。

湖南省于2015年5月发布《湖南省大中型水库移民安置监督评估管理办法》(湘移发

〔2015〕17号），明确监督评估包括移民安置综合监理和移民安置监测评估，监督评估单位应对移民安置总体进度、移民安置综合质量、水库建设征地补偿和移民安置资金拨付和使用情况以及移民生产、生活水平恢复情况进行监督评估。市（州）移民主管部门负责对本行政区域内水库建设监督评估的监督管理，督促县（市、区）移民主管部门及相关单位配合开展监督评估工作，协调处理监督评估中的有关问题。

移民安置是水利水电工程建设的重要组成部分，移民安置监督评估工作是确保水利水电工程移民得到妥善安置的重要手段。在此阶段，一系列规章制度、条例和规范的出台，对促进水利水电工程移民安置工作顺利进行起到了重要的保障作用，保证了移民综合监理政策实施工作的有序开展，并进一步规范了移民综合监理工作，对加强大中型水利水电工程移民安置管理，规范移民安置监督评估行为，完善移民安置监督评估工作，维护国家、集体和移民个人的合法权益，促进水利水电工程建设顺利进行具有重要意义。

《大中型水利水电工程建设征地补偿和移民安置条例》出台以后，沅江流域上的白市、托口、安江、铜湾等水电站都相继实行了移民综合监理。

此时期移民安置监督评估单位主要职责如下：

（1）参与移民安置规划交底。

（2）参与审核项目资金年度计划。

（3）对移民安置规划项目设计变更提出书面意见。

（4）综合监理移民搬迁进度、移民安置质量、淹没补偿费的拨付和使用情况，根据委托监测移民生产、生活水平恢复状况。

（5）建立移民安置监督评估信息管理制度，参与移民安置协议及有关项目合同的实施监督，定期向委托方和监管方移民管理机构提交监督评估报告。

（6）编制移民安置监督评估工作报告，参与移民安置验收。

（7）接受委托方的监督，并配合做好相关工作。

第 5 章
移民实施效果

5.1 沅江梯级水电站建设对流域社会经济发展的促进作用

水电工程往往投资规模巨大，除工程自身发电、防洪、灌溉、供水、航运、渔业、旅游等方面效益外，对区域经济社会发展的拉动也非常明显。交通、电力、通信等基础设施是电站建设的必要条件，电站建设前对交通、电力、通信等基础设施的建设，也会极大地改善地方落后的基础设施。水电工程建设期间，巨大的资金流、信息流、物流和人流枢纽，枢纽区域商业活动的聚集，促进当地第二、第三产业的发展繁盛，形成一定规模的城镇聚集区。水电站在建设期和运行期，可以给地方带来长期稳定的财政收入。

随着沅江水电站建设和移民安置资金、后期扶持和对口支援资金的大量投入，移民工程的搬迁实施，沅江梯级流域电站库区实现了水、电、路、通信等通畅的同时，配套建设的文教卫设施基本齐全，就医上学便利，文化娱乐生活丰富，移民开始享受广播、电视、电话、交通等现代设施的服务，生产生活条件得到根本改善。地方借助城（集）镇搬迁复建契机，调整工业布局，优化产业结构，产业得以发展和升级，劳务就业机会增加，壮大了地方财政，带动了地方农特产品、建筑建材、交通运输、餐饮住宿等产业的发展。城镇化进程加快，移民生活水平不断提高，缩小了与全国平均水平的差距，经济社会取得了飞速发展。

总体而言，随着构建和谐水电理念的不断深化，水电工程的建设对地方经济社会发展的贡献也越来越显著，有直接效益的贡献也有间接效益的贡献，有短期收益的贡献也有长期收益的贡献，除对本地区的经济有带动效应外，对跨区域也有辐射作用，主要体现在改善地方基础设施建设、加快地方城镇化发展步伐、推动地方产业结构调整、改善地方社会公共事业、提高生产生活水平、促进地方环境保护、增加地方财税收入等方面。

5.1.1 梯级水电站的相继建设增加了梯级电站流域综合发电效益

沅江是洞庭湖水系水流量最大的河流，其水力资源十分丰富，开发条件优越，干流上游属于山区性河流，地质条件良好，适合修建大型流域梯级水电项目，并且能对下游干流已建成、在建未建项目形成巨大的补偿效益。挂治、托口、白市等已建成的梯级水电站，已对上游三板溪水电站产生了反调节效益，3 座水电站总装机容量达到了 140 万 kW，年发电量达到 37 亿 kW·h，其中每年汛期 5—8 月的发电量能达到 16.83 亿 kW·h，分汛期发电量为 19.37 亿 kW·h，可进一步增加下游梯级水电站汛期发电量 1.08 亿 kW·h，提高下游梯级水电站非汛期发电量 1.67 亿 kW·h，显著提高了各梯级水电站所在地区的经济效益。

湖南省能源资源利用开发水平比较高，随着中国经济的快速发展，能源短缺已成为制约沅江流域经济发展的核心因素之一，沅江流域各梯级水电站的开发，对梯级水电站所在地区都起到了较大的发展促进作用,如三板溪水电站的开发,相对沅江下游河段的电源点,无论经济指标、地理位置还是电能质量都有了巨大的优势,该地区梯级水电站的建立,以其电能质量优、调节性能好的优势,较好地解决了当地电网电源结构,也进一步缓解了当地汛期调峰困难以及枯水期电力不足的问题。同时,沅江流域梯级水电站的开发进一步改善了其下游梯级的发电质量和经济效益,奠定了下游梯级的开发基础。

5.1.2 梯级水电站开发大大促进了河道航运及库周交通发展

沅江梯级水电站开发前,清水江是贵州省通航里程最长的河流之一,其在历史上便是黔东南出海的主要通道,新中国成立初期至 20 世纪 60 年代,该地区陆路交通比较落后,清水江对当地地区交通有着关键性作用。随着中国经济的不断发展,公路、铁路等陆上交通条件持续改善,该流域的交通格局已经转变为以陆路运输为主。清水江属于山区性河流,水急滩陡,浪大礁多,河段仅能实现季节性通航,2001 年,清水江航道等级属于等外级别,通航吨位小,航行时间短。

在沅江干流已建、在建水电站有 10 余座,其中托口水电站位于河流中上游,过坝方式是驳运过坝;洪江水电站的通航建筑物为二级船闸方案,能通航 120t 级船舶;沅江下游五强溪水电站和凌津滩水电站的通航建筑物分别为三级和单级船闸方案,可通过 500t 级船舶。

随着梯级水电站的顺利建设,其贵州锦屏至湖南洪江河段已经转变为长度约 166km 的深水航道,该区域航道状况大幅改善,当地航运业得到了一定的发展。清水江锦屏至湖南洪江段的现行年客运量达到 9 万人次。三板溪水电站建成后,该河段周边形成了以 65 号高速公路和 320 国道为主干线,剑河展架至锦屏的沿线三级公路为辅线,以县乡公路交错于其间的较为完善的公路交通体系。该河段的客运量基本保持为每年 10 万人次左右。

白市水电站锦屏库区复建亮江村库周公路桥见图 5.1-1。

图 5.1-1　白市水电站锦屏库区复建亮江村库周公路桥

5.1.3 梯级水电站建设减轻了当地的防洪压力

沅江流域贵州省境内的白市、锦屏县、远口镇于 1970 年特大洪水后，当地居民点、耕地分布已向高处发展，没有较为突出的防洪需求。

托口镇地处渠水和清水江交汇处，西面临渠水，北面沅江绕全镇向东流，全镇沿沅江呈现带状分布形式，托口镇沅江评价水位为 199.50m，全街道高程为 207.00～213.00m，人口近 6000 人，控制水位达到 210.00m，可防 10 年一遇洪水。

黔城镇位于舞水与沅江交汇处，是一座历史底蕴深厚的文化名城，其现在为洪江市市政府驻地。以省重点保护文化古建筑芙蓉楼为控制标准，可防 20 年一遇洪水。

洪江市城区人口约 5.8 万人，地处巫水和沅江交汇处，其为黔东南、湘西地区经济发展重镇和水上重要运输枢纽。洪江市区沅江平均水位大约为 163.00m，老城主街高程为 171.00～185.00m，市区巫水大桥高程为 181.00m，新城区高程达到 180.00m 以上，控制水位以市区主要街道高程确定，大约为 177.00m，可防 10 年一遇洪水。

安江镇人口约为 6.5 万人，由河西区、老城区、大江坪区 3 个区域组成。重要建筑物位于高处，不需要特别防护。老城区主街高程达到 163.00～168.00m，可防 10 年一遇洪水。

沅江流域梯级水电站建成后，流域防洪对象主要分为两段：一是尾闾地区，其防洪任务主要已经通过五强溪、凤滩两水电站设置防洪库容结合堤防的方式解决；二是安江河段，指的是托口至安江长度为 110km 干流，其两岸为冲积平原内的城镇与农田，耕地面积约为 11 万亩，其中水田为 9 万亩，人口为 25 万人，其中城镇人口为 15 万人，城镇主要包括黔城镇、托口镇、黔溪镇以及安江镇，其防洪任务已被上游水电站设置防洪库容结合堤防方式解决，梯级防洪效益明显。

5.1.4 梯级水电站建设移民安置促进了当地的经济发展

沅江流域梯级水电工程移民安置基本以不降低移民原有生活水平为基本原则，并充分考虑有利于移民的社会经济发展，按照当地的自然资源开发利用条件和经济社会发展规划，结合当地库区耕地后备资源的实际情况，大农业安置作为主要任务，大力支持发展适应当地自然条件的农业产业，同时依据市场发展的需要，因地制宜地发展一定规模的农副产品加工和服务业，让移民实现妥善安置。

从贵州省锦屏县到湖南省托口镇，清水江沿岸地貌特征为丘陵、中低山、局部盆地与河谷阶地，其气候属于中亚热带季风湿润气候，年平均日照时数 1150.9h，年平均降雨量 1280mm，日照、雨水十分充沛，非耕地和耕地资源比较丰富，土地十分肥沃，适合种植多种农作物。

三板溪下游至白市镇两岸地势比较开阔平缓，人口稠密，其中天柱县最为主要的粮食生产基地位于白市盆地。白市到瓮洞之间河流段，河谷十分狭窄，两岸人口较少。瓮洞至托口之间河流段，两岸地势比较开阔平缓，分布着许多居民点。

洪江以下到安江镇的大畲坪，两岸地势比较开阔平缓，人口十分稠密，农作物主要是水稻，土地较为肥沃，气候条件较好，适合种植多种农作物。近年来随着国家经济的快速发展，沅江干流两岸柑橘经济发展快速，一部分村的农户已转变成为果农。大畲坪至铜湾镇之间河流段，河谷狭窄，两岸人口较少。铜湾镇到辰溪县的黄溪口之间河流段，两岸地势比较开阔平缓，辰溪县的龙头庵乡、黄溪口镇以及铜湾镇、中方县的铜鼎乡等2个县的4个乡（镇），是两县重要的粮食生产区域，许多居民点分布于此。辰溪县的黄溪口到大洑潭之间河流段，两岸丘陵、中低山、河谷阶地交替，其间包括溆浦县的江口镇，人口约为2万人，许多厂矿企业分布于此。

原规划建设中的白市水电站建库后，淹没耕地达到12000亩，淹没人口为33000人，淹没人均耕地为0.39亩，由于清水江两岸地形开阔，土层深厚，坡度较缓，并且加大坡度25°以下可垦地的开发利用程度，水库移民已全部后靠安置，安置秩序较好。

天柱县人均土地面积为8.6亩，农业人均耕地为0.7亩，白市水库涉及的白市、远口、坌处3镇的人均土地面积分别为7.5亩、11.69亩、6.1亩，人均耕地面积分别为0.5亩、0.63亩、0.78亩。至白市之间清水江两岸地势开阔平缓，土层深厚，坡度较缓，目前水库移民已后靠安置。瓮洞到托口之间河流段，其右岸主要包括湖南会同县的移民，左岸主要包括湖南芷江县的移民，移民数量较少，已后靠安置。

洪江市的沙湾乡、硖洲乡安江水库建库前，人均耕地分别约为0.65亩和0.77亩，建库后变为0.58亩和0.5亩，由于沅江两岸地形开阔，土层深厚，坡度较缓，并且当地农业产业结构调整较为合理，水库移民已后靠安置。

大畲坪至铜湾镇之间河流段，河谷比较狭窄，淹没耕地、人口比较少，主要为中方县居民。铜湾水库建成后，由于移民数量有限，移民已完成后靠安置。清水塘坝址到铜湾坝址之间河流段，两岸地势开阔，耕地丰富，人口十分密集，水库主要影响铜鼎乡、龙头庵乡、铜湾镇和黄溪口镇的居民，该区域非耕地和耕地资源较为丰富，人均耕地面积较高，通过农业产业结构调整和开发25°以下的后备耕地资源，移民已完成后靠安置。

大洑潭坝址至清水塘坝址之间河流段，主要包括辰溪县的柿西乡、修溪口乡、仙仁湾乡、火马冲镇和溆浦县的江口镇。沅江两岸丘陵、中低山、河谷阶地交替，土地资源丰富，建库后，通过多种农副产品开发，农业发展较好，移民已完成出乡县内安置。

5.2 移民安置实施效果

5.2.1 典型工程移民安置效果

5.2.1.1 托口水电站

托口水库淹没涉及湖南省的洪江市、会同县、芷江县和贵州省的天柱县共4个县（市），建设征地涉及耕地、园地2.8万亩（湖南省2.6万亩、贵州省0.2万亩），林地1.2万亩（湖南省1.0万亩、贵州省0.2万亩）；规划生产安置人口2.3万人（湖南省1.9万人、贵州省0.4万人），搬迁安置人口4.3万人（湖南省3.6万人、贵州省0.7万人）；规划迁建农村集中安置30个（均为湖南省），迁建集镇8个（湖南省6个、贵州省2个）；规划复建等级公路11条段38km（湖南省4条段28km、贵州省7条段10.0km），等外道路80条段285km（湖南省63条段227km、贵州省17条段58km）；建设征地移民补偿总费用调整概算为68.4亿元（湖南省57.3亿元、贵州省11.1亿元）。截至2016年年底，库区的移民搬迁工作、城（集）镇迁建以及专业项目的迁复建工作均已基本结束。

1. 电站建设对地方经济社会的促进作用

（1）社会经济方面。

1）对地方财政收入的影响。托口水电站年均发电量 21.31 亿 kW·h，正常蓄水发电后可年创税收约 1.5 亿元。2014 年 3 月至 2016 年年底实现销售收入 20.98 亿元，缴纳税费税金 4.16 亿元，其中在湖南省洪江市缴纳税金 3.05 亿元。

根据库区各县统计数据，在财政一般预算收入中，税收主要来源于托口水电站建设和移民迁建工程建设。2015 年，洪江市地方税收收入 6.2 亿元，相较 2006 年地方收入 1.4 亿元增加 4.8 亿元；2015 年，会同县地方税收收入 2.05 亿元，比 2006 年税收收入增加 0.21 亿元。

2）对地区国内生产总值（GDP）、社会消费的影响。水电站建设后移民安置区经济实现持续、协调、稳步增长，产业结构得到进一步优化，经济规模进一步扩大。在托口水电站移民工程建设期间（2006—2013 年），淹没影响区各区（县）经济发展速度明显加快，GDP 增长速度均快于湖南省和全国平均水平；2013 年以后各区（县）GDP 增长速度较 2012 年及以前年度有所放缓。GDP 增长率比例见表 5.2-1。

表 5.2-1　　　　　　GDP 增长率比例表　　　　　　　　　%

年份	洪江市	怀化市	湖南省	全国
2004	10.0	10.7	12.1	10.1
2005	9.5	11.6	11.6	11.3
2006	14.8	15.0	12.8	12.7
2007	17.9	12.6	15.0	14.6
2008	15.1	13.0	13.9	9.6
2009	13.6	13.7	13，7	9.2
2010	15.0	14.8	14.6	10.6
2011	14.3	14.2	12.8	9.5
2012	12.7	12.0	11.3	7.7
2013	10.3	10.3	10.1	7.7
2014	7.4	5.1	9.3	7.3
2015	7.0	8.5	8.6	6.9

水电站的建设，将有力地促进和带动制造业、新型原材料加工业、建筑建材业、机械加工、物流、金融、餐饮娱乐、劳动就业等配套产业和服务业以及农副产品等生活物资供应形成巨大的需求，产生强大的乘数效应，使相关产业得到发展壮大，提升了第二产业的产值比重，促进第三产业的发展，有利于产业结构的优化升级。2008—2015 年，洪江市第一、第二、第三产业结构比分别由 5.5∶79.6∶14.9 调整为 19.7∶45.1∶35.2，第三产业比例明显提高，产业结构优化升级效益明显。

水电站建设对地区社会消费也有显著的促进作用，工程建设人员消费如业主、设计、施工、监理等大量外来人口可以直接拉动当地社会消费的增长（如餐饮、住宿等）；工程建设吸引民间投资带来的外来人力和资本，有助于推动当地社会消费增长；工程建设促进当地经济发展（包括基础设施建设、增加财政收入、促进产业发展等），有助于居民收入增长，从而促进社会消费增加。

3) 对居民消费的影响。托口水电站建设对城镇居民收入的影响主要体现在两个方面：一是提升集镇居民消费水平，水电站在建设过程中对社会消费的推动较多发生在集镇区域，对城镇居民收入的增长具有直接的促进作用；二是促进建材业等工业的发展，水电站及移民工程项目建设、移民房屋建设等快速提升了当地建材的消费需求水平，促进了当地建材业的发展。从以上托口水电站建设投资对GDP影响分析可以看出，托口水电站建设对当地工业发展具有明显的推动作用，而工业的发展往往对城镇发展贡献更大，对城镇居民收入增长的作用更为明显。

托口水电站建设期间，对农民收入可能带来直接影响的主要有以下方面：洪江市库区安置农村移民占全县总人口比例约4%，水库淹没影响耕地占总耕地比例约3%，水库造成的耕地淹没对当地农民收入具有负面作用；但移民安置补贴和搬迁后新的发展机遇可能对农民收入具有积极影响。整体而言，移民对全县农民人均收入的增长作用在短期内表现并不明显。

(2) 社会事业方面。

1) 教育事业实现优先发展。库区共新建迁建学校35所，其中中学5所，小学30所，搬迁后的学校校舍条件、场地情况等均优于搬迁前水平。库区其他学校均建成了学生食堂、医务室，有效突破了长期以来制约库区教育发展的瓶颈，更好地促进了库区教育事业的快速健康发展。托口集镇新址复建移民学校见图5.2-1。

图 5.2-1　托口集镇新址复建移民学校

2) 医疗条件大为改善。库区共迁复建医疗卫生机构55所，其医疗设施设备、规划建筑面积等均较搬迁前有所增加。其中：洪江市托口镇中心卫生院新建了新的住院楼，医院的硬件设备和医疗人员技术水平得到了质的提升。托口集镇新址复建医院见图5.2-2。

图 5.2-2　托口集镇新址复建医院

(3) 民生方面。

1) 就业机会增多。随着库区新集镇的建成，极大地拉动了城（集）镇相关产业的发展。通过招商引资，引进了一批房地产、建筑、批发零售商贸、住宿餐饮、休闲娱乐企业入驻，加之库区企业和个体经营户的搬迁，有力地促进了库区经济的快速发展，为居民就业和下岗职工再就业创造了更多的机会，其中托口镇库区丰富的劳动力资源和逐渐便利的区位条件让许多企业在库区扎下根来。如怀化企业主投资 2000 多万元建成了益民购物广场，占地面积超 1.3 万 m^2，集宾馆、超市、休闲娱乐于一体；常德企业主投资 2000 多万元建了托口粮油物流中心；四川企业主投资 200 多万元建了"惠万家"超市，安置就业 20 多人；江西企业主投资 800 多万元建成了"好风景"家具市场等。

2) 居民收入增加。随着库区移民补偿补助资金的到位和就业形势的好转，居民人均收入和储蓄存款余额得到了大幅度增加。据统计，2015 年洪江市居民可支配收入实现了 12150 元，比 2006 年 5914 元年均增长 24.13%，增长率比全市平均水平高 6.86 个百分点；农民人均纯收入 9801 元，比 2008 年年均增长 25.7%，增长率比全市平均水平高 2.8 个百分点。2015 年托口镇居民可支配收入实现了 20622 元，比 2008 年年均增长 8.3%，增长率比全市平均水平高 69.7 个百分点。

3) 消费结构发生变化。2003 年以来，库区移民由于受封库的影响，长达十多年的消费欲望一触即发，购房、装修、必要家具家电的添置，成为了移民当年的首要任务和家庭支出的主要部分。随着居住环境的改善，人们生活也发生了较大的变化，低碳、环保、健康、时尚的生活方式成了人们共同追求的目标，食品消费也不再是家庭消费中的主要部分，特别是库区移民后，除了大额的一次性财产消费外，平日家庭负担的财产性（贷款利息）支出也对地方商业的发展起到了极大的促进作用。

4) 生活环境明显改善。一是库区城（集）镇建成区面积比搬迁前扩大了两倍；二是人均住宅面积从 27.7m^2 增加到了 80m^2；三是涉及民生方面的水、电、气、通信网络、路标路牌、过街人行道、盲人专用通道基本实现了全覆盖，城（集）镇美化、亮化、绿化效果已经显现,长途客运、县内交通、临时公交全面开通,居民生活和出行更加便捷。

2. 水电站建设对移民生产生活的促进作用

(1) 农村移民生产生活水平。

1) 生产情况。托口水电站淹没了相对肥沃的农业用地,通过长期实物补偿结合土地开发进行生产安置,使移民基本生活得到保障的同时,库区移民还可以从土地劳动中脱离出来,带动了第三产业和劳务输出的发展,提高了移民收入。

2) 生活情况。搬迁前,库区农村移民人均住房面积为30~60m²,以砖混结构和砖木结构为主。从居住环境来看,饮水水源主要以井水、山泉水、江河水(或山坪塘水)为主,生活污水自行排放,大部分移民家庭缺乏洁净的卫生设施,农村移民生活垃圾基本未集中处理,90%以上是旱厕,居民居住环境和条件总体较差。

搬迁后,移民人均住房面积较搬迁前有所增加,且高质量(砖混、框架)住房比例明显提高。农村移民房屋宽敞明亮,适宜居住,移民户无厕情况基本消失,水冲厕由搬迁前的22%上升到80%,生活垃圾集中处理比例由搬迁前的14%上升到70%。农村移民搬迁后住房、用水、用电、交通出行等生活配套设施基本恢复,且住房条件、居住环境、电力、通信、交通等条件较搬迁前明显改善。托口集镇部分移民新旧房屋和新旧街道对比见图5.2-3和图5.2-4。

图 5.2-3 托口集镇新旧房屋对比

图 5.2-4 托口集镇新旧街道对比

3) 收入情况。搬迁前,库区经济发展落后,移民劳动力从业类型单一,就业情况一般。其中,农村移民青壮年劳动力多数靠外出务工就业,而城(集)镇移民大多在本地从事第一、第三产业，主要原因是当地第二产业发展相对滞后，人均收入水平普遍偏低。2006年，洪江市农村移民人均纯收入为5086元。

搬迁后，洪江市农村移民2013年人均纯收入为5620元，较搬迁前有一定幅度增长；就收入结构来看，工资性及转移性收入所占比重有所增加，家庭经营性收入所占比重相对降低，说明水库淹没和搬迁对移民收入有一定的影响，尤其是务农收入。

(2) 城（集）镇移民生产生活水平。

1) 生产情况。托口集镇移民住宅底层为门面房，满足了第二、第三产业经营户的场所需求。据统计，集镇63%的移民拥有门面房，较搬迁前的门面房拥有率和户均拥有面积均有所增加，第二、第三产业的移民经营户总量和经营性收入较搬迁前有所增加，集镇移民生产已基本恢复。

库区城（集）镇新址建设统一规划，门面房多为临街门面，且周边环境和配套基础设施较好，门面经营环境较搬迁前杂乱状况有显著改善；进集镇的农村移民和新址占地移民大部分已转向第二、第三产业经营和第二、第三产业务工，第二、第三产业就业比例增加。托口新集镇农贸市场见图5.2-5。

图5.2-5 托口新集镇农贸市场

2) 生活情况。搬迁后的集镇移民人均住房面积为80.12m^2，较搬迁前增加33.89m^2，且住房结构由原来的砖木、砖混结构为主变为以框架结构为主，房屋面积和房屋结构都有较大的增加和改善，住房条件得到显著改善。

城（集）镇移民搬迁后住房条件、用水、用电、污水排放、垃圾处理、交通出行等较搬迁前均有较大程度的改善，移民满意度较高，总体说来，各迁建集镇政治、经济和文化等功能均得到了恢复并较搬迁前有较大提升。托口集镇新建污水处理厂一角见图5.2-6。

3) 收入情况。2014年，集镇移民人均可支配收入较搬迁前2011年累计增长了46%，较2013年增长了11%。总体来看，集镇移民搬迁后，收入整体保持稳定，稳中有升。随着集镇基础设施及配套设施的逐步完善，商业辐射区的逐渐扩大，各机关行政企（事）业单位生产生活秩序逐步恢复，集镇移民各项收入逐步提高。

集镇移民人均纯收入较搬迁前2009年同期增长了32.1%，较2013年同期增长了

图 5.2-6 托口集镇新建污水处理厂一角

10.82%。新集镇基础设施及配套设施较搬迁前均有所完善，商业辐射能力逐步恢复，集镇移民通过经营餐饮、住宿、运输等服务业，生产逐渐恢复，收入逐年增加。

3. 水电站建设对城（集）镇基础设施的影响

托口水电站（湖南部分）建设征地范围内涉及洪江市托口集镇，该集镇整体搬迁至托口镇朗溪村。集镇新址总规划用地面积约 342.77hm²，较搬迁前增加了 327%；集镇总人口 8031 人，人均建设用地面积 101.67m²，较搬迁前增加了 162%；建筑总面积 321 万 m²，建筑密度 22%，容积率 0.92，绿化率 35%。集镇基础设施、公共设施已基本恢复，集镇移民搬迁后住房条件、用水、用电、污水排放、垃圾处理、交通出行等较搬迁前均有很大程度的改善，公共服务设施尤其是文化教育卫生和娱乐设施更加健全，人居环境更加宜居。

4. 水电站建设对库区专业项目促进作用

建设征地涉及的公路、电力、电信及广播电视设施等专项设施按"三原"原则并结合移民安置方案，进行了恢复或改建。通过对专业项目建设的实施，库周交通网络基本形成，通村公路基本全覆盖，相比原有交通条件得到了较大改善。同时，对原通行条件较差的生产区修建了机耕道路，生产区条件得到改善。通过修建集中供水工程，解决了移民水源问题，较以前安全饮水更有保障。专项设施迁（复）建工程建成后不仅能恢复其原有功能，还能在一定程度上改善库区移民的基础设施条件，为库区今后发展创造了有利条件。

托口镇新建渠水大桥见图 5.2-7。

5. 托口水电站移民安置总体实施效果评价

水电站建设前，托口水电站库区自然条件较差，经济社会发展相对落后，加之受区域自然资源和经济条件的制约及其他因素的影响，经济总量不高，经济结构均以农业为主，商品经济不发达，工业基础薄弱，人均社会总产值和人均国民收入均低于两省平均水平。库区居民以农业生产为主，从业类型单一，人均收入水平普遍偏低，城乡差距较大，移民整体消费水平不高，均处于温饱水平，相对于全国和湖南省平均水平差距较大，居民居住环境和条件总体较差，基础设施和公共设施服务能力明显不足。

图 5.2-7 托口镇新建渠水大桥

由于托口水电站的建设,直接带来地方税收、地方财政收入的增加,对地方产业结构调整和升级,对居民收入、地区社会消费也有显著的促进作用。移民居住条件和居住环境均较搬迁前得到较大改善,集镇迁建任务已基本完成,功能均得到了恢复并较搬迁前有较大提升,各项基础设施功能较搬迁前显著提高,公共服务设施尤其是文化教育卫生和娱乐设施更加健全,人居环境更加宜居。交通出行、供电、给水排水、电信广播电视等各项设施功能较搬迁前明显改善;但由于水电站淹没对土地资源的影响,迁建后生产存在一个逐步恢复的过程,由于水电站建设带来的投资环境改善、就业机会的增多,带来第二、第三产业的发展又将一定程度地促进农村移民收入的增长。总体上讲,托口水电站的建设和运营,以及后扶项目的实施,大大改善了库区及移民安置区的生产生活条件,也极大地促进了库区基础设施的建设。

5.2.1.2 白市水电站

白市水电站装机容量 42 万 kW,建设征地搬迁安置移民 3.2 万人,移民相对数量和绝对数量均较大,工程建设期间经历了国家移民、土地、税收等宏观政策大幅调整,移民安置实施规划报告编制工作历时 3 年。

1. 水电站建设对农村移民生产生活水平影响分析

农村移民通过搬迁安置实施,移民居住条件普遍得到了改善,原库区生活条件较差的贫困户、五保户,通过征地补偿获得建房困难户补助,使其居住条件明显改善;生产安置长期实物补偿(逐年货币补偿)已实施,移民基本生活有保障。

建设征地后,对移民人均纯收入有直接影响的为农林业收入,白市水电站占用林地较多,但农民从林业直接得到的经济收入由于实施"天保工程"而甚微。所以本工程移民人均纯收入主要以农业收入为主。逐年货币补偿是库区的主要生产安置方式,其中规划逐年货币补偿人口占生产安置总人口的 80%;采用其他方式进行生产安置的移民较少或收入有基本保障,工程建设对其生产生活水平影响较小。因此,生产水平预测以逐年货币补偿安置收入水平进行分析。逐年货币补偿安置移民获得收入主要来源于两个方面:一是从淹没影响耕地获得的货币补偿收入；二是农业劳动力从农业生产中解放出来后可从事其他行业获得的工资性收入。经分析，移民搬迁后，农村移民从生产安置项目上获得的人均纯收入均高于搬迁前人均农业纯收入的规划目标。通过基础设施的完善，搬迁后农村各项生活指标的配置情况较搬迁前均有一定程度的改善。

农村移民搬迁前后生活水平对比见表5.2-2。

表5.2-2　　　　　　　　　农村移民搬迁前后生活水平对比表

项　目	天柱县		锦屏县		会同县	
	搬迁前	搬迁后	搬迁前	搬迁后	搬迁前	搬迁后
人均纯收入/(元/人)	2959	3081	1969	2094	2517	3556
通村公路覆盖率/%	80	100	94	100	<97	100
人均建设用地/(m²/人)	<50	60	<50	60	45	60
农村安全用水/%	基本满足	100	基本满足	100	基本满足	100
农村用电/%	基本满足	100	基本满足	100	基本满足	100
技能培训	无	有	无	有	无	有

2. 水电站建设对库区城（集）镇建设影响分析

库区白市、远口、垄处3个集镇紧邻清水江，现状用地结构不合理；集镇内部道路较为狭窄，其中远口集镇主要道路为过境公路，交通便利；3个集镇供电设施齐全，自来水到户，但排水无系统，基本任意排放；集镇配套公建门类不全，缺少汽车站、农贸市场等公建设施。

迁建后集镇在规划布局、用地指标、基础设施配套、集镇面貌等方面比搬迁前均有一定改善和提升，并为远期发展留有余地。迁建后的集镇不仅恢复了集镇原有功能，还在一定程度上拓展了集镇的对外交通、旅游等功能，有利于集镇的持续、健康发展。

集镇迁建前后生活水平对比见表5.2-3。锦屏库区复建平金小学见图5.2-8。

表5.2-3　　　　　　　　　集镇迁建前后生活水平对比表

序号	项　目	搬迁前	搬迁后
一	规划标准		
1	人均建设用地/(m²/人)	<60	70左右
2	集镇安全卫生用水/%	基本满足	100
3	集镇用电/%	基本满足	100
二	市政设施		
1	给水设施	少量自来水入户	全部自来水入户
2	排水设施	排水无系统，基本任意排放	统一规划排水系统，雨污分流
3	内部主干道宽度/m	远口：12~16 垄处：6~7 民建：4	远口：16 垄处：16 民建：12

续表

序号	项目	搬迁前	搬迁后
三	配套公建	公建配置不全，缺少汽车站、农贸市场等公建设施，以马路为市场	按镇规划标准增设汽车站、农贸市场等公建设施，生活更加便利有序
四	垃圾处理、污水处理	无	有

图 5.2-8 锦屏库区复建平金小学

3. 锦屏县城淹没区处理效果

锦屏县城为全县的政治、经济、文化和交通中心。县城现状用地在清水江与六洞河汇合口沿江两岸呈带状分布，公建用地和居住用地相互交叉，没有明显的界限，现状用地结构不合理。公共设施、市政设施配套不完善，县城建设用地紧张。县城淹没区主要在城区沿江一带较低洼的地段，淹没人口约占县城总人口的10%，为局部淹没。淹没建城区面积 12.6hm² 约占总面积的10%。白市水电站的兴建，对县城的整体格局和功能影响不大，可以通过局部防护和搬迁的方式进行维护。

实施阶段锦屏县城淹没区处理通过结合县城总体规划进行，即对淹没部分地段修建防护堤，堤内回填垫高建房的移民安置方案。县城淹没区处理通过防护垫高方案实施效果分析如下：

（1）通过防护工程的实施，提高了县城的防洪功能，符合县城防洪和总体规划要求，有利于县城的长远发展。

（2）通过对防护区内回填垫高，最大限度地减少新增安置用地，缓解了县城用地紧张的矛盾，减轻移民搬迁安置难度。

（3）通过对防护垫高区内市政设施规划的设计，优化了用地布局，改善了道路交通组织，完善了给排水管网，增加了适量的广场和绿地等公共设施，改善了生活环境，同时，在原商业区域营造了良好的商业氛围。

（4）通过防护垫高安置移民方案的实施，能够恢复或改善原有城市功能，促进移民搬迁和生产生活条件的改善。

4. 水电站建设对库区专项设施建设的促进作用

建设征地涉及的公路、电力、电信及广播电视设施等专项设施按"三原"原则并结合移民安置方案，进行了恢复或改建。通过对专业项目建设的实施，库周交通网络基本形成，通村公路基本全覆盖，相比原有交通条件得到了较大改善。同时，对原通行条件较差的生产区修建了机耕道路，生产区条件得到改善。通过修建集中供水工程，解决了移民水源问题，较以前安全饮水更有保障。专项设施迁（复）建工程建成后不仅能恢复其原有功能，还能在一定程度上改善库区移民的基础设施条件，为库区今后发展创造了有利条件。

5. 白市水电站移民安置总体效果分析

白市水电站可行性研究阶段的移民安置规划方案是经国家审批并符合当时政策规范和移民工作实际的。移民安置实施过程中，由于时间跨度长，其间因国家政策调整、移民意愿发生变化、价格上涨等原因，对原可行性研究建设征地移民安置规划设计进行调整是必要的。

实施阶段建设征地移民安置规划设计是按照国家和两省现行政策、有关规范进行的，移民安置方案在充分尊重移民意愿的基础上进行了调整，移民补偿补助标准根据现行有关政策和价格水平进行了调整，移民工程建设标准与可行性研究阶段基本一致，部分项目结合移民安置方案和现行政策进行了适当调整，移民安置实施规划得到了两省移民主管部门的审核批复。综上所述，调整后的移民安置规划有利于推动移民安置进度，符合库区自然环境和社会经济情况实际。

5.2.2 沅江流域移民安置实施效果综述

5.2.2.1 流域梯级水电站开发及移民安置情况简介

沅江流域的移民工作最早开始于1986年查勘的五强溪水电站，截至2022年，沅江流域干流已建水电站包括三板溪、挂治、白市、托口、洪江、安江、铜湾、清水塘、大洑潭、五强溪、凌津滩、桃源共12座水电站，革东、渔潭2座水电站还未建成。

沅江流域大中型水利水电工程移民工作的特点：①水电工程移民涉及面广，移民搬迁难度大。②环境容量小，安置难度大。③库区经济社会发展滞后，移民贫困面大。

沅江流域水电工程移民安置的主要形式有：①"以农为主、有土安置"是当前移民安置的主要方式，根据库区移民文化素质偏低、生产技能单一的实际情况，移民安置方式在流域移民工作前期主要采取以土地作为生计保障的方式安置移民，为移民配置足够的耕地和生产资料。②征占耕地，实行长期补偿是当前移民安置的主要安置形式，根据土地的年产值和市场价格变化情况，变一次性补偿为动态的长期补偿，电站运行一年补偿一年，确保移民的长远生计不受影响。③加大移民后期扶持力度，帮助移民恢复和提高生活水平，通过现金直补和项目扶持，不断改善库区和移民安置区基础设施条件，扶持移民发展生产，增强后劲，逐步提高生产生活水平。

移民是水电工程建设的重要组成部分，移民工作与国家政策息息相关。1990年前后，受国家政策和移民安置指导思想的局限，农村移民主要依靠就地后靠安置为主，库周后靠移民达80%以上，移民安置后耕地面积减少、质量下降，人地矛盾非常突出。加上对移民安置区基础设施建设重视不够,农村移民搬迁后生产生活难以恢复到原有水平,如五强溪等老库区移民遗留问题较多,引起党和政府的高度重视和关注,由于自然条件恶劣,受洪灾等的影响以及专项资金不足、移民自身素质等原因,仍有部分老库区移民存在入学、饮水、就医、住房、行路、吃粮、通信、用电难等问题。根据省政府1987年2月的会议精神,五强溪水库移民安置的方针是加强领导,各方支援,统一规划,综合开发,本县安置,就近后靠,合理补偿,经费包干,明确了战略方向,依靠科学和实用技术,实行超前投资、超前开发,立足长远解决中远期问题,并制定了沅陵库区移民系统发展策略,及完善的种植业、养殖业等产业发展规划,使得库区移民群众搬迁后生产生活水平得以快速恢复。

由于国家政策的不断调整,2000年以后实施的沅江流域大中型水电工程移民安置方案中,安置情况总体较好。据2012年的调查统计,沅江流域水电工程农村移民安置后的人均住房面积约为70m^2,比搬迁前人均住房面积增加30%,农村移民建购房中90%以上为砖混结构。城(集)镇安置的移民人均住房面积39m^2,比搬迁前的25m^{2}增加14m^2,增幅为56%,95%以上的房屋为砖混结构。安置地水、电、路、文教卫等条件比原住地明显改善,生产生活条件明显改善,为移民的长远发展创造了有利条件,移民普遍感到满意。

5.2.2.2 流域梯级水电站促进地方经济社会发展效果

以沅江流域水电梯级开发为核心的"西电东送"水电工程是落实国务院推进西部大开发战略的重要举措,也是促进东西部优势资源互补、共赢的重要途径。湖南通过"湘西水电基地"为重点的能源建设,将资源优势转化为经济优势并取得了重大突破,使能源工业成为湖南第一大支柱产业,极大地缓解了湖南省内电力短缺情况,促进了省内各产业的发展,拉动第三产业和其他产业的发展,促进了地方经济社会的发展。根据沅江流域各县1995年到2015年总共20年数据的研究结果可以发现:沅江水电开发促进了沅江沿岸县域的人均GDP、当地财政收入、农牧渔业总产值、农村人均收入、第二和第三产业就业、社会销售总额、乡镇企业销售总额等显著提高,使沅江沿岸县域的贫困率显著下降。通过西电东送,既推动了湖南经济社会的快速发展,也满足了湖南省经济快速发展并不断增长的用电需求。

水电站的建设给工程所在区域内外带来了大量物资运输和人员的流动,相应地也必然发展和改善当地的交通设施。沅江流域水电工程建设给湖南、贵州两省的基础设施建设带来了良好的发展契机;库区地方财政收入的稳定增长,确保了民众生活和社会的快速发展,同时也加大了对基础设施建设和重点事业的投入,大多数外迁移民安置区的水、电、路、文教卫的问题已基本解决,加快了地区建设速度,建成了交通、水利、通信等一大批重大基础设施项目,有效提高了基础设施建设水平,城乡面貌焕然一新。

(1)交通运输。沅江流域内梯级水电站的建设从前期筹备、项目施工直至建成运行,整个过程都促进了交通基础设施的发展、完善,加快包括公路、铁路、水路等模式的立体交通运输网络的形成。

从以前的地区公路总量较少,公路等级较低,通行条件差、通行能力弱,到现在的通航设施建设完善、通航建筑物标志明显,城间、城乡间、乡(村)间能行驶汽车的公共道路总量增加,公路通过城镇街道的里程、公路的桥梁变长,渡口宽度加大;水库建成后,湖南省境内沅江航道得以延长,船舶货运组织方式优化,各种运输工具实际运送的货物(旅客)数量增加,经济走廊的价值倍增,有利于加快农产品商品化的推进、移民收入的增长、旅游业的发展等,促进了地区之间的交流与合作。

(2) 水利设施。虽然水源总量充足,水能资源丰富,但仍存在部分供水水源缺乏地区。主要是少数民族聚居区和边远贫困地区,其交通不便,村寨分散,河谷深切,相对高差较大,村寨居住的地理位置高,沅江水电工程的建设使这些水源缺乏的地区获得了便利,通过安装普及自来水或集中供水点,丰富了水源获取渠道,起到了调节水量的作用,保证维持其生活用水量。同时,严格控制库区和移民安置区饮用水质,防止出现各项指标的超标情况,有效改善和提高了当地居民的生活质量与生活水平。

5.2.2.3 流域梯级水电站移民生产生活安置效果

沅江水电开发步伐的加快,极大地推动了水电站周边地区和全省经济发展,推进了湖南省经济结构调整和资源优化配置,带动了当地居民经济结构形式的多样化,改善了水电站所在地的交通和供电情况,拉动了旅游、饮食、养殖、运输、建材等相关产业的发展,提高了当地居民生活水平,推动了地方文化教育事业的发展,促进了地方社会管理水平的优化,也为保障湖南电网的安全、稳定运行,以及改善沅江流域生态环境发挥了重要作用,同时也带来了良好的社会效益。

从最初的探索阶段到现在有条不紊地按照国家政策进行水电站的开发,在沅江流域梯级水电站开发的过程中,始终坚持以人为本,从移民群众的需要出发,在切实做好移民安置工作、维护社会稳定的同时,促进了安置区的社会发展和经济建设。

从生产安置和生活安置总体情况来看,沅江流域水电移民基本生活得到了有效保证。在生产安置方面,移民拥有的人均耕地、园地数量呈上升趋势,粮食产量增加,反映了移民个体经济发展水平的人均纯收入水平指标波动式增长,恩格尔系数下降,移民经济收入恢复良好;在生活安置方面,搬迁前的库区村落是多年来自然形成的,缺乏统一规划。移民搬迁后,居民在路、水、电、公共卫生、文化教育等方面的基础设施均已配套,库周道路完善,用水用电安全规范,移民就医、子女入学更加便捷,人均住房面积增加,住房安全有保障,居住环境较搬迁前有明显改善。

第6章
移民安置实践与创新

6.1 五强溪阶段

这一时期沅江流域建设的重点工程是五强溪水电站工程。这段时期是中国"开发性移民"从萌发到提出直至实施的重要历史时期，国家和地方政府在这一时期内相继出台重要的法律法规及行业规范，移民工作开始有章可循，并且开始关注前期移民工作的遗留问题。

6.1.1 科学合理界定淹没处理范围，推动相关技术标准的修改完善

五强溪水电站1986年开展淹没影响实物指标调查时，根据1985年2月1日开始试行的《水利水电工程水库淹没处理设计规范》（SD 130—84）中"水库回水末端的终点位置可按回水曲线高于同频率洪水天然水面线0.1～0.3m范围内分析确定"的规定，五强溪水库淹没实物指标调查的标准为：县城、专业项目采用建库后20年一遇洪水回水位，农村和集镇居民按10年一遇洪水回水位确定迁移线，耕地按2年一遇洪水回水位确定征用线。水库回水末端分别在水库回水曲线高于同频率天然洪水水面线0.27m、0.27m、0.14m处的五果溜、铁柱潭、白龙岩断面垂直封闭，相应断面的高程分别为121.12m、117.32m和111.00m。

自五强溪水电站1994年关闸蓄水以来，连续3年发生大洪水，特别是1996年的特大洪水，使尖灭点上游较低的地方多次受淹，辰溪县政府多次行文要求对水库回水末端的处理方式重新进行研究，并强烈要求将位于水库回水末端水平延伸线以下的实物指标列入五强溪水库淹没影响范围。中南院开展了水库回水末端处理方式的研究，推进了水库淹没处理范围界定技术标准的修改完善，1997年5月1日起施行的《水电工程水库淹没处理规划设计规范》（DL/T 5064—1996）中关于水库末端回水平推的方法修改为：垂直封闭断面的洪水回水位平推至同频率天然洪水水面线相交处垂直斩断。中南院随后根据DL/T 5064—1996调整了五强溪水库回水末端淹没处理范围。即耕地、园地、砖瓦窑等，按白龙岩断面2年一遇洪水回水高程（111.00m）水平推移至与同频率天然洪水位相交处；农村人口、房屋及其附属设施、乡镇企业、电灌站等，按铁柱潭断面10年一遇洪水回水高程（117.32m）水平推移至与同频率天然洪水位相交处；城镇人口、房屋及其附属设施、工矿企业（含861厂）、四级以上公路、输电线等，按五果溜断面20年一遇洪水回水高程（121.12m）水平推移至与同频率天然洪水位相交处。按照上述方法平推，五强溪水库2年一遇、10年一遇、20年一遇洪水回水尖灭点分别上移了0.69km、1.16km、1.18km，涉及泸溪、辰溪2县的2个乡3个村5个组及861厂。

6.1.2 多渠道筹措资金安置移民

（1）五强溪水电站部分专业项目进行了投资分摊，实现了水电站建设与库区社会效益

的良好结合。五强溪水电站县城迁建进行了投资分摊，个别重大复建项目计列补助费（沅陵大桥），在满足了工程建设需要的同时兼顾了库区的长远发展，使移民资金与政府资金实现了效益最大化。

(2) 移民安置后库区自然灾害处理资金筹措采用社会对口支援＋移民资金相结合的处理模式。1996年7月中旬，沅江流域普降暴雨或大暴雨，3天的平均降雨量超过了250mm，造成沅江干流发生了100年一遇的特大洪水。五强溪水电站的入库流量达40000m³/s，五强溪库区遭受了历史上罕见的特大洪水的袭击，大量房屋被冲毁，许多即将成熟的早稻被淹绝收或减产，大量的基础设施被毁，给库区群众的生产生活带来了严重困难。

1996年7月下旬至9月上旬，中南院会同地方政府开展了五强溪库区特大洪水灾情的野外调查工作，并编写了《五强溪水电站库区特大洪水灾情调查报告》。根据中南院1998年2月编制的《五强溪水电站水库淹没处理补充规划设计及概算调整综合报告》，库区洪灾救灾处理实际使用资金8767.47万元，其中湖南省政府通过省财政、民政以及长沙市、株洲市对口支援等渠道解决了4000万元，建议在移民投资中计列洪灾处理补助3064.59万元，洪灾恢复所需的其他资金通过其他途径反映解决。

6.1.3 创新管理机制，保障移民工作顺利实施

为搞好移民工作，落实经费包干制度，地方政府健全了管理机制。第一是创新移民干部管理机制，移民干部是移民工作的指路人和带头人，库区强化了对移民干部的教育，制定了《移民工作人员五要十不准》《公务员接待须知》《工程发包审批制度》等一系列的规章制度，使任劳任怨、廉政、勤政、善政的工作作风逐步形成，从而带动了广大移民群众的积极性，推动了移民工作的开展。第二是创新计划管理机制，五强溪库区移民工作制定了年度工作计划、专项建设计划，各项移民工作均需按计划有条不紊地进行，避免了移民工作的随意性和盲目性。第三是创新库区移民资金管理机制，库区强化资金管理从健全机构和制度入手，各县移民办均设立了审计科（股），在每年审计2次的基础上，平时还分项目进行跟踪审计，减少了违法违纪事件；建立健全财务管理制度，坚持层层把关，执行主任"一支笔"审批，并分季度进行追踪检查，避免了移民资金的流失和浪费。第四是创新工程质量和进度管理机制，库区各县成立专项指挥部或专项建设公司，组织强有力的技术力量从事各项工程的立项审批、设计预算、组织实施、施工检查、验收决算等工作，并形成了一套完整的管理制度，保证了移民工程项目的建设质量和建设进度，实现了新建移民工程的目的。

6.1.4 初步探索多渠道、多门路安置农村移民，城镇化安置移民

五强溪水电工程建设征地影响搬迁人口多、涉及耕地、园地资源多，移民安置任务重；库区周边后备资源有限，移民环境容量偏紧，移民安置难度大，因此，五强溪水电站农村移民生产安置方案在传统有土安置的基础上，初步探索了养殖业安置、第二和第三产业安置[乡（镇）企业安置]、带资进厂安置、农转非安置等多种方式。五强溪水电站生产安置规划通过种植业开发（果茶发展，林业生产及新开耕地、农田防护、浅淹耕地改造

及低产田改造等粮食蔬菜生产措施）安置移民32820人；通过库汊养鱼、网箱养鱼、鱼种鱼苗规划、畜禽生产等养殖业安置移民5527人；规划发展乡（镇）企业97项，安置移民8254人；规划带资进厂安置移民3045人；省、地招工安置移民2742人；积极支持外迁，并解决"农转非"户口，外迁投亲靠友，安置移民4316人。

移民安置规划过程中，综合考虑国家当前的城镇化政策及当地社会经济发展情况，积极研究、探索城镇化安置移民，创新移民搬迁安置方式。五强溪水电站搬迁安置农村移民62023人中，新建集中安置点28个，安置移民5753人，分散安置移民34583人，进集镇安置移民17439人，外迁安置移民4248人。迁建沅陵、泸溪2座县城，沅陵县城远期规划人口规模6万人，近期规划人口规模4万人；泸溪县城远期规划人口规模2.5万人，近期规划人口规模1.5万人。武溪镇后靠安置移民4250人，城郊农村居民集中安置移民4169人，分散安置移民411人；迁建集镇15个，集镇人口规模18512人，有效地提高了库区城镇化率。

6.1.5　社会各界积极支持库区移民安置工作

五强溪水电站的兴建，对当地的社会经济影响较大，面对移民生产安置这一大难题，湖南省委、省政府发出了"举全省6000万人民之力对口支援五强溪库区移民"的号召，省委书记、省长、常务副省长等亲自深入库区调查研究，多次召开专门会议，先后下发了湘政办发〔1994〕26号、湘援发〔1995〕1号和湘援发〔1996〕1号。在省委、省政府的号召下，湖南全省各地区各企业对五强溪水电站的兴建和水库移民生产安置都伸出了援助之手，排忧解难，在招工政策上接纳移民，尽力接纳库区一些人口密集、淹田较多、安置难度大的村组的移民，以减轻库区安置的压力。

湖南省将沅陵县库区的20个乡（镇）、县属44家移民企业及64个项目与各地（市、州）省直有关单位结对支援。长沙、株洲、湘潭等11个地（市）和省对口支援办、粮食局、农业发展银行、交通厅、林业厅、国土测绘局、民政厅、新闻出版局、电力局、乡（镇）企业局、教委、建委、国防科工委、新华书店、水产局、二轻集团总公司等22个省直单位迅速做出反应，纷纷成立了对口支援领导机构和工作班子，制定了专门的对口支援计划，不断派员前往库区帮扶、考察；长沙、株洲、湘潭、衡阳等市和省粮食局、省林业厅的党政主要领导把库区对口支援工作提上了自己的重要议事日程，并多次深入库区考察情况，选定项目，送去温暖，献出爱心；怀化地委、行署更是责无旁贷，书记、专员亲自动员120个地直单位积极参加沅陵的对口支援工作。

对口支援，不仅在技术、信息、劳务、管理、人才上进行支持和帮助，而且从资金、物质上也进行了大力的对口支援。省直有关单位无偿对口支援人民币近亿元，减免各种税收3300多万元，以及给库区2县财政进行补贴；省专业部门还实行库区专项对口包干，这一切有力地促进了移民工作的顺利进行。

6.1.6　多措施并举帮扶移民，推进搬迁

五强溪水库移民实施过程中政府制定的有关搬迁措施如下：
（1）因水库蓄水需要拆迁改建的公私房屋、公用设施、搬迁企业建设项目和为安置移

民新建的建设项目，在 1994 年前免征建筑税。拆迁改建企业在搬迁恢复生产的过程中，按税收管理体制报经批准，可在 5 年内给予减免产品税、营业税和所得税照顾。

（2）各级交通、邮电、银行、水利、电力、农业、林业、广播电视、卫生、商业等部门在安排计划、投资、人才、科技项目等方面，应将库区和移民安置区视同贫困地区，予以优先照顾；对库区所属基层单位的搬迁改建，要分年度安排一定的资金和物资，给予重点支持。

（3）教育部门应帮助移民办好中、小学，并到库区和集中安置区兴办职业学校。省招生办录取高等院校考生时，应对移民考生给予降低 20 分录取线的照顾；录取中等专业学校考生时，由所在地（县）对其分配定向名额给予适当降分照顾。劳动部门在安排招工计划时，按照统筹的原则，对库区、安置区在招收名额和条件上给予适当照顾。省、地（州）各工业主管部门，应组织有条件的工厂企业给库区的搬迁企业和移民企业以对口支援和扶助，并向其推销一些产品。搬迁改建和移民开发建设项目的设计，由省建委会同有关部门安排省内和中央在湘的有关设计单位承担，并实行折半收取设计费的优惠照顾。

6.1.7 逐步启动移民后期扶持

1981 年 6 月，财政部、电力工业部发布了《关于从水电站发电成本中提取库区维护基金的通知》（电财字〔1981〕56 号），五强溪水电站开始关注水库维护和解决库区的遗留问题，对实施过程中的移民遗留问题进行处理，如开展生产安置补充规划、自然灾害调查处理等。五强溪在高度重视移民遗留问题处理的同时，逐步提出了移民后期生产扶持的思路、办法和要求，从而形成了水库移民安置实行"前期补偿、补助与后期扶持相结合"的原则。

6.2 三板溪阶段

这一时期是工程移民的规划设计和实施的主要时期，是中国水利水电工程移民理论形成发展创新的重要阶段，也是中国移民工作实践的重要阶段。该时期沅江流域干流上的水电站主要有三板溪、挂治、洪江、铜湾、清水潭、大洑潭等水电站。

6.2.1 移民政策体系初步形成

1991 年 2 月，国务院以第 74 号令发布了《大中型水利水电工程建设征地补偿和移民安置条例》，第一次以行政法规的形式，对大中型水利水电工程建设征地和移民的管理，合理征用土地，妥善安置移民进行了统一和规范，标志着中国水库移民政策体系基本形成。

《关于印发水电工程建设征地移民工作暂行管理办法的通知》（计基础〔2002〕2623 号）明确了移民工作管理体制，对水电工程建设移民工作程序进行了规定，加强对水电工程建设征地和移民安置工作的管理，明确各级地方政府、移民机构、项目法人、设计单位和监理单位等有关部门和单位的责任和义务，确保水电工程建设征地移民安置工作的顺利进行，促进水电工程建设的健康发展，保护移民的合法权益。

该时期内，贵州省出台了《贵州省土地管理条例》（2001年1月1日）、《贵州省林地管理条例》，为适应"西电东送"移民工作的需要，贵州省委于2001年6月出台了《关于进一步加强全省大中型水电工程移民工作有关问题的通知》（黔党办发〔2001〕20号）文件，作为这一时期水库移民工作的指导性文件。以此为依据，省内还配套出台了一系列的政策措施，包括《贵州省大中型水电工程移民安置实施管理试行办法》《贵州省大中型水电工程移民安置实施规划设计编制操作规程》《省政府办公厅关于加强大中型水电工程移民跨县安置和自谋职业无土安置管理的通知》《省政府关于全省新建大中型水电工程移民生产安置调控费提取等有关问题的通知》等。湖南省出台了《关于进一步加强全省大中型水电工程移民工作有关问题的通知》（黔党办发〔2001〕20号），《湖南省移民资金管理办法》（1998年）、《湖南省大中型水库移民条例》（2003年11月）、《湖南省人民政府关于深化改革严格土地管理的意见》（湘政发〔2005〕4号）等一系列文件，逐步形成了以"政府包干、业主参与、综合监理"为核心的政策体系。

6.2.2 创新少数民族传统文化保护方式

库区淹没影响黔东南州的锦屏、剑河、黎平、台江4个县，淹没总面积85km^2，水库淹没涉及移民48189人，其中少数民族人口约占90%，主要为苗族和侗族；淹没文物古迹29处。三板溪水电站尽管没有专门编制少数民族传统文化保护专项规划，但在移民安置规划和实施中，参加各方结合库区实际，做了大量的工作：一是尊重少数民族的生活习惯和民风民俗，采取灵活多样的移民安置方式，尽可能保留当地的少数民族文化传统。移民可以结合自己的实际，自愿选择集中安置或分散安置、有土安置或自谋职业安置、后靠安置或外迁安置等方式，不搞强制建房，由移民自主建房，最大限度地尊重了少数民族的生产、生活方式和风俗习惯；二是重视民族村寨的民族文化规划和建设，在安置点和村寨建设中，注意把民族文化保护传承与村寨基础设施建设有机结合，修建斗牛场、芦笙场、风雨桥、鼓楼等，在建筑风格上，鼓励移民群众结合乡村旅游建造富有民族特色的民居，如吊脚楼、黔东民居等；三是重视文物保护工作。文物是文化的一种重要表现形式，三板溪库区涉及文物29处，其中省级文物保护单位1处，县级保护单位28处，有省级非物质文化遗产26项。为此，黔东南州先后制定了《三板溪水电站工程库区文物保护项目实施方案》《三板溪水电站库区淹没县级文物保护单位迁建方案》等文件，投入文物发掘与保护专项经费200万元，库区文物古迹依法、有序得到了较好保护。

6.2.3 创新水电开发管理模式

该时期前半段，随着五凌公司的成立，流域水电开发权已由政府统筹转变为项目法人负责。该转变适应了中国社会、经济、文化的进步和发展，有利于流域水能资源的统筹利用，有利于流域水电的科学规划，有利于水电项目的有效管理。随着三板溪、挂治、洪江、铜湾、清水潭、大洑潭等梯级水电站的相继核准和竣工验收，沅江流域水电开发呈现了国有、民营和股份制"百花齐放"的良好局面。

五凌公司按照"流域、梯级、滚动、综合"的开发方针，经营管理、开发建设沅江干流河段梯级电站。在沅江流域水电项目开发过程中，坚持工程建设与移民安置并重、经济效益与社会效益并重，积极探索和推动实践创新，积累了一些好的工作经验。

在贵州省水电工程征地移民工作中，水电开发公司与移民管理部门密切配合，结合实践探索，积累了丰富的移民工作经验，在全国率先创新移民安置模式。贵州省率先创新实践了移民工程返包代建机制，对于调动移民搬迁积极性、保障移民长远生计、实现移民稳妥安置起到了重要作用，保证了工程的顺利建设，成为全国移民安置方式创新的成功典范。

工程返包模式，这是贵州省在移民工程项目管理模式上的一种探索和创新。针对实践中的上述问题，贵州省移民主管部门经过深入调研，广泛征求意见和商榷，探索了将库区重要、重大移民工程项目返包给电站业主承建的管理模式，并在实践中取得了较好的效果，得到了省政府的认可，并作为移民工程管理的一项基本要求在库区推广实施。这种模式概括起来讲就是"地方政府管民生，电站业主管工程"的协作机制，具体来讲就是在移民工作中，地方政府及其有关部门要按照属地管理、县为基础的原则，把主要工作放在移民的搬迁安置上，把主要精力放在解决移民的民生问题上，集中精力做好移民搬迁安置工作，维护好库区社会稳定，而电站业主则充分发挥其在工程管理方面的技术优势和经验优势，承担起移民工程中的重大、重要关键项目的建设任务，以确保项目的投资、进度、质量及安全得到有效控制，确保这些项目的实施满足电站建设进度的要求。工程建设中涉及的征地拆迁等事宜，地方政府负责做好协调服务等工作，尽力提供良好的施工环境，促进项目顺利实施。

工程返包模式充分发挥了地方政府和电站业主各自的优势，避开了各自的不足，取长补短，扬长避短，符合新形势下移民工作的需要，达到"双赢"的目的。其好处：一是避免了长期以来在项目投资概算确定上的扯皮现象。由于项目由电站业主承担，项目投资也由电站业主负责包干，在项目审查时地方政府和电站业主都不再为投资问题争论不休，只要按照条例的规定确定好项目的标准和规模即可，减少了协调难度，加快了前期工作的进度。二是有利于电站业主合理安排电站建设工期。重要的移民工程由电站业主实施后，电站业主在安排建设工期时将会把这些项目的完成工期作为控制工期来考虑，避免了目前许多库区专业项目进度滞后于电站建设进度的状况，也减轻了地方政府的压力和负担，同时也避免了一些项目由于投资不足委托不出去的问题。三是有利于地方政府腾出更多的时间和精力来抓好移民的搬迁安置，把移民工作做深、做细，确保移民搬迁安置的进度和质量。按照以前的管理模式，由于库区大量的移民项目都由地方来抓，大量时间消耗在这些项目实施中的协调处理上，直接影响了移民的搬迁安置进度，一旦到了下闸蓄水的时间，只好采取应急措施，或强制搬迁或过度安置，容易激化库区矛盾。另外，在实际工作中，有的干部热衷于移民工程项目建设，对移民安置重视不够。实行这种模式后，回归了地方政府和移民部门的职能本位，把精力集中在抓好移民工作上。

6.2.4 创新移民安置实践模式

进入21世纪后，贵州省根据国家移民政策和形势发展需要，坚持从实际出发，坚持因地制宜和实事求是的原则，结合移民安置工作实践，不断探索和创新移民管理体制、运行机制和移民安置模式，创造了"大分散、小集中"、长期补偿与城镇化相结合的移民安置模式,以及专业项目返包代建机制和移民安置社会稳定风险评估机制等。

1. "大分散、小集中"移民安置模式

"大分散、小集中"的移民安置模式,这是贵州省从人地矛盾突出、耕地后备资源匮乏的实际出发,认真贯彻开发性移民方针,积极探索符合社会主义市场经济条件下的水库移民规律,综合权衡各种安置方式利弊后创造出来的安置模式。

"大分散、小集中"就是在政府的引导下,移民根据自己的意图因地制宜、宜散则散、宜聚则聚,自主选择安置地点,自行对接调剂土地,自行建(购)房的农业有土安置模式。移民户可3~5户或8~10户选择1个安置点(即小集中),但众多的安置点要分散插迁到水、电、路等条件相对较好的地方进行安置(即大分散);政府对安置点不统一规划,不统一进行基础设施建设。这种模式的特点表现在:"点多人少",即单个安置点的移民人数少,一般在10户左右,但各安置点分散插迁到不同的地方,充分体现了安置点大分散、移民户小集中的特点;科学定位移民与政府的角色,强调移民在搬迁安置过程中的主动性和积极性,增强其责任感;政府在其中主要起引导、指导、服务和协调的作用;政府不必对安置点进行统一规划、统一基础设施建设、统一划拨宅基地、统一征拨耕地,移民就近享用安置地的基础配套设施,减轻了政府的压力;安置点由移民自主选择,集中在一起的移民户也由移民自由组合;安置点选择范围扩大,移民有充分的选择余地;一般能结合小城镇建设在小城镇周边安置移民,移民既可务农,也可经商或农商结合,从而减轻移民安置工作的难度。

贵州"大分散、小集中"移民安置的效果具体表现在以下五个方面:

(1) 充分调动了移民的主观能动性,发挥了移民主人翁的作用。政府部门不再担任移民的"管家婆",安置地点、耕地对接、宅基地选择、房屋建造等事关移民生存和发展的大事,都由移民自己拿主意。为了确保自身利益的最大化,移民会自觉地多了解、多比较、多思考,能够科学、理性决策。移民主观能动性发挥得越充分,对安置结果就会越满意,安置效果也就会越好。政府部门从烦琐的干预性事务工作中解放出来以后,也能够专注于信息提供和协调工作,服务水平得到提高。

(2) 符合移民安置的一般规律,获得了较高的满意度。"大分散、小集中"安置方式,政府干预较少,因而移民拥有较大的自主权和选择权,可以根据自己的意愿和实际情况量力而行、择点而居,可满足移民不同层次的需求。这样不仅能摆脱移民对政府过强的依赖心理,也避免了强制搬迁或变相强制搬迁引发的矛盾,移民的满意度普遍较高。

(3) 适应了贵州耕地分布的特点,一定程度上提高了资源的利用率。农村二轮土地承包后,由于外出务工经商、子女升学就业、参军转干等多种原因,出现一些家庭人少地多、无力耕种的情况,有大量土地被闲置抛荒。"大分散、小集中"的安置方式则是充分利用了这些闲置资源。一方面化整为零,调剂富余土地实现了移民的有土安置,解决了征地难问题;另一方面盘活了土地资源,给转让土地的农民带来了资金收入,可谓"一举两得"。

(4) 为移民更好地融入当地社会提供了缓冲,促进了移民生产生活的恢复。"大分散、小集中"安置的移民,短期来看仍有几户移民聚集在一起,避免了过分分散造成的孤独感以及主观上被排斥感,为逐渐平稳地融入当地社会提供了平台。长期来看,小集中安置的几户移民相对于整个安置区来说人数少，比起集中安置的移民更容易淡化移民身份，淡化特殊公民意识，摆脱等、靠、要的依赖心理，有助于这部分移民长久地融入安置区的经济社会发展大环境中。

（5）一定程度上促进了库区的社会稳定。采取"大分散、小集中"方式安置移民对于一个安置点而言，移民所占的比例较小，可以及时纳入当地村民组织管理体系。同时，由于移民始终自主参与到决策、计划、搬迁到安置的整个过程中，会大大减少引起移民不满情绪的因素，便于维护库区的长治久安。

2."长期补偿"移民安置模式

长期补偿安置指在一定时期内以水利水电项目水库淹没耕地（含枢纽工程建设占地）的地类、面积与经核定的年产值为基础，由项目法人对其所有权人或法定承包人进行逐年补偿的移民安置方式。补偿时限从耕地被征占之年起到工程项目报废为止，项目存在一年补偿一年。长期补偿安置的基本特征主要体现在五个方面，即土地的物化性、补偿的动态性、补偿范围的唯一性、责任的无限性、目的的明确性。

贵州省水库移民长期补偿安置的主要模式有四种，即租赁模式、年产值补偿模式、实物补偿模式、实物补偿与年产值补偿相结合的模式。实施较多的是实物补偿与年产值补偿相结合的模式，这也是相对成熟的一种长期补偿安置模式。四种长期补偿模式的出现，分属于不同的历史时期，既表明了贵州社会经济不断进步和发展的变化过程，也体现了贵州长期补偿机制日益完善的发展历程。长期补偿机制是贵州省委、省政府和移民部门的首创。从2002年萌芽到2015年，经历了10多年的实践历程，大致可分为以下三个阶段。

（1）探索起步阶段（2002—2004年）。2002年，贵州黔东南州平松和龙王潭等小水电站，项目业主在与有关各方协商的基础上，与地方县级人民政府或村集体签订合同，通过采取租赁和土地入股形式，对电站水库淹没农田进行补偿和分红，有效解决了涉淹土地补偿和移民安置的矛盾，这为后期贵州省政府批准大中型水利水电工程项目试点实施长期补偿奠定了基础。

（2）调研试点阶段（2004—2007年）。2004年8月，原贵州省移民办组成调研组，在对小水电土地租赁和入股分红进行深入考察研究的基础上，于同年11月向省政府报送了《关于水电站建设征地实行土地资源租赁、入股，实施长期补偿情况的调研报告》。报告得到了省政府的充分肯定，按照省政府的批示，贵州省移民办随即展开试点确定工作。

（3）总结推广阶段（2007—2015年）。双河口水电站的长期补偿取得了非常好的效果，创造了移民、政府和业主都满意的多赢局面。针对新的形势和问题，贵州省移民部门决定扩大长期补偿的试点范围，由中型电站扩大到大型、特大型电站，由新建项目推进到正在实施移民搬迁安置的在建项目，由水电工程推进到有条件的水利工程，形成全方位、多元化的试点，以便获取更全面的信息，形成比较成熟的经验，这一思路得到了贵州省政府的认可，试点范围全面推开。2007—2008年，挂治、石垭子、托口（贵州库区）、白市等水电站相继纳入长期补偿试点范围，上尖坡、灰洞、冗各3座中型水电站按长期补偿方式开展移民安置规划设计。

移民长期补偿是在坚持"有土安置"的前提下，对原有移民安置方式的发展和创新。探索了失地移民多途径的补偿安置方式，创新了移民工作的路子。

主要做法是：电站业主按照"淹多少，补多少"的原则，根据水库淹没或征占耕地的种类、面积和权属关系，依据省政府批准公布确定的年亩产值核算，在电站的运行期内以货币或实物形式对移民逐年补偿。对耕地以外的其他征占用地仍按有关政策法规进行一次性补偿。电站运行期结束或报废停产后，通过土地整理的办法，还地于民，帮助移民恢复生产。

这种方式具有以下特征：一是土地的物化性。将电站征占农民的土地使用权、承包权以及土地的保障功能物化为物质利益获取权，让农民带着土地使用权利参与电站开发，体现土地市场价值时空上的弹性，保障土地非农化后农民对土地极差收益的分享，通过农民利益与电站经营效益的结合，让农民共享资源开发和电站建设成果。二是补偿的动态性。长期补偿根据物价、土地的产值变化而调整。如果调整后的补偿标准低于首次审定兑现的标准，仍按首次兑现的标准保底兑现。三是补偿范围的唯一性。水库淹没涉及移民的房屋、耕地、林地、园地等多方面的实物指标，但长期补偿的范围只限于耕地，其他实物指标仍按一次性补偿处理。这主要基于两方面的考虑：一方面，农业收入中种植业的收入占绝大部分，而种植业的收入主要通过耕地获得，对耕地实行长期补偿既不影响移民的长远生计，又易于操作；另一方面，能很好地与一次性安置模式相衔接，同时避免长期补偿范围过宽，费用过大，电站业主难以承受。四是责任的"无限性"。长期补偿与电站共存亡，使电站业主的责任由过去的"一锤子买卖"转变为长期利益关系，移民安置补偿责任由有限变为无限，与移民的利益关联更加紧密。五是目的的明确性。长期补偿的目的，就是化解人地矛盾，维护移民的长远生计，使移民的生存和发展有保障，确保库区和移民安置区长治久安，实现水电开发的可持续发展。

在总结试点经验的基础上，移民安置长期补偿工作在全省范围内由点向面成功扩展，促进了贵州全省移民安置方式由单一的有土安置为主向有土与长期补偿并重、多种方式并举转变，有效解决了移民的长远生计问题，破解了贵州人多地少的移民安置难题。

3. 城镇化移民安置模式

城镇化移民安置是相对于农村移民安置而言的，是一种城乡联动模式，是将农业和第二、第三产业安置结合起来的城乡联动安置模式，是一些经济较发达地区农村水库移民安置中应用性较强的一种模式，本质上是一种"无土、少土"的安置。这种安置模式是将水库农村移民迁建到城（集）镇或几个大村进行安置，形成一定人口规模，不调剂或调剂少量土地，移民不完全脱离土地，既可以进行农业生产以保证自身基本生活需求，也可以依托小城镇的发展及其区位优势谋生，从事第二、第三产业活动，实现收入增长的需求，逐步由农业向第二、第三产业转移，实现城镇化转变的安置方式。这种安置方式大大降低了因单纯的土地安置或离土安置带来的风险。

城镇化安置降低了土地对移民安置的制约，也为移民的长远发展提供了保障，是移民搬迁安置与城镇化战略实施的重要结合点。移民的城镇化安置以实现移民群体的城镇化和移民安置区的城镇化为目标。移民安置区凭借移民搬迁安置聚集的资金、人力资源以及政策支持推动城镇建设快速发展，又以土地分配和居住地安排为契机为集镇合理功能定位及产业结构调整创造了机会，为城镇的进一步发展奠定了基础；而发展的小城镇则为移民个体的发展提供了平台和环境，有助于移民早日融入城镇社会，实现由农民向市民的转变。

6.3 托口、白市阶段

2006年以来，以人为本、民生为重，上升为践行科学发展观、强化执政理念的核心内容和基本要求。国家和地方视移民安置工作为民生工程的重要组成部分，对移民安置的政策要素、政策空间、工作标准、工作程序、管理格局、管理环节等规律性问题进一步予以探索、提炼和规范。2006年7月，国务院重新发布了《大中型水利水电工程建设征地补偿和移民安置条例》（国务院令第471号）；2007年，国家发展和改革委员会根据"国务院令第471号"制定并颁布了《水电工程建设征地移民安置规划设计规范》（DL/T 5064—2007）等8个规范，水电工程建设征地移民安置工作进入一个新的阶段。

21世纪初至2022年建设的包括白市（2005—2013年）、托口（2005—2016年）、桃源（2010—2013年）、安江（2010—2012年）4个梯级水电站，共涉及搬迁安置移民7.6万人，为沅江流域工程建设及移民安置的第三个高峰；该阶段项目可行性研究阶段按水电行业《水电工程水库淹没处理规划设计规范》（DL/T 5064—1996）或水利行业《水利水电工程建设征地移民设计规范》（SL 290—2003）要求编制，实施阶段按水电行业《水电工程建设征地移民安置规划设计规范》（DL/T 5064—2007）或水利行业《水利水电工程建设征地移民安置规划设计规范》（SL 290—2009）及2006年《大中型水利水电工程建设征地补偿和移民安置条例》（国务院令第471号）要求进行移民安置规划实施。该阶段国家各项移民管理政策逐步完善，湖南、贵州2省相继发布了有关建设征地移民安置的政策文件，移民补偿补助标准大幅提高（如房屋按重置价补偿，土地按亩产值的16倍或片区价补偿等），同时实行开发性移民方针，重视水、电、路、文教卫等配套基础设施建设，强调以人为本，实现了"搬得出，稳得住，逐步能致富"的目标，生产安置方式多样化，长期实物补偿逐步替代传统的有土安置方式并取得成功。

6.3.1 移民政策法规趋于完善

在这一时期，移民安置实践见证了新老移民政策条例的更替，为相关政策的出台和完善提供了实践依据。2006年，国务院以国务院令第471号公布了《大中型水利水电工程建设征地补偿和移民安置条例》，标志着中国水库移民政策在新的历史条件下的成熟和完善，意义重大，影响深远，具有划时代的意义。

配套的《水电工程建设征地移民安置规划设计规范》（DL/T 5064—2007）、《水电工程建设征地处理范围界定规范》（DL/T 5376—2007）、《水电工程建设征地实物指标调查规范》（DL/T 5377—2007）、《水电工程农村移民安置规划设计规范》（DL/T 5378—2007）、《水电工程移民专业项目规划设计规范》（DL/T 5379—2007）、《水电工程移民安置城镇迁建规划设计规范》（DL/T 5380—2007）、《水电工程水库库底清理设计规范》（DL/T 5381—2007）、《水电工程建设征地移民安置补偿费用概（估）算编制规范》（DL/T 5382—2007）等也及时颁布执行。这一时期移民安置政策更强调以人为本，移民管理政策体系及规程规范基本完善，中国水库移民工作由此进入了一个全新的历史时期。

沅江流域范围内的湖南省和贵州省也相继颁布了《湖南省大中型水库移民条例》

(2002年11月发布)、《贵州省人民政府关于深入贯彻落实国务院大中型水库移民后期扶持政策的意见》(黔府发〔2007〕7号)、《贵州省人民政府关于进一步加强移民工作的意见》(黔府发〔2010〕12号)、《贵州省人民政府办公厅关于转发省移民局省财政厅贵州省水库移民后期扶持项目管理办法的通知》(黔府办发〔2011〕72号)等一系列移民政策法规。

6.3.2 移民安置取得新的成效

这一时期，新老移民政策交替并存，白市（2005—2013年）、托口（2005—2016年）、桃源（2010—2013年）、安江（2010—2012年）4个水电站移民搬迁工作基本完成。贯彻实施新的移民条例，处理好新老移民政策衔接，开展移民遗留问题处理和移民补偿投资概算调整工作，是这一时期贵州省移民工作的主要任务。

1. 政策依据和设计规范

这一时期移民专项法规主要是2006年国务院颁布实施的《大中型水利水电工程建设征地补偿和移民安置条例》（国务院令第471号）。同时国家和贵州省出台了《中华人民共和国耕地占用税暂行条例》《森林植被恢复费征收使用管理暂行办法》《贵州省征占用林地补偿费用管理办法》等相应的法律法规。

专项设计规范主要包括《水电工程建设征地移民安置规划设计规范》（DL/T 5064—2007）、《水电工程建设征地处理范围界定规范》（DL/T 5376—2007）、《水电工程建设征地实物指标调查规范》（DL/T 5377—2007）、《水电工程农村移民安置规划设计规范》（DL/T 5378—2007）、《水电工程移民专业项目规划设计规范》（DL/T 5379—2007）、《水电工程移民安置城镇迁建规划设计规范》（DL/T 5380—2007）、《水电工程水库库底清理设计规范》（DL/T 5381—2007）、《水电工程建设征地移民安置补偿费用概（估）算编制规范》（DL/T 5382—2007）等。这是配合国务院令第471号的实施而相应配套出台的水电行业移民设计规范。

为适应新时期新形势下移民工作的需要，湖南省和贵州省及其移民主管部门相继制定和出台了一系列办法，作为新时期湖南和贵州两省水库移民工作的重要纲领性文件。21世纪初之后，湖南省发布的重要政策包括2009年12月发布的《湖南省人民政府关于公布湖南省征地补偿标准的通知》（湘政发〔2009〕43号）及2012年12月发布的《湖南省人民政府关于调整湖南省征地补偿标准的通知》（湘政发〔2012〕46号），2014年10月发布的《湖南省人民政府办公厅关于印发〈湖南省大中型水库移民安置工作管理办法〉的通知》（湘政办发〔2014〕88号），2015年对"湘政发〔2010〕9号"修订后发布的《湖南省人民政府关于进一步加强大中型水库移民安置工作的意见》（湘政发〔2015〕47号）以及《湖南省大中型水库移民安置社会稳定风险评估管理办法》（湘移发〔2015〕16号）等重要政策法规。贵州省移民主管部门还配套制定和出台了一系列的办法，包括《贵州省水库移民后期扶持项目管理办法》《贵州省大中型水利水电工程移民安置社会风险评估暂行办法》《贵州省大中型水利水电工程移民安置验收管理暂行办法》《贵州省大中型水利水电工程移民安置建设项目管理暂行办法》《贵州省大中型水利水电工程移民前期工作管理暂行办法》《贵州省大中型水利水电工程移民安置监督评估管理暂行办法》《贵州省大中型水库移民后期扶持动态人口管理暂行办法》《贵州省移民信访工作管理暂行办法》《贵州省大中型水利水电工程移民规划实施稽查暂行办法》《贵州省移民系统政务信息公开指导意见》《关于加强大中型水利水电工程建设征地和移民安置结余资金使用管理的通知》等，标志着贵州省水库移民政策体系基本完成，移民工作走向程序化、规范化、制度化和科学化的轨道。

2. 补偿标准

土地补偿标准按《大中型水利水电工程建设征地补偿和移民安置条例》（国务院令第471号）调整提高土地补偿倍数，统一为16倍。

房屋补偿标准按《大中型水利水电工程建设征地补偿和移民安置条例》（国务院令第471号）和《水电工程建设征地移民安置规划设计规范》（DL/T 5064—2007）的要求测算，与同期建设的电站库区保持衔接。

3. 安置标准

移民配置耕地的标准根据安置地的实际确定，一般以不低于搬迁前的水平为限，以安置地的平均水平为基准，普遍为1.0～1.5亩。搬迁安置方面，人均用地面积一般为60～70m^2，用水标准为150L/（人·d）。集镇和安置点的建设标准结合《镇规划标准》（GB 50188—2007）确定。

专业项目复建标准，原则上按"三原"原则处理，并与相关行业标准和规划相衔接。

6.3.3 创新激励机制，促进移民搬迁

为促进移民搬迁，项目业主和地方政府创新奖励机制，如天柱县发布了《关于印发〈托口水电站库区搬迁激励措施〉的通知》（天移指办通〔2016〕3号），制定了临时安置费、拆房鼓励费、搬迁奖励费、提前长期实物补偿费等奖励措施，极大地推进了贵州库区移民搬迁进度，为托口水电站下闸蓄水扫清了最大障碍。

白市水电站移民搬迁安置过程中，项目业主将缴纳耕地占用税进度与移民搬迁进度挂钩，同时对按期完成移民搬迁任务的乡（镇）进行适当的奖励，极大地提高了地方政府及移民干部的工作积极性。

6.3.4 进一步创新移民安置实践模式

（1）城镇化安置移民显著增多。移民安置规划过程中，综合考虑国家当前的城镇化政策及当地社会经济发展情况，积极研究、探索城镇化安置移民，创新移民搬迁安置方式。托口水电站贵州库区搬迁安置人口7127人中，规划进集镇安置5840人，占81.9%，有效地提高了库区城镇化率。

（2）合理规划防护工程，有效减少淹没损失和社会矛盾。沅江干流水电站规划防护工程多，9个已建水电工程规划防护工程76处，既有农田防护工程，又有集镇防护工程、县城防护工程及居民点防护工程。防护工程减少了搬迁人口，保护了土地资源，又提高了移民搬迁积极性，减少了移民工作难度。

（3）实行集中联片供水。为保障移民供水保证率和供水质量，托口水电站规划集镇和周边村寨联片供水或多个村寨、集中居民点联片供水。

（4）建立高效的协调机制。各级政府各单位非常重视移民工作，形成了协调调度机制，及时有效地处理移民安置实施过程中出现的各种问题，并及时出具文字依据。如白市

水电站在2012—2014年移民安置实施高峰期由黔东南州移民局及项目法人组织召开调度会议30余次，均出具了会议纪要等相关文字依据，极大地推进了工程建设进度。

（5）"大分散、小集中"搬迁安置方式。白市水电站在移民安置规划期间，按照贵州省提出的"大分散、小集中"思路进行了移民安置搬迁规划工作，库区农村移民大多数采用分散安置结合少部分集中安置的模式。

（6）生产安置全面实行长期实物补偿安置。托口水电站工程开创了国内大中型水电工程农村移民生产安置实行长期实物补偿安置的先河，为同流域上下游梯级水电站的农村移民生产安置方式的确定或调整提供了直接参考依据，对国家在今后的大中型水电工程移民安置工作中探索多渠道安置移民具有重要的借鉴意义和参考意义。

（7）交通工程规划突破"三原"原则，极大地改善了当地的库周交通。托口水电站库区交通复建工程充分考虑了当地后续社会经济发展需要，交通基础设施规划比较完善，建设标准在原有标准的基础上进行了提高，提高标准部分增加的费用由地方政府进行分摊。

（8）重要专项工程实行项目法人返包建设。三板溪、白市、托口水电站库区9个移民集镇、绝大部分等级公路和重要桥梁等重要复建工程由项目法人五凌公司返包建设，极大地推进了工程建设进度，并有效地控制了投资，对后续水电工程类似项目建设具有重大的借鉴意义。

第 7 章
启示与展望

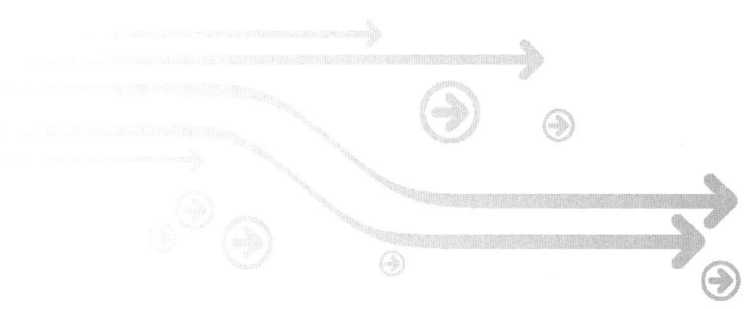

7.1 启示

7.1.1 深入研究长期实物补偿安置方式

从托口水电站开始，沅江干流三板溪、挂治、白市、安江、铜湾等水电站陆续采用长期实物补偿的方式进行生产安置，即改静态的一次性补偿为动态的长期逐年补偿。水电站业主对征地移民的耕地按法定的补偿标准，以谷物或者现金的形式对移民进行长期补偿，水电站运行一年补偿一年，直至水电站运行结束。这样的安置方式有利于提高移民的生活水平质量、带动区域经济发展，对维护库区的社会稳定具有重要的意义。然而，水利水电工程用地属于单独选址项目的土地征收范围，按照法律法规，征收单位应自征地补偿、安置方案批准之日起3个月内全额支付土地补偿费、安置补助费、青苗和地上附着物补偿费，现阶段长期实物补偿安置方式似乎缺乏法律依据。因此建议深入研究长期实物补偿安置方式，从国家层面进一步完善相关政策法规，为长期实物补偿安置方式提供法律依据。

7.1.2 正确处理移民安置工作与区域协调发展问题

在移民安置实施过程中，有些地方没有把移民安置和后期扶持工作纳入当地经济社会发展总体规划，对库区和移民安置区发展重视不够、投入不足，主要依靠移民专项资金"单打一"，移民群众没有充分分享区域经济社会发展成果。对这个问题，地方政府应正确处理好两者的关系，努力做到移民安置工作和区域发展"双赢"，避免"一荣一损"或"两败俱伤"。在移民安置工作中，地方政府应抓住工程建设的机遇，把工程建设、移民搬迁安置的投资作为加快贫困地区群众摆脱贫困、区域经济社会发展的助推剂，统筹各方面资源，妥善安置移民，实现工程建设、区域发展"双赢"；项目业主应切实担负起企业的社会责任，积极支持地方经济建设，实现建设一座工程、带动一方经济、改善一片环境、造福一批移民。在后期扶持工作中，地方政府应将移民后期扶持纳入当地区域经济社会发展的总体规划，整合资源，多渠道筹措资金，建立多部门合力促进库区和移民安置区经济平稳发展、基础设施完善、移民持续增收、社会和谐稳定的长效机制。

7.1.3 合理处理移民群众相关诉求与移民安置实施问题

（1）应该按照市场重置价计算房屋补偿标准。充分考虑移民建房价格影响因素，测算出合理的补偿单价，探索建立房屋补偿单价的动态调整机制。由于大中型水电项目建设周期长，移民分批搬迁建房，不同时期的建房成本不一样，所以必须客观公正地制定房屋补偿标准调整机制。

（2）因地制宜、依山就势，科学布局、合理规划选择移民安置点，避免大开大挖，节约投资成本。在规范允许的范围内,通过配置生产用地、公共设施用地等措施,解决移民群众对宅基地的需求与现行规范之间的矛盾。

(3)充分结合全面建成小康社会和社会主义新农村建设的要求,以发展的眼光进行规划设计安置区的功能配套建设。对一些与现行规范有冲突的基础设施建设进行技术性及经济性分析论证,提供可操作的投资分摊模式,使安置区水、电、路等功能配套措施能满足移民群众后续发展要求。

7.2 展望

沅江流域大多为贫困山区,少数民族分布较广,城镇化水平普遍较低。沅江流域梯级水电工程项目建设对流域内的发电、防洪、航运、旅游等方面都产生了重要的社会效益和综合效益。

由工程建设所带来的移民安置工作是一项系统性、政策性很强的工作,沅江流域内特殊的生态环境和社会环境给水库移民工作带来了诸多不利因素,但流域内各级移民工作者从地方实际出发,在水电工程安置过程中,因地制宜地不断探索和创新,并在政策的调整和完善中稳步推进,经过多年的移民安置实践,在取得良好成绩的同时,随着水利水电工程建设日益增多,因地域性差距、政策性不一、移民群体的差异性等因素,水库移民的安置工作还面临着诸多的挑战。根据新型政策要求,需要从理论和实践中深入研究,创新水电工程移民安置的各项工作方式。

7.2.1 进一步研究大中型水电工程税费优惠政策

近年来,随着国家对库区移民越加重视,移民自身的诉求逐渐增多,水电工程中的移民投资占总投资的比例逐年增加,而与此同时,移民投资中的税费比例也在不断提高,如:五强溪水电站的移民投资(1992年)为15亿元,其中税费为0.7亿元,税费占投资比例为4.6%;三板溪水电站移民投资(2002年)为28亿元,其中税费为0.9亿元,税费占移民投资比例为3.2%;白市水电站的移民投资(2013年)为38亿元,其中税费为7.4亿元,税费占移民投资比例为19.5%;托口水电站的移民投资(2014年)为60亿元,其中税费为6.9亿元,税费占移民投资比例为11.5%。移民投资中税费比例的不断提高,导致水电站业主投资压力较大,回报周期较长,而移民并没有从中获得实际利益,因此建议在制定税费标准时可对大中型水电项目的税费提供一定的优惠政策,减小水电站业主投资风险,同时建议部分税费可直接发放到地方,用于促进移民生产生活,让移民共享实惠,从而减少移民矛盾,带动地方经济发展,实现水电站与地方共同繁荣。

7.2.2 进一步研究解决移民再就业问题

在沅江流域早期水库(如五强溪、凌津滩、洪江等)建设中,虽然通过前期补偿补助、后期扶持等各种方式安置移民,但移民贫困的现象仍然较为突出。很多移民"等、靠、要"的思想根深蒂固,认为自己为支持国家建设作出了巨大牺牲,认定国家会在经济上给予足够的补偿,从而对政府产生强烈的依附心理,加之搬迁后无法适应新的生活模式和环境，导致移民再就业不积极，移民后期扶持困难重重。

从托口水电站开始，沅江干流的三板溪、挂治、白市等水电站陆续采用长期实物补偿的方式进行生产安置后，库区移民产生了大量的剩余劳动力，如不注意引导分流则可能会产生一定的社会问题。

因此建议在解决移民就业问题上，可加大人力资源开发力度，提高移民适应社会、适应市场竞争的能力，妥善安置移民，让移民真正意义上走上"住得下、有发展、能致富"的道路。

7.2.3 进一步研究优化移民工作管理体制

如何优化移民工作管理体制的问题，已经成为制约移民工作科学发展的瓶颈，主要表现在以下三个方面：

（1）水利水电工程移民工作仍没有统一的行政管理主体，多头管理、政出多门，容易导致不同时期、不同类型工程或同一工程不同地区的移民政策不统一、补偿标准不一致，从而形成攀比。

（2）移民安置工作中仍存在参与各方责、权不清问题，如项目业主与地方政府之间，省级水行政主管部门与省级移民管理机构之间，以及省、市、县政府和移民管理机构之间在移民安置工作中的责、权、利关系还没有理顺。

（3）一些地方政府和部门在移民安置工作中，仍存在重前期审批、轻实施监管的问题，导致移民安置规划深度不够、可操作性不强，在实施过程中变更频繁、投资超出概算等。

对于这个问题，有关部门和地方应转变政府职能，创新管理方式，理清各方职责，强化监督管理；应进一步理顺移民工作管理体制，统一水利水电工程移民政策标准，完善前期审批审核机制，健全监督管理制度；应建立水利水电工程移民安置政策协商机制，衔接水利水电工程移民安置的相关政策、技术标准等，保持移民政策的连续性、平衡性和稳定性。

参 考 文 献

[1] 谢顺富. 青山流水不忘情——全省地市和省直单位对口支援沅陵移民纪实 [J]. 新湘评论, 1998 (8): 19.
[2] 李瑞师. 沅水流域水利资源的开发及其思考 [J]. 华中电力, 1995, 8 (6): 1-5.
[3] 王应政. 贵州水库建设与少数民族传统文化保护——以三板溪水库为例 [J]. 贵州民族研究, 2011, 32 (140): 55-59.
[4] 舒志寿. 五强溪水库移民工作进展与体会 [J]. 中南水利发电, 1995 (4): 31-33.
[5] 许源源, 张艳. 移民资源、权利、贫困与安置区发展——基于五强溪库区就地后靠安置移民的调查 [J]. 中国改革热点与难点, 2014, 24 (4): 37-43.
[6] 杨平, 赵迪华, 叶正飞. 等. 关于托口水电站移民安置创新措施及实施效果的探讨 [J]. 经济与管理, 2019 (11): 148-149.

附录

附录A 主要案例清单

序号	案例名称	案例特点	所在章节
一	淹没影响范围界定典型案例		
	五强溪水电站库区回水末端处理	五强溪水电站1986年开展淹没影响实物指标调查时，根据1985年2月1日开始试行的《水利水电工程水库淹没处理设计规范》（SD 130—84）中"水库回水末端的终点位置可按回水曲线高于同频率洪水天然水面线0.1～0.3m范围内分析确定"的规定确定淹没范围，因1996年的特大洪水，使五强溪水电站淹没尖灭点上游较低的地方多次受淹，政府多次行文要求对水库回水末端的处理方式重新进行研究，并强烈要求将位于水库回水末端水平延伸线以下的实物指标列入五强溪水库淹没影响范围。中南院开展了水库回水末端处理方式的研究，推进《水电工程水库淹没处理规划设计规范》（DL/T 5064—1996）关于水库回水末端水平延伸的规定的研究出台	第2章 第2.2.1节
二	移民安置方案典型案例		
	五强溪水电站移民生产安置典型案例	五强溪水电工程建设征地影响搬迁人口多、涉及耕地、园地资源多，移民安置任务重；库区周边后备资源有限，移民环境容量偏紧，移民安置难度大，因此，五强溪水电站农村移民生产安置方案在传统有土安置的基础上，初步探索了养殖业安置、第二、第三产业安置［乡（镇）企业安置］，带资进厂安置，农转非安置等多种方式。五强溪水电站生产安置规划通过种植业开发（果茶发展，林业生产及新开耕地、农田防护、浅淹耕地改造及低产田改造等粮食蔬菜生产措施）安置移民32820人；通过库汊养鱼、网箱养鱼、鱼种鱼苗规划、畜禽生产等养殖业安置移民5527人；规划发展乡（镇）企业97项，安置移民8254人；规划带资进厂安置移民3045人；省、地招工安置移民2742人；积极支持外迁，并解决"农转非"户口，外迁投亲靠友，安置移民4316人	第2章 第2.2.1节
	托口水电站生产安置典型案例	托口水电站湖南部分农村移民生产安置方式确定为征收的全部水田和可调整园地采用实物补偿，征收的旱地和其他园地通过投入产出等价关系采用耕地、园地或自谋职业安置等方式补足。贵州库区农村移民生产安置方式由可行性研究阶段的"以土安置为主"变更为"长期实物补偿结合多种方式安置"，实物补偿范围为建设征地区征收的耕地，建设征地区征收的园地进行一次性补偿	第2章 第2.2.3节

续表

序号	案例名称	案例特点	所在章节
三	防护工程典型案例		
1	五强溪水电站浦市镇防护工程	浦市镇位于沅江左岸五强溪水库回水末端，为湘西三大镇之一，是湖南省泸溪县的工业重镇，也是沅江中游地区的贸易中心。该镇是一个以工业为主，兼有农业、建筑业、交通运输业、商业、饮食服务业的综合经济结构的城镇，有浦市化工总厂、氮肥厂、耐火材料厂、水泥厂等一批骨干企业。根据1994年4月对浦市镇城区的测量调查，浦市镇城区受五强溪水库20年一遇洪水回水（考虑泥沙淤积10年）淹没影响的人口为13770人、房屋面积36.6万 m^2，并影响到浦市化工总厂的3个车间。根据五强溪水库淹没补偿投资调整概算审查会精神和湖南省政府对浦市镇"疏堵结合，以防为主，适当搬迁，综合治理"的指示精神，受原湖南省移民安置领导小组办公室的委托，中南院对浦市镇防护工程进行了可行性研究，并于1995年9月提出了《湖南省泸溪县浦市镇防护工程可行性研究报告》	第2章 第2.3.5节
2	白市水电站锦屏县城防护工程	锦屏县位于贵州省东南部，黔东南州东部，东邻湖南靖州县，南接黎平，西接剑河，北抵天柱。县城位于县域东北部的支流六洞河与干流清水江汇合处的阶地上，清水江穿城而过。锦屏县城辖风雨桥、码头、步行街、飞山4个居民委员会，以及分布在县城城郊的赤溪坪、排洞、龙塘3个农业村，建成区建设用地高程范围302.00～400.00m，主要用地在高程320.00m以下。白市水电站水库20年一遇洪水回水淹没涉及锦屏县县城局部地段，淹没区主要在城区沿江一带较低洼的地段，分别是清水江左岸清江大桥到小江桥地段的老城区、客货运码头及农贸市场一带；清水江左岸与六洞河右岸的赤溪坪片区的沿江低洼地段；清水江右岸排洞村片区及红星桥地段；清水江左岸飞山庙以下沿江零星分布。根据实物指标复核成果，规划基准年2004锦屏县城淹没影响人口2559人，淹没影响各类房屋面积约13.8万 m^2。锦屏县城规划修建防护堤6段，总长2230.5m，防护工程主要是采取修筑防洪墙、墙内侧低洼地段填土至设计高程的处理措施，防洪标准为20年一遇（$P=5\%$）。防洪墙断面形式为衡重式，采用M10浆砌块石结构	第2章 第2.3.5节
3	白市水电站三门塘防护工程	三门塘村是沅江上游清水江边一个古老的侗族村寨，位于白市水电站库区天柱县坌处镇，该村是贵州省著名的侗族四十八寨之一。三门塘村历史悠久，古建筑风貌特别，石文化、树文化、水文化、侗族风情浓厚。村中有两座造型别致的家祠，分别是刘氏宗祠和王姓宗祠。白市水电站建成后，三门塘村刘氏宗祠和部分古民居位于淹没线以下，为减少淹没损失，保护此文物古迹和历史文化遗产，规划对三门塘村进行防护。三门塘防护工程主要是通过工程措施将整个村寨的防护达到"外防清水江河水和山溪洪水，内排防护区涝水"的目的，通过分析论证，合理确定防洪标准，从而有效提高抵御洪水的能力，最终实现三门塘的防洪保安。防护工程主要建筑物由"1堤、1渠、1泵"组成，即三门塘防洪堤、撇洪渠、排涝泵站等	第2章 第2.3.5节

续表

序号	案例名称	案例特点	所在章节
4	洪江水电站黔阳古城防护工程	黔阳古城位于沅江上游的省级历史文化名城洪江市黔城镇，是唐代"诗家天子"王昌龄的谪贬地。黔阳古城是全国保存最为完好的明清古城之一，三面环水，是湘楚苗地边陲重镇，素有"滇黔门户"和"湘西第一古镇"之称，比云南丽江大研古镇早1400年，较湖南省的凤凰古城早900年，各种文化在这里交融。"洛阳亲友如相问，一片冰心在玉壶"的经典诗句就是王昌龄写就于该古城的芙蓉楼前。洪江水电站建成后，黔阳古城部分古建筑位于洪江水电站淹没线以下，淹没深度一般为1.0~4.0m，为减少淹没损失，保护黔阳古城文物古迹和历史文化遗产，规划对黔城镇进行防护。 根据中南院完成的建设征地移民安置规划设计成果，黔城镇防洪堤线总长1.26km，堤顶宽度6.5m，堤顶高程195.00m，最大堤身高度约6m	第2章 第2.3.5节
四	专业项目迁改投资分摊典型案例		
1	托口水电站湖南库区交通工程投资分摊	根据《关于托口水电站建设和移民工作有关问题的会议纪要》（湘府阁〔2009〕122号）和《关于托口水电站移民工作有关问题的会议纪要》（湘移阁〔2010〕1号）有关要求，库周公路由中南院按照国家规定和怀化市人民政府《关于托口水电站库区公路复建设计标准建议的函》（怀政函〔2010〕22号）中建议的县乡公路和通畅公路标准进行设计，超出可行性研究报告确定的公路设计标准差额预算投资采取多渠道筹措。因此，实施规划按怀政函〔2010〕22号中建议的道路标准对托口水电站湖南部分等外道路进行了设计，并对超出可行性研究报告确定的道路设计标准差额预算投资进行了测算。测算方法简述如下：测算分摊费用时不考虑道路等级提高后道路线形变好对投资的影响，主要考虑路基加宽、路面等级提高及路面加宽对投资的影响两部分。路基加宽部分增加投资，按提高标准前后路基宽度比例进行投资测算；路面等级提高及路面加宽部分增加投资，按水泥混凝土路面与泥结碎石路面差价计算	第2章 第2.3.6节

附录B 主要政策文件清单

序号	层级	法律政策属性	法律政策名称
一	国家		
(一)		国家法律	
1			《中华人民共和国宪法》
2			《中华人民共和国土地管理法》
3			《中华人民共和国水法》
4			《中华人民共和国农村土地承包法》
5			《中华人民共和国环境保护法》
6			《中华人民共和国森林法》
7			《中华人民共和国矿产资源法》
8			《中华人民共和国城市规划法》
9			《中华人民共和国城乡规划法》
10			《中华人民共和国文物保护法》
(二)		行政法规	
1			《国家建设征用土地办法》(1958年)
2			《国家建设征用土地条例》(1982年)
3			《大中型水利水电工程建设征地补偿和移民安置条例》(国务院令第74号)1991年
4			《大中型水利水电工程建设征地补偿和移民安置条例》(国务院令第471号)2006年
5			《中华人民共和国土地管理法实施条例》
6			《村庄和集镇规划建设管理条例》
7			《基本农田保护条例》等
(三)		国务院及部门文件	
1			《关于抓紧处理水库移民问题的报告》(国办〔1986〕56号)
2			《关于加强水库淹没处理前期工作的通知》(水规规〔1991〕67号)
3			《国务院批转国家计委关于加强水库移民工作若干意见的通知》(国发〔1992〕20号)
4			《关于设立水电站和水库库区后期扶持基金的通知》(计建设〔1996〕526号)
5			《水利水电工程水库移民遗留问题处理项目管理办法》(移办〔1996〕20号)
6			《库区建设基金项目管理办法》(水移〔1999〕113号)
7			《关于水利水电工程建设用地有关问题的通知》(国土资发(2001)355号)

续表

序号	层级	法律政策属性	法律政策名称
8			《国家计委关于印发水电工程建设征地移民工作暂行管理办法的通知》（计基础〔2002〕2623号）
9			《关于加快解决中央直属水库移民遗留问题的若干意见》（国办发〔2002〕3号）
10			《中央直属水库移民遗留问题处理规划实施管理办法》（水移〔2003〕113号）
11			《国务院关于深化改革严格土地管理的决定》（国发〔2004〕28号）
12			《国务院关于完善大中型水库移民后期扶持政策的意见》（国发〔2006〕17号）等
（四）		行业规程规范	
1			《水利水电工程水库淹没处理设计规范》（SD 130—84）（原水利电力部）
2			《水利水电工程水库淹没实物指标调查细则》（〔86〕水规规字第77号）
3			《水电工程水库淹没处理规划设计规范》（DL/T 5064—1996）（1996年原电力工业部发布）
4			《关于在建水电工程水库移民安置规划及补偿投资概算调整的规定》（电水规〔1998〕101号）
5			《水电工程设计概算编制办法及计算标准》（国家经济贸易委员会2002年第78号）
6			《水利水电工程建设征地移民设计规范》（SL 290—2003）
7			《水电工程建设征地移民安置规划设计规范》（DL/T 5064—2007）
8			《水电工程建设征地处理范围界定规范》（DL/T 5376—2007）
9			《水电工程建设征地实物指标调查规范》（DL/T 5377—2007）
10			《水电工程农村移民安置规划设计规范》（DL/T 5378—2007）
11			《水电工程移民专业项目规划设计规范》（DL/T 5379—2007）
12			《水电工程移民安置城镇迁建规划设计规范》（DL/T 5380—2007）
13			《水电工程水库库底清理设计规范》（DL/T 5381—2007）
14			《水电工程建设征地移民安置补偿费用概（估）算编制规范》（DL/T 5382—2007）
15			《水利水电工程建设征地移民安置规划设计规范》（SL 290—2009）
16			《水利水电工程建设农村移民安置规划设计规范》（SL 440—2009）
17			《水利水电工程建设征地移民实物调查规范》（SL 442—2009）
18			《水利水电工程建设征地移民安置规划大纲编制导则》（SL 441—2009）
19			《水电工程建设征地移民安置验收规程》（NB/T 35013—2013）
20			《土地利用现状分类》（GB/T 21010—2007）
21			《村镇规划标准》（GB 50188—93）
22			《镇规划标准》（GB 50188—2007）等
二	湖南省		
（一）		地方法规	
1			《湖南省大中型水库移民条例》（2002年11月发布，2008年7月修订）
2			《湖南省基本农田保护条例》（1995年4月施行，2000年5月修订）

续表

序号	层级	法律政策属性	法律政策名称
3			《湖南省林业条例》
4			《湖南省环境保护条例》
(二)		省政府及相关部门配套文件	
1			《湖南省土地管理实施办法》(湖南省 1987 年 5 月颁布)
2			《湖南省实施〈中华人民共和国土地管理法〉办法》(2000 年 3 月施行)
3			《湖南省人民政府关于深化改革严格土地管理的意见》(湘政发〔2005〕4 号)
4			《湖南省人民政府关于公布湖南省征地补偿标准的通知》(湘政发〔2009〕43 号)
5			《湖南省人民政府关于加强大中型水库移民安置工作的意见》(湘政发〔2010〕9 号)
6			《湖南省人民政府办公厅关于印发〈湖南省大中型水库移民安置工作管理暂行办法〉的通知》(湘政办发〔2011〕78 号)
7			《湖南省大中型水库移民安置工程建设项目管理暂行办法》(湘移发〔2012〕10 号)
8			《湖南省大中型水库移民安置社会稳定风险评估暂行办法》(湘移发〔2012〕11 号)
9			《湖南省人民政府关于调整湖南省征地补偿标准的通知》(湘政发〔2012〕46 号)
10			《湖南省人民政府办公厅关于印发〈湖南省大中型水库移民安置工作管理办法〉的通知》(湘政办发〔2014〕88 号)
11			《湖南省大中型水库移民安置验收管理办法》(湘移发〔2015〕13 号)
12			《湖南省大中型水库移民安置社会稳定风险评估管理办法》(湘移发〔2015〕16 号)
13			《湖南省人民政府关于进一步加强大中型水库移民安置工作的意见》(湘政发〔2015〕47 号)
(三)		市、县及相关部门配套文件	
1			《洪江电站库区移民生产开发若干规定》(2002 年 4 月)
2			《洪江市水库移民资金管理办法》(2005 年 5 月)
三	贵州省		
(一)		地方法规	
1			《贵州省土地管理条例》(2001 年 1 月施行，2010 年 9 月修正，2015 年 7 月二次修正)
2			《贵州省基本农田保护条例》(1997 年 7 月施行，1999 年 9 月修正)
3			《贵州省森林条例》(2000 年 4 月施行，2004 年 5 月修订，2010 年 9 月二次修订，2015 年 7 月三次修订)
4			《贵州省林地管理条例》(2004 年 1 月施行)
5			《贵州省招标投标条例》(2002 年 2 月施行，2004 年 5 月修正)
6			《贵州省信访条例》(2006 年 11 月施行)
7			《贵州省环境保护条例》(2009 年 6 月施行) 等
(二)		省政府及相关部门配套文件	
1			《贵州省大中型水电工程水库移民安置实施管理试行办法》(黔移办发〔2001〕006 号)

续表

序号	层级	法律政策属性	法律政策名称
2			《贵州省在建大中型水电站水库移民专项资金会计核算的规定（试行）》（黔移办发〔2001〕16号）
3			《中共贵州省委办公厅贵州省人民政府办公厅关于进一步加强全省大中型水电工程移民工作有关问题的通知》（黔党办〔2001〕20号）
4			《贵州省移民开发办公室关于全省新建大中型水电工程移民生产安置调控费提取等有关问题的通知》（黔移办发〔2002〕35号）
5			《贵州省大中型水电工程移民安置实施规划设计编制操作规程（试行）》（黔移办发〔2002〕51号）
6			《贵州省人民政府办公厅关于印发贵州省大中型水电工程移民资金审计办法的通知》（黔府办发〔2002〕53号）
7			《省人民政府办公厅关于加强大中型水电工程移民跨县外迁安置和自谋职业无土安置管理的通知》（黔府办发〔2003〕12号）
8			《中共贵州省委、贵州省人民政府关于加大全省大中型水电工程移民后期扶持工作力度的意见》（黔党发〔2004〕17号）
9			《省人民政府关于加强重点建设项目征地管理工作的通知》（黔府发〔2004〕5号）
10			《贵州省移民开发办关于印发贵州省实施中央直属水库移民遗留问题处理规划实施管理办法细则的通知》（黔移办发〔2004〕9号）
11			《贵州省大中型水电工程移民机构工作经费会计核算办法》（黔移办发〔2005〕9号）
12			《省人民政府关于深化改革严格土地管理的实施意见》（黔府发〔2005〕17号）
13			《省发改委省移民办关于调整我省大中型水电工程移民房屋补偿标准的实施意见》（黔移办发〔2005〕19号）
14			《贵州省大中型水电工程移民安置建设项目管理办法》（黔移办发〔2005〕23号）
15			《贵州省移民开发办关于移民资金管理工作进行考评的通知》（黔移办发〔2005〕32号）
16			《省人民政府办公厅关于调整我省大中型水电工程移民房屋补偿标准的通知》（黔府办发〔2005〕77号）
17			《省人民政府办公厅转发省国土资源厅关于开展制订征地统一年产值标准和征地区片综合地价工作实施意见的通知》（黔府办发〔2005〕88号）
18			《贵州省移民资金管理工作考评办法（试行）》（2005年）
19			《贵州省人民政府办公厅关于调整全省在建大中型水电工程移民补偿投资概算有关问题的通知》（黔府办发〔2006〕125号）
20			《关于转发大中型水库移民后期扶持规划编制工作大纲的通知》（黔府办发电〔2006〕172号）

续表

序号	层级	法律政策属性	法律政策名称
21			《大中型水库农村移民后期扶持人口核定登记工作意见》的通知（黔移办发〔2007〕4号）
22			《贵州省大中型水库移民后期扶持方式确定办法》（黔移办发〔2007〕5号）
23			《贵州省人民政府关于深入贯彻落实国务院大中型水库移民后期扶持政策的意见》（黔府发〔2007〕7号）
24			《省人民政府关于加强水能资源和水电开发利用管理的意见》（黔府发〔2007〕9号）
25			《贵州省大中型水库移民后期扶持项目管理暂行办法》（黔移办发〔2007〕11号）
26			《省人民政府办公厅关于全面建立农村居民最低生活保障制度有关问题的通知》（黔府办发〔2007〕57号）
27			《贵州省大中型水库移民后期扶持资金使用管理暂行办法》（黔财企〔2007〕19号）
28			《关于中小型水库移民后期扶持资金征收解缴等有关问题的通知》（黔价格〔2007〕19号）
29			《省移民办、水利厅、农办（扶贫办）、农业厅关于加强大中型水库移民劳动力转移和生产实用技术培训工作的通知》（黔移办发〔2007〕34号）
30			《省人民政府办公厅关于移民示范新村建设有关问题的通知》（黔府办发〔2007〕105号）
31			《省人民政府办公厅转发省劳动保障厅关于做好被征地农民就业培训和社会保障工作意见的通知》（黔府办发〔2007〕126号）
32			《省人民政府办公厅关于认真解决当前移民搬迁安置工作中存在问题的紧急通知》（黔府办发电〔2007〕196号）
33			《关于编制全省大中型水库库区和移民安置区基础设施建设和经济发展规划的指导意见》（黔发改能源〔2007〕672号）
34			《关于对符合易地扶贫政策的大中型水库后靠移民实施易地扶贫搬迁的通知》（黔发改代赈〔2007〕1998号）
35			《关于做好移民后期扶持常态化工作的通知》（黔移办发〔2009〕1号）
36			《贵州省人民政府关于进一步加强移民工作的意见》（黔府发〔2010〕12号）
37			《关于进一步规范新建大中型水库农村移民后期扶持人口核定工作的通知》（黔移发〔2010〕18号）
38			《关于进一步核对符合库区基金征收条件大中型水库和水电站基本情况的通知》（黔移发〔2010〕19号）
39			《贵州省大中型水利水电工程移民安置社会稳定风险评估暂行办法》（黔移发〔2011〕22号）
40			《关于进一步做好被征地农民就业和社会保障工作的意见》（黔府发〔2011〕26号）
41			《贵州省大中型水利水电工程移民安置建设项目管理暂行办法》（黔移发〔2011〕38号）
42			《贵州省大中型水利水电工程移民安置验收管理暂行办法》（黔移发〔2011〕39号）
43			《贵州省大中型水利水电工程移民规划实施稽查暂行办法》（黔移发〔2011〕40号）

续表

序号	层级	法律政策属性	法律政策名称
44			《贵州省大中型水利水电工程移民安置监督评估管理暂行办法》（黔移发〔2011〕41号）
45			《关于开展水库移民后期扶持政策实施情况监测评估的通知》（黔移发〔2011〕44号）
46			《贵州省大中型水利水电工程移民前期工作管理暂行办法》（黔移发〔2011〕45号）
47			《贵州省大中型水库移民后期扶持人口动态管理暂行办法》（黔移发〔2011〕47号）
48			《省人民政府办公厅关于转发省移民局省财政厅贵州省水库移民后期扶持项目管理办法的通知》（黔府办发〔2011〕72号）
49			《关于设立大中型水库移民后期扶持政策实施固定监测点的通知》（黔移发〔2012〕7号）
50			《关于进一步做好水库移民示范新村建设"整村推进"工作的通知》（黔移发〔2012〕18号）
51			《关于进一步规范监测评估固定监测点有关工作的通知》（黔移发〔2012〕52号）
52			《贵州省大中型水利水电工程移民资金计划管理暂行办法》（黔移发〔2012〕60号）
53			《关于进一步做好水利水电工程移民城镇化安置的意见》（黔移发〔2013〕31号）
54			《关于做好扶贫生态移民工程就业和社会保障工作的通知》（黔人社厅通〔2013〕309号）
55			《关于加强大中型水利水电工程建设征地和移民安置结余资金使用管理的通知》（黔移发〔2011〕49号）
（三）			市、县及相关部门配套文件
			《三板溪水电站移民生产安置实施办法（试行）》（2002年10月）

附录 C 重 大 事 项 清 单

项目	时间	重 大 事 项
三板溪水电站	2001年2月	中南院完成补充可行性研究阶段水库淹没实物指标调查
	2001年5月	贵州省政府办公厅下达停建令
	2001年11月	中国水电工程顾问集团有限公司审查《清水江三板溪水电站库区农村移民安置实施规划设计专题报告》
	2002年6月	施工区移民搬迁安置工作基本结束
	2003年8月	360m以下的移民搬迁安置通过验收
	2003年10月	黔东南州移民局审定《清水江三板溪水电站库区农村移民安置实施规划设计专题报告》
	2004年4月	完成390m线下度汛移民搬迁
	2005年12月	完成460m以下蓄水验收
	2004年8月	国家环境保护总局环境工程评估中心评估通过《沅水三板溪水电站移民安置环境影响评价大纲》
	2006年9月	国家环境保护总局批复同意《沅水三板溪水电站移民安置环境影响报告书》
	2008年7月	贵州省移民办与省发展和改革委员会组织完成460~475m移民搬迁验收
	2009年3月	国家电力投资集团有限公司批复项目调整概算（《关于调增三板溪水电站等项目送出工程及移民投资概算的批复》）（中电投工程〔2009〕72号）
	2020年8月	完成移民项目资金清理
白市水电站	2003年10月	《天柱水电站可行性研究报告水库淹没处理规划设计大纲》《清水江天柱水电站水库淹没实物调查细则》通过审查。（2004年正式更名为白市水电站）
	2003年11月	发布电站封库令
	2003年12月	白市水电站施工区开展实物指标调查；2004年2月白市水电站库区淹没实物指标调查开始，4月完成实物指标调查
	2005年3月	《清水江白市水电站可行性研究报告建设征地和移民安置规划设计专题报告》（贵州部分、湖南部分）分别通过审查
	2010年8月	坌处集镇场平通过阶段性验收移交地方政府建房
	2011年1月	白市镇民建集镇场坪通过阶段性验收，移交建房
	2011年5月	远口集镇场坪通过阶段性验收移交地方政府
	2011年7月	《贵州省清水江白市水电站移民安置实施阶段库区建设征地移民安置规划设计专题报告》（贵州部分）通过审查
	2011年7月	《贵州省清水江白市水电站移民安置实施阶段锦屏县库区实物指标复核调查报告》《贵州省清水江白市水电站移民安置实施阶段天柱县库区实物指标复核调查报告》通过审查

续表

项目	时间	重大事项
白市水电站	2011年12月	《白市水电站移民安置实施阶段湖南省会同库区建设征地移民安置规划设计专题报告》《贵州省清水江白市水电站移民安置实施阶段湖南省会同库区实物指标复核调查报告》通过审查
	2012年12月	湖南库区通过291m以下初期蓄水验收
	2013年1月	贵州库区通过291m以下初期蓄水验收
	2013年2月	正式下闸蓄水
	2014年7月	通过白市水电站建设征地（贵州部分）移民安置工作专项验收
	2014年5月	通过湖南库区正常蓄水位验收
	2014年8月	2014年8月，通过贵州库区正常蓄水位验收
	2015年1月	2015年1月，达到正常蓄水位
托口水电站	湖南部分	
	2003—2004年	湖南省人民政府及洪江、会同、芷江三县（市）库区分别下达托口水电站封库令
	2003年11月	水电水利规划设计总院审查了《托口水电站可行性研究报告建设征地移民安置规划设计大纲》
	2004年3月	设计单位形成《托口水电站实物指标调查细则》并通过审定
	2006年4月	湖南省人民政府批复同意《托口水电站建设征地移民安置规划设计大纲》
	2006年6月	湖南省水库移民开发管理局批复同意《托口水电站可行性研究报告建设征地移民安置规划设计报告》
	2012年5月	湖南省水库移民开发管理局批复同意《托口水电站建设征地移民安置规划设计报告》
	2013年12月	完成235m淹没线下移民搬迁安置及库底清理验收
	2016年5月	水电水利规划设计总院会同湖南省水库移民开发管理局审定《托口水电站建设征地移民安置补充规划设计报告》
	2016年8月	完成250m淹没线下移民搬迁安置及库底清理验收
	2018年6月	水电水利规划设计总院会同湖南省水库移民开发管理局审定《托口水电站移民安置实施阶段湖南部分后续问题处理报告》
	2019年7月	水电水利规划设计总院会同湖南省水库移民开发管理局审定《托口水电站湖南部分建设征地移民安置补偿费用调整报告》，核发审查意见
	贵州部分	
	2003年11月	黔东南州人民政府下达天柱县库区封库令，2007年12月，贵州省人民政府下达确认封库令
	2006年10月	水电水利规划设计总院会同贵州省移民局审定《托口水电站贵州部分可行性研究阶段建设征地移民安置规划设计报告》
	2012年5月	黔东南州移民局批复同意《托口水电站贵州部分建设征地移民安置实施规划大纲》
	2013年10月	贵州省移民局批复同意《托口水电站贵州库区工程建设征地移民安置实施规划报设计报告》
	2016年7月	完成250m淹没线下移民搬迁安置及库底清理验收
	2018年6月	水电水利规划设计总院会同贵州省移民局审定《托口水电站移民安置实施阶段贵州部分建设征地移民安置补充规划设计专题报告》

续表

项目	时间	重大事项
托口水电站	2018年7月	贵州省水库和生态移民局批复《托口水电站移民安置实施阶段贵州部分建设征地移民安置补充规划设计专题报告》
	2019年7月	水电水利规划设计总院会同贵州省移民局审定《托口水电站贵州部分建设征地移民安置补偿费用调整报告》，核发审查意见
	洪江水电站	
	1996年8月	编制完成《洪江水电站可行性研究报告水库淹没处理规划及工程永久占地专题报告》并通过湖南省移民局组织的审查
	1997年1月	编制完成《洪江水电站可行性研究阶段水库淹没处理补偿投资概算调整说明》
	1998年4月	编制完成《洪江水电站招标设计阶段水库移民安置和专项迁建实施规划报告》（实施规划报告），并于1998年12月通过了湖南省移民局的审查
	2001年6月	编制完成《洪江水电站招标设计阶段水库移民安置及专项迁建实施规划报告（修订本）》（实施补充规划报告）
	2005年3月	编制完成《湖南沅水洪江水电站变形边坡、水毁影响和潕水支流回水末端淹没影响处理报告》
	2005年12月	编制完成《湖南沅水洪江水电站中方县潕水支流回水末端淹没处理设计报告》（审定本）并通过湖南省移民局审查
	五强溪水电站	
	1986年10—12月	进行水库淹没实物调查，1987年进行库区移民安置规划，1992年进行库区移民实施规划和水库淹没处理补偿投资调整工作，1995年提出库区几个项目的处理及其补偿投资报告
	1988年3月	提出《沅水五强溪水电站水库移民安置规划综合报告》，该报告于1988年6月由湖南省人民政府主持召开了审查会议
	1993年5月	提交《湖南省沅水五强溪水电站水库淹没处理补偿投资调整报告》，该报告由湖南省人民政府上报国家审批

《中国水电移民安置实践与管理创新丛书》编辑出版人员名单

总责任编辑：王　丽
副总责任编辑：黄会明　刘向杰　冯红春
项目组成员：邹　静　张　晓　石金龙　郭子君　李丽辉
　　　　　　王海琴

《沅江流域卷》

责任编辑：李丽辉
审稿编辑：李丽辉　方　平　孙春亮　冯红春
封面设计：芦　博
责任校对：梁晓静　王凡娥
责任印制：崔志强　焦　岩
排　　版：吴建军　孙　静　郭会东　丁英玲